Manoel de Oliveira: Uma Presença

Coleção Estudos
Dirigida por J. Guinsburg

Equipe de realização – Edição de Texto: Marcio Honorio de Godoy; Revisão: Jonathan Busato; Sobrecapa: Sergio Kon; Produção: Ricardo W. Neves, Sergio Kon e Raquel Fernandes Abranches.

Renata Soares
Junqueira (org.)

MANOEL DE OLIVEIRA: UMA PRESENÇA
ESTUDOS DE LITERATURA E CINEMA

> CIP-Brasil. Catalogação-na-Fonte
> Sindicato Nacional dos Editores de Livros, RJ
>
> M251
>
> Manoel de Oliveira : uma presença : estudos de literatura e cinema / Renata Soares Junqueira (org.). – São Paulo: Perspectiva: Fapesp, 2010. – (Estudos ; v.282)
>
> ISBN 978-85-273-0888-5
>
> 1. Oliveira, Manoel de, 1908 – Crítica e interpretação. 2. Diretores e produtores de cinema – Portugal. 3. Cinema – Portugal – História. 4. Cinema e literatura. I. Junqueira, Renata Soares. II. Fundação de Amparo à Pesquisa do Estado de São Paulo. III. Série.
>
> 10-1922. CDD: 791.4309469
> CDU: 791.43(469)
>
> 30.04.10   11.05.10   018917

Direitos reservados em língua portuguesa à
EDITORA PERSPECTIVA S.A.

Av. Brigadeiro Luís Antônio, 3025
01401-000 São Paulo SP Brasil
Telefax: (011) 3885-8388
www.editoraperspectiva.com.br

2010

Sumário

Filmografia de Manoel de Oliveira xv

Apresentação
Renata Soares Junqueira xix

PLANO 1:
UMA POÉTICA PARA O CINEMA

    A Infância do Cinema
    Fernando Cabral Martins 3

    O Meu Caso Rebobinado
    Flavia Maria Corradin e Francisco Maciel Silveira ...13

    A Instável Estabilidade: Aproximações
    e Afastamentos entre Dreyer e Oliveira
    Maria do Rosário Lupi Bello 29

PLANO 2:
OS AMORES FRUSTRADOS

De Amores, Cartas e Memórias: Camilo na Lente Prismática de Manoel de Oliveira
Paulo Motta Oliveira 51

Francisca ou a Obscuridade Luminosa da Paciência
José María Durán Gómez 67

A Mulher na Montra e o Homem Olhando para Ela
Fausto Cruchinho 87

Entre a Literatura e a Música: O Espetacular Mundo do Pastiche em Os Canibais
Renata Soares Junqueira 97

PLANO 3:
PORTUGAL E O PROJETO EXPANSIONISTA

Os Descobrimentos do Paradoxo: A Expansão Europeia nos Filmes de Manoel de Oliveira
Carolin Overhoff Ferreira 117

Fantasias Sebásticas de Manoel de Oliveira
Anamaria Filizola 147

Palavra e Utopia: A Imagem de Vieira
Annie Gisele Fernandes 165

Um Filme Falado: Portugal entre o Atlântico e o Mediterrâneo
Aparecida de Fátima Bueno 177

Ontem como Hoje: É a Hora!
Ana Maria Domingues de Oliveira 189

PLANO 4:
A DIALÉTICA DO BEM E DO MAL

> *A Divina Comédia* ou do Olhar "Tragirônico"
> sobre a Condição Humana
> *Andrea Santurbano* 201
>
> A Estrutura do Invisível: Palavra e Imagem em
> Manoel de Oliveira
> *Patrícia da Silva Cardoso* 217
>
> A Estrutura do Visível
> *Paola Poma* 235

PLANO 5:
EM BUSCA DO TEMPO PERDIDO

> Viagem a que Mundos?!
> *Maria Lúcia Dal Farra* 245
>
> O Porto de Manoel de Oliveira
> *Jorge Valentim* 255
>
> Da Certeza Enganosa ao Enigma Certeiro
> *Luís Bueno* 267

Agradecimentos

Ao Ministério da Cultura do Brasil;
À Lupo S/A;
À Fundação de Amparo à Pesquisa do Estado de São Paulo (Fapesp);

À profa. Guacira Marcondes Machado Leite.

À memória de Haquira Osakabe.

Filmografia de Manoel de Oliveira

LONGAS-METRAGENS:

2009 *Singularidades de uma Rapariga Loura*
2007 *Cristóvão Colombo – O Enigma*
2006 *Belle toujours*
2005 *Espelho Mágico*
2004 *O Quinto Império: Ontem Como Hoje*
2003 *Um Filme Falado*
2002 *O Princípio da Incerteza*
2001 *Je Rentre à la maison* (Vou para Casa)
2000 *Palavra e Utopia*
1999 *A Carta*
1998 *Inquietude*
1997 *Viagem ao Princípio do Mundo*
1996 *Party*
1995 *O Convento*
1994 *A Caixa*
1993 *Vale Abraão*
1992 *O Dia do Desespero*
1991 *A Divina Comédia*
1990 *Non, ou a Vã Glória de Mandar*

1988 *Os Canibais*
1986 *Mon cas* (O Meu Caso)
1985 *Le Soulier de satin* (O Sapato de Cetim)
1981 *Francisca*
1978 *Amor de Perdição*
1975 *Benilde ou a Virgem Mãe*
1971 *O Passado e o Presente*
1963 *Acto da Primavera* (docuficção)
1942 *Aniki-Bobó*

CURTAS E MÉDIAS-METRAGENS:

2001 *Porto da Minha Infância*
1985 *Simpósio Internacional de Escultura em Pedra – Porto*
1983 *Lisboa Cultural*
1983 *Nice – À propos de Jean Vigo*
1982 *Visita ou Memórias e Confissões*
1967 *As Pinturas do Meu Irmão Júlio* (documentário)
1966 *O Pão* (documentário)
1964 *A Caça*
1956 *O Pintor e a Cidade*
1941 *Famalicão*
1938 *Já se Fabricam Automóveis em Portugal*
1938 *Miramar, Praia das Rosas*
1932 *Estátuas de Lisboa*
1931 *Douro, Faina Fluvial*

OUTROS:

2008 *O Poeta Doido, o Vitral e a Santa Morta*
2008 *Romance de Vila do Conde*
2007 *Rencontre Unique*
2006 *O Improvável não é Impossível*
2005 *Do Visível ao Invisível*
2002 *Momento – Uma Canção de Pedro Abrunhosa*
1987 *A Propósito da Bandeira Nacional*
1996 *En une Poignee de Mains Amies*

1964 *Vilaverdinho: Uma Aldeia Transmontana* (documentário)
1958 *O Coração* (documentário)
1937 *Os Últimos Temporais: Cheias do Tejo* (documentário)

Apresentação

Os estudos sobre literatura e cinema reunidos neste volume foram concebidos em guisa de tributo ao cineasta Manoel de Oliveira (nascido no Porto, aos 11 de dezembro de 1908) na (co)memoração dos seus cem anos de vida – 77 dedicados ao cinema. A ocasião é, pois, festiva. Afinal, homenageia um dos mais importantes realizadores da história do cinema (e aqui já não falamos apenas de cinema português), história que ele marcou com 25 filmes de curta e média-metragem e 28 de longa-metragem, produzidos em Portugal, França, Itália, Suíça, Espanha e Brasil. Tendo iniciado a sua carreira em 1931, com o documentário *Douro, Faina Fluvial*, Oliveira atravessou o século XX (e a ditadura salazarista em Portugal) realizando pelo menos um filme por ano desde *Francisca* (1981), e adentrou o século XXI ainda com a pujança que se nota em *Palavra e Utopia* (2000), *Je Rentre à la maison* (2001), *Porto da minha Infância* (2001), *O Princípio da Incerteza* (2002), *Um Filme Falado* (2003), *O Quinto Império* (2004), *O Espelho Mágico* (2005), *Belle toujours* (2006) e *Cristóvão Colombo – O Enigma* (2007). Depois da sua iniciação com documentários, marcou decididamente a cinematografia portuguesa com o seu primeiro filme de ficção de longa-metragem, *Aniki-bobó* (1942), ao qual se seguiram os também longas *Acto da Primavera* (1963), *O Passado e o Presente* (1971) e, já depois da Revolução dos Cravos, *Benilde ou a Virgem-Mãe* (1975) e *Amor de Perdição* (1978), tendo este último, inspirado no romance homônimo de Camilo Castelo Branco, mais de quatro horas e meia de duração.

E aqui tocamos, quiçá, no mais interessante aspecto da cinematografia de Manoel de Oliveira: a sua ligação visceral com outras artes como a pintura (*O Pintor e a Cidade*, 1956; *As Pinturas do meu Irmão Júlio*, 1967), a música (*Os Canibais*, 1988), a escultura (*Estátuas de Lisboa*, 1932; *Simpósio Internacional de Escultura em Pedra – Porto*, 1985) e, principalmente, a literatura e o teatro. Leitor obstinado, com efeito, de textos filosóficos, literários e dramatúrgicos de variado quilate, inscritos num quadro autoral de ampla envergadura que inclui nomes que vão desde Madame de La Fayette e Paul Claudel até Nietzsche e Dostoiévski, desde João Rodrigues de Freitas e Vicente Sanches até António Vieira e Camilo Castelo Branco, desde Álvaro do Carvalhal e Helder Prista Monteiro até José Régio e Agustina Bessa-Luís – sem esquecer do fundamental texto da *Bíblia* –, Oliveira derivou de tentativas de adaptação cinematográfica da literatura e do teatro quase todos os seus grandes filmes, que são sempre ostensivamente teatrais pelo menos desde *Acto da Primavera*, merecendo especial destaque, no que concerne a essa exibida teatralidade, *Francisca* em 1981 (adaptação da novela *Fanny Owen*, de Agustina Bessa-Luís), o portentoso *Le Soulier de satin* em 1985 (filme com quase sete horas de duração, baseado na peça teatral homônima do francês Paul Claudel), *Mon cas* em 1986 (baseado na peça teatral *O Meu Caso*, de José Régio, e em fragmentos de Samuel Beckett e do bíblico livro de *Jó*), o filme-ópera *Os Canibais* em 1988 (adaptação do conto fantástico de Álvaro do Carvalhal, com música extraída de peças de Niccolò Paganini), *A Divina Comédia* em 1991 (inspirado em textos da *Bíblia*, de Dostoiévski, de Nietzsche e de José Régio) e *O Dia do Desespero* em 1992 (adaptação da novela *Amor de Perdição* e de cartas de Camilo Castelo Branco).

Obviamente, essa persistente e ostensiva teatralidade nada tem de inocente ou de gratuito aparato; ela é, pelo contrário, reveladora de um firme posicionamento estético, de um método de produção obstinadamente perseguido e aperfeiçoado a cada passo da cinematografia oliveiriana, que propõe sempre, à maneira do teatro épico, um consciente distanciamento entre o espectador e aquilo que ele vê projetado na tela, rompendo assim decididamente qualquer ilusão de realidade. Noutros termos, no cinema de Manoel de Oliveira a ficção é sempre deliberadamente exibida como ficção mesmo, comprazendo-se o realizador em escancarar, para o espectador, os bastidores cinematográficos – como acontece, por exemplo, logo no início do filme *Mon cas*, cujo primeiro plano é precisamente o da câmara estrategicamente posicionada no centro de uma sala de espetáculos, em meio às poltronas dos espectadores, pronta a filmar o que se irá passar no palco, como se de uma peça de teatro efetivamente se tratasse (e trata-se mesmo, afinal, do teatro dentro do cinema, pois que o argumento deste filme de Oliveira tem como ponto de partida o ensaio de uma peça de teatro); ou como no princípio do filme anterior do cineasta, *Le Soulier de satin* (O Sapato de Cetim), que se inicia com o plano de um narrador/apresentador que, no luxuoso salão de entrada de um magnificente teatro de ópera, anuncia o filme como espetáculo e, em seguida, autoriza a abertura das portas, por onde entram, em chusmas, os espectadores que assistirão ao que se passará numa grande tela posicionada atrás das cortinas que se abrem no palco; ou, ainda, como no começo do filme *Os Canibais*, que se seguiu a *Mon cas* e que principia com o plano da porta principal de um palacete em cujas imediações o público – integrante, também ele, de uma evidente *mise-en-scène* – espera pela performática chegada dos atores, intérpretes de personagens que sucessivamente descem de suntuosas *limousines* e, umas após as outras, reverenciam esse mesmo público, que as aplaude, antes de adentrarem o palacete no qual terá início o drama que se trata de filmar; ou, mais um exemplo, quando os espectadores se deparam com a cortina baixando, inesperadamente, sobre um palco, e constatam então que o suposto filme – *Inquietude* (1998) –, que começara havia pouco, era na verdade a encenação, transposta para a década de 1930, da peça teatral *Os Imortais*, de Hélder Prista Monteiro, que introduz outra adaptação cinematográfica: a dos contos "Suze", de António Patrício, e "A Mãe de um Rio", de Agustina Bessa-Luís.

Ora, este e outros aspectos do cinema de Manoel de Oliveira são contemplados pelos vários estudos que neste volume se juntam, agrupados em cinco planos temáticos.

No "Plano 1", como movimento inaugural, encontram-se os estudos desenvolvidos a partir de uma reflexão sobre as relações do cineasta com a literatura (não só com a ficção romanesca e com o teatro, mas mesmo com a poesia e o seu ritmo, a sua duração, o seu potencial de concisão imagética), e sobre os elementos e recursos recorrentes que constituem, digamos assim, a poética de Manoel de Oliveira – "uma poética para o cinema".

No "Plano 2", agrupam-se os estudos que tratam dos filmes constitutivos da célebre "tetralogia dos amores frustrados" (*O Passado e o Presente, Benilde ou a Virgem-Mãe, Amor de Perdição e Francisca*), aos quais se associa, por afinidade temática, *Os Canibais* – e poderiam também se associar, pela mesma razão, *Le Soulier de satin, O Dia do Desespero, Vale Abraão* (1993), *A Carta* (1999) e *O Princípio da Incerteza*.

No entanto, enquadramos *Le Soulier de satin* no "Plano 3", onde se concentram os estudos dedicados a filmes cujo tema é o do expansionismo português e europeu – *Le Soulier de satin*, *"Non" ou a Vã Glória de Mandar* (1990), *Palavra e Utopia, Um Filme Falado, O Quinto Império* e *Cristóvão Colombo – O Enigma* –; assim como integramos *O Princípio da Incerteza* no "Plano 4", onde se encontram os trabalhos que versam sobre filmes cuja temática está expressamente vinculada à dialética do Bem e do Mal, ao conflito do homem dividido entre Deus e o Diabo, entre a bondade e a maldade, a castidade e a sensualidade, a santidade e o pecado: *A Divina Comédia, O Convento* (1995), *O Princípio da Incerteza* e *O Espelho Mágico*. E se pelo seu evidente nacionalismo o filme *Cristóvão Colombo – O Enigma* entra aqui no "Plano 3", dos filmes do expansionismo, entra também no "Plano 5", constituído pelos filmes cujo motivo condutor é a saudade de um tempo e de um lugar perdidos: *Viagem ao Princípio do Mundo* (1997), *Porto da Minha Infância* e, precisamente, *Cristóvão Colombo – O Enigma* – e aqui poderíamos seguramente incluir ainda *Je Rentre à la maison*.

As fronteiras assim estabelecidas entre vários conjuntos de filmes de Manoel de Oliveira são, pois, flutuantes. Em última análise, os filmes podem movimentar-se, de um para outro plano, de acordo com o olhar de cada espectador ou com a perspectiva adotada por cada crítico da cinematografia oliveiriana. Os cinco planos temáticos não pretendem, pois, senão organizar as diferentes abordagens que nos oferecem os colaboradores deste livro. Se não, vejamos.

O "Plano 1", "Uma Poética para o Cinema", abre-se com o estudo de Fernando Cabral Martins, que, partindo de uma análise do filme *Benilde ou a Virgem-Mãe*, aponta para as afinidades entre o cinema de Manoel de Oliveira e a estética modernista proposta pelos poetas portugueses da Geração de *Presença* – por José Régio, sobretudo – e, em mais lata extensão, para as afinidades entre as técnicas e recursos próprios do cinema oliveiriano e aqueles da poesia, em geral, mas principalmente da poesia moderna tal como a concebem os surrealistas, adeptos de inauditos procedimentos de *montagem* de imagens, de lugares e tempos diversos. Iluminando exemplarmente esses recursos formais do cinema de Oliveira vem, a seguir, o estudo de dupla autoria, assinado por Flavia Corradin e Francisco Maciel Silveira, que nos convidam a penetrar, pela análise, num dos filmes mais herméticos de Manoel de Oliveira: *Mon cas*. E encerra este plano inaugural o estudo de Maria do Rosário Lupi Bello, que compara a obra do cineasta português à de um seu contemporâneo, o dinamarquês Carl Dreyer (1889-1968).

No "Plano 2", "Os Amores Frustrados", Paulo Motta Oliveira revê aspectos da estética camiliana no filme *Amor de Perdição*, focalizando especialmente a problemática da fusão de ficção com realidade, que Camilo Castelo Branco ostensivamente explorava no seu romance de 1864 e que o prisma adotado por Manoel de Oliveira também privilegia. No mesmo plano, José María Durán Gómez concentra-se nos aspectos inovadores de *Francisca*, enquanto Fausto Cruchinho descreve os diversos arquétipos de mulher (a santa, a mãe, a pecadora etc.) que se destacam na filmografia oliveiriana. O culto do *pastiche* no filme *Os Canibais* e no texto literário que inspirou o cineasta – o conto homônimo de Álvaro do Carvalhal – é o assunto do estudo, de nossa autoria, que encerra o "Plano 2".

Já no "Plano 3", "Portugal e o Projeto Expansionista", a senda do expansionismo imperialista e das suas consequências para Portugal é aberta por Carolin Overhoff Ferreira, e sucessivamente trilhada por Anamaria Filizola, que se debruça sobre "*Non*" *ou a Vã Glória de Mandar*; por Annie Gisele Fernandes, que destaca o retrato do padre Vieira tal como Manoel de

Oliveira o fixou em *Palavra e Utopia*; por Aparecida de Fátima Bueno, que reflete sobre imperialismo e terrorismo em *Um Filme Falado*; e ainda por Ana Maria Domingues de Oliveira, que aproxima o sonho de *O Quinto Império* – extraído da peça *El-Rei Sebastião*, de José Régio – do projeto imperial contido na *Mensagem* de Fernando Pessoa.

No "Plano 4", "A Dialética do Bem e do Mal", encontram-se Andrea Santurbano, que analisa *A Divina Comédia* e lança luz sobre os diálogos que este filme estabelece com importantes fontes literárias; Patrícia Cardoso, que perscruta a "estrutura do invisível" tal como a sugere o filme *O Convento*; e Paola Poma, que aponta para a curiosa inversão especular que observa ao cotejar dois dos mais recentes filmes de Oliveira, *O Princípio da Incerteza* e *O Espelho Mágico*.

Finalmente, no "Plano 5", "Em Busca do Tempo Perdido", reúnem-se os estudos de Maria Lúcia Dal Farra, que sugere a presença de *Thanatos* na "viagem" que Oliveira realizou em 1997 com Marcello Mastroianni e que resultou na película *Viagem ao Princípio do Mundo*; de Jorge Valentim, que nos leva novamente a viajar, no tempo e no espaço, em direção ao Porto que Oliveira relembra em *Porto da Minha Infância*; e de Luís Bueno, que ilumina, nos seus meandros, o filme que teve "ante-estreia" em 2007, *Cristóvão Colombo – O Enigma*.

Ao percorrer, assim, os cinco planos aqui propostos, o leitor ganhará, decerto, subsídios renovados que lhe permitirão ver ou rever, de novas perspectivas, uma parte bastante expressiva da filmografia desse português (cidadão do Porto e do mundo) cuja presença se nos impõe, já agora, em duplo apelo: o do leitor obstinado da literatura e o do homem que dedicou toda a sua vida (mais de um século, já, de vida!) ao cinema.

Renata Soares Junqueira

NOTA DA EDIÇÃO: todas as traduções de textos estrangeiros foram realizadas pela organizadora.

Plano 1

**Uma Poética
para o Cinema**

A Infância do Cinema

Fernando Cabral Martins[*]

> *O cinema nasce da mesma raiz que a poesia. O seu nome é imagem.*

A GERAÇÃO DE MANOEL DE OLIVEIRA

Três filmes de Manoel de Oliveira têm a participação direta de textos de José Régio: *As Pinturas do Meu Irmão Júlio* (1965), *Benilde ou a Virgem-Mãe* (1975) e *O Meu Caso* (1986). De resto, há três presenças literárias maiores nos seus filmes: além de José Régio, as de Camilo Castelo Branco (e a sua obra máxima será provavelmente *Amor de Perdição*, 1978) e Agustina Bessa-Luís (que inspira duas obras-primas, *Francisca*, de 1981, e *O Princípio da Incerteza*, de 2002).

No fundo, são três escritores da região do Porto, também a terra de Manoel de Oliveira, que, entretanto, reserva atenção especial para o romantismo fora do tempo do poeta mais forte da *Presença*, acompanhado do reconhecimento da altura e intensidade de uma escrita que se coloca caracterizadamente, no espaço português, do lado mais negro dos discursos modernistas, aproximando-se também das regras e do horizonte religiosos. Régio – com o Casais Monteiro tão citado em *Porto*

[*] Departamento de Estudos Portugueses da Faculdade de Ciências Sociais e Humanas da Universidade Nova de Lisboa, Portugal.

da Minha Infância (2001) – é a *Presença* que é a geração de Manoel de Oliveira.

A poética da *Presença*, dominante em Portugal ao longo dos anos de 1930, é a de um regresso aos primórdios da modernidade, ao cadinho do século XIX. De fato, era essa talvez a que convinha a um artista de uma arte que então começava, o cinema, e que, apesar de ter tudo a ver com a vanguarda, e de a ter até modelado à sua imagem, é uma arte que começa do nada, e que aprende a falar ao mesmo tempo em que participa na revolta geral da representação – que é aquilo em que a vanguarda consiste.

A poética da *Presença* é a mais adequada a uma atitude moderna sem modernismos, a uma atitude radical sem bizarrias, a um princípio de experimentação que não tem a violência das correntes anteriores de esmigalhamento da tradição: futurismo, interseccionismo, sensacionismo. Ou melhor: que não tem a sua paixão formalista, substituindo-a por um expressionismo *naïf* em que toda a "expressão" se quer (e se sabe impossivelmente) sincera.

BENILDE OU A VIRGEM-MÃE

Nesse filme de 1975, a câmara flutua. Não se sabe o que acontece, e não deve haver nenhum elemento de realidade nessa sensação. Mas tudo perde a substância, tudo perde o peso, tudo se imaterializa. A verdadeira matéria desse filme é o vento que se ouve na banda sonora, e se vê não deixar fechar uma janela a Glória de Matos. O vento sopra onde quer, é uma metáfora de Deus – mas é sobretudo uma exemplificação do instante em que a realidade perde o peso, em que tudo se dissolve no ar. Uma alegoria disso, característica da personagem, essencial: o seu sonambulismo.

A gravidez de Benilde é discutida por figuras que a consideram de diferentes ângulos: o padre, a criada, o médico. O fogo está no centro, depois Benilde aparece e o fogo continua no centro, depois o médico confirma a gravidez da rapariga de 18 anos pura como a água, filha de mãe que morreu louca.

O médico, preparado para um diagnóstico de hereditariedade, tira outra conclusão, mais concreta e imediata: a gravidez,

Maria Amélia Aranda (Benilde) e Maria Barroso (Genoveva) em Benilde ou a Virgem-Mãe.

que já está adiantada. Entretanto, um louco roda em volta da casa, gritando e urrando.

Uma tia, mãe de Eduardo, prometido de infância e que ama Benilde, chega. O ambiente é do naturalismo fim de século. Quer perceber quem é o pai da criança, pondo desde logo de lado a hipótese do casamento com o filho. Benilde nada diz. Embora se dê desde muito cedo a entender, com o padre em consonância, que a criança é filha de Deus, que a concepção é livre de pecado (e, no entanto, Maria Amélia Aranda é tudo menos a atriz etérea e espiritual) e que um novo e incompreensível milagre se deu à imagem de Cristo.

A tia há de, fazendo as contas a todos os homens que há à volta da casa isolada onde o pai vive com ela, apontar o doido que ronda a casa como um possível violador, ou não, e pai possível do incrível rebento por vir.

Mais tarde, Eduardo, num momento ulterior à sua aparentemente genuína surpresa ao ouvir a notícia, e já depois de se prontificar a perfilhar a criança e realizar o casamento como se nada fosse, há de apresentar-se como o infame que a violou num dos seus momentos de sonambulismo, por força do seu amor desgovernado.

De fato, ela vai morrer. Assim o diz, assim será. De todo o modo, o filme acaba ("Havemos de nos tornar a ver", repetem eles). Mas o ponto é que há um anjo que lhe aparece. Primeiro, a voz que lhe fala ao ouvido. Depois, a claridade entre as árvores. Depois ainda, o anjo. A noção um pouco estranha de que a graça divina a procurou como uma manifestação do amor de Deus. O anjo, personagem das anunciações. Elo fundador do cristianismo e personagem central do Renascimento. O mesmo anjo que centra a nossa ideia de razão e de religião descarnadas, a nossa ideia de alma, a nossa ideia de pureza. O anjo, aqui, transmite a Benilde as notícias da vida, a criança que cresce na sua barriga, e depois a da sua morte – que é um pouco como se fosse o verdadeiro (e único) nascimento do filho feito homem e depois nascido no momento em que a mãe morre. E ambos sobem ao céu, a mãe e o símbolo, a fé e a sua alegoria, ou seja, a desmaterialização consuma-se. Já nada existe que não seja feito de luz – como o cinema.

A criança podia ser do doido, podia ser de Eduardo, ela podia ter sido violada sem se dar conta durante um dos seus passeios sonambúlicos – primeira síntese entre a matéria e o sonho – e ter sido mãe de um sonho, ou ter sido emprenhada em sonho. A sua loucura – mas a mãe tinha já a mesma, que afinal não é loucura nenhuma? – vai ao ponto de ouvir vozes, sintoma típico, e de ter alucinações, ou sonhos muito nítidos, outro sintoma típico, e o que é realmente nunca se sabe, o que se passou realmente nunca se saberá, e a única coisa real no meio disso é a barriga crescida e a presença de um filho. Mas o médico viu bem? Não será uma gravidez nervosa, um empolamento nervoso do ventre, um efeito especial da fé, da libido e da ruptura psíquica?

Ninguém sabe coisa nenhuma, razão por que a certeza que Eduardo tem de voltar a vê-la no outro mundo, com que o filme acaba, é tudo menos certa.

A câmara flutua, mesmo que não haja esse efeito visível. Todas as coisas se tornam imponderáveis. Não há campos e contracampos, por vezes um plano mantém-se sobre uma personagem durante todo um longo diálogo a três em que fala só de vez em quando, de resto seguindo com o olhar e ouvindo os outros dois, que estão fora de campo. O espaço não se fecha, é aberto. O olhar cinde os limites do plano (como mais tarde em *Francisca*, de uma forma capital) e o som cria o espaço, pela eficácia do *off*, mas sem que este seja um espaço pesado – é um espaço de sons, todo sugerido, móvel, impalpável.

A *PRESENÇA* E A VONTADE DE SER CLARO

Manoel de Oliveira é também o exemplo perfeito da estética da *Presença* quando acrescenta no filme um comentário desnecessário. A esse traço estilístico podemos chamar a volúpia presencista do explícito. É comparável a José Régio comentando Sá-Carneiro nos seus poemas. Ou a Saúl Dias acrescentando emblemas morais aos seus *flashes* caeirianos.

Este é, por exemplo, o caso de *Vale Abraão* (1993), em que passagens dialogadas, acrescentadas por Manoel de Oliveira ao texto extraído do romance de Agustina Bessa-Luís, retiram, por vezes, ao filme a qualidade de arte bruta própria da narrativa torrencial agustiniana. Outro exemplo: em *Um Filme Falado* (2003) há uma conversa em quatro línguas (com legendas em português, mas enfim…) entre John Malkovitch, Catherine Deneuve, Irene Papas e Stefania Sandrelli – mas Manoel de Oliveira não evita comentar, pela boca do capitão John Malkovitch: "já repararam que estamos a falar em quatro línguas diferentes?" Isto como se ninguém tivesse dado conta. Também em *A Caixa* (1994) há um muito dispensável comentário em forma de um balé final que lhe vem conferir um aspecto de quase sobranceria estética.

Ou as atrozes explicações políticas da revolução do 25 de Abril de 1974 no filme *"Non"* (1990), que o dá a entender como fim do velho e grande Portugal definitivamente jugulado, ou como término das grandes derrotas que marcam a história de um país. E, no entanto, há em *"Non"* um *travelling* inicial em torno de uma árvore em que circula a beleza sem palavras – "signos magníficos que banham na luz da ausência de explicação" –, como Manoel de Oliveira diz em entrevista com Serge Daney. E há mesmo no referido *Um Filme Falado* essa explosão final – em que a mãe e a filha morrem de uma forma tão inesperada e tão prevista – que obriga a rever de repente todo o filme como um objeto que saltasse fora da razão e da história.

Luís Miguel Cintra intepretando a personagem cega de A Caixa *(1994).*

E há o caso de *Belle toujours* (2006), que era para ser a continuação celebrativa de *Belle de jour*, de Luis Buñuel (1976), e que se torna um filme falho por se ter transformado apenas num comentário apenso a um outro filme. E isso porque o projeto teria que ser realizado como um filme – de novo – com Michel Piccoli e Catherine Deneuve –, mas que Catherine Deneuve não quis fazer. O projeto inicial, de concepção tão forte como, pelo menos, o *remake* de *Psicose* de Hitchcock realizado por Gus Van Sant em 1998, foi, portanto, tornado impossível. Ficou apenas o seu resto, a sua *intenção*.

O ESCRITOR DE IMAGENS

O cinema vem dar uma consistência luminosa e sonora à prevalência, na arte – e na poesia como a arte essencial –, das sensações e das imagens que as podem fixar. O simbolismo da tradição oitocentista, o imagismo ou o sensacionismo da tradição novecentista podem oferecer exemplos perfeitos. Depois, a própria construção da imagem surrealista reproduz o funcionamento da montagem cinematográfica: o cadáver esquisito é uma forma aleatória de montagem. Mas todo o *efeito* surrealista consiste na estranheza provocada pela aproximação entre si de imagens que não correspondem a campos semânticos e visuais aproximáveis: todo o surrealismo assenta, pois, num efeito de montagem.

A poesia moderna é feita de cinema e feita como o cinema – os exemplos de Dziga Vertov, ou de Walter Ruttmann, ou de Manoel de Oliveira, ainda no tempo do cinema mudo, apenas manifestam um modo cinematográfico equivalente às odes modernistas, e são tanto herdeiros de Walt Whitman como do futurismo. O documentário *Douro, Faina Fluvial* (1931) apenas pode ser aproximado, no espaço português, à *Ode Marítima* de Álvaro de Campos.

Poesia, cinema: em ambos, o estatuto da imagem está singularmente próximo. Num artigo de Eisenstein que é muitas vezes citado, "O Princípio Cinematográfico e o Ideograma", de 1929, é aproximado o método de escrita dos haicais japoneses do próprio mecanismo da montagem. Aquilo que Eisenstein mostra é que a breve sequência de imagens que constitui um haicai serve para construir um efeito, havendo então uma emoção que surge. O processo consiste numa espécie de encadeamento dialético descontínuo, pois a uma certa sucessão de imagens sucede um salto para o plano psicológico, com o aparecimento de uma emoção, de uma ideia. Manoel de Oliveira dirá que a montagem é a construção de uma imagem de síntese, de uma *concentração* de tempo[1].

A associação da montagem, concebida como uma colisão entre planos, a uma escrita poética como a do haicai, ou, ainda, a sua associação à origem dos ideogramas não deve fazer esquecer, entretanto, a questão essencial do cinema, que é a duração. Isto é, o ritmo. Essencial também, aliás, à escrita poética.

Ezra Pound, em 1913, num dos artigos que escreveu sobre o Imagismo – nome de um movimento poético que se baseia na construção verbal de imagens, e que é contemporâneo da invenção da montagem no cinema –, fala do ritmo da poesia como sendo igual ao da música. Mas acrescenta qualquer coisa que aponta para a consideração daquilo a que chamamos duração: "existe, nos melhores versos, uma espécie de resíduo

---

1 Cf. entrevista concedida a Serge Daney e Raymond Bellour, Le Ciel est historique, *Chimères*, Paris, n. 14, hiver 1991.

de som que permanece no ouvido e que corresponde mais ou menos a um baixo contínuo". E esta noção serve para esclarecer que essa dimensão musical – quer o ritmo na poesia, quer a duração no cinema – não tem a ver com o tempo de um metrónomo ou com a harmonia das partes em que se conta uma narrativa. É antes a aparição desse contínuo tonal, ou emocional, desse elemento de ligação que não tem existência nem luminosa nem sonora, e a que podemos talvez chamar intensidade. É essa intensidade que sentimos em certos filmes, às vezes com alguma clareza, como, para dar exemplos inequívocos, nos filmes de Bresson ou de Ozu, de Ford ou Hitchcock, mas que chega a ocupar exclusivamente todo o espaço, abolindo a própria narrativa, como em certos filmes de Gus Van Sant ou David Lynch.

Esse elemento invisível que o poema e o filme produzem é uma corrente de energia que o espectador sente manar, como de uma fonte que se abre com o princípio do filme e se fecha com o seu final.

Manoel de Oliveira diz isso com outras palavras: "no cinema, o que é importante não é o que se vê, mas aquilo que passa *entre* as imagens"[2]. O filme é um outro movimento que se sente – sob as imagens em movimento.

Onde Jaz o Teu Sorriso, filme de Pedro Costa, de 2001, que mostra o trabalho dos cineastas Straub e Houillet, dedica-se inteiramente a desenhar o modo de aparecimento desse "entre". Trata-se de mostrar o tratamento que na mesa de montagem os dois cineastas dão ao material filmado. Durante um diálogo, um dos atores parece esboçar um sorriso, que não se chega a ver. No entanto, o processo de acerto do corte dos planos sucessivos acaba por manifestar esse sorriso escondido, que é, afinal, revelado pela relação finíssima que entre os planos se acaba por estabelecer.

O caso do *Acto da Primavera*, de 1963, consiste na montagem de uma representação popular e de imagens de atualidade, entre as quais uma explosão nuclear, concebidas como simultâneas no tempo, mas misturando, de facto, muitos tempos, o da crucificação de Cristo, o do final da Segunda Guerra

[2] Idem.

Mundial, e o tempo iterativo da representação pascal da peça sagrada numa aldeia de Trás-os-Montes. Ora, essa mistura de tempos, bem como a síntese da História que tal montagem implica, assenta numa concepção transtemporal e de contraposição formal que excede o narrativo ou o expositivo.

Mais tarde, na série de filmes que se segue ao recomeço de Manoel de Oliveira como realizador de longas-metragens de ficção, a partir do princípio dos anos de 1970, e, sobretudo, depois do 25 de Abril, há uma atenção à palavra poética de tal modo evidente e constitutiva do seu próprio trabalho cinematográfico que filmes com a dimensão do citado *Amor de Perdição*, ou de *Le Soulier de satin*, incluem a integralidade das palavras escritas nas peças literárias de Camilo Castelo Branco ou de Paul Claudel, que respeitam sem as *adaptar*. Assim, o ponto de vista do filme torna-se a assunção absoluta de um outro ponto de vista, que é o do leitor de livros. O filme como arte parece depender da observação de uma arte anterior, feita por alguém que tem por essa arte uma devoção sem limites. E é o fato de abraçar esse ponto de vista que os torna filmes de poesia, e não filmes que adaptem em sequências narrativas uma intriga anterior.

Talvez o filme de Manoel de Oliveira que mais diretamente observe a escrita poética seja *O Meu Caso*, de 1986 – precisamente a partir de uma peça de teatro de José Régio com o mesmo título. Aí, a sua estrutura de um tríptico funda desde logo a formalidade de uma ode – que no seu modelo pindárico tem, precisamente, três movimentos. Mas a relação entre o primeiro e o segundo painéis do tríptico é a de uma repetição integral da banda de imagens, acompanhada pela inversão da banda sonora. E essa é uma construção em abismo de teor formal tão violento – e, numa palavra merecida, original – que a sua forma de significação é abstraída da banalidade de qualquer sentido, ou do percurso de qualquer narrativa, ou da apresentação de qualquer documento. Aquilo a que assistimos é à celebração material de sons e imagens como forças materiais, como intensidades.

Acto da Primavera *(1963), filme com narração do próprio Manoel de Oliveira de acordo com o* Auto da Paixão *de Francisco Vaz de Guimarães (século XVI).*

O Meu Caso **Rebobinado**

Flavia Maria Corradin e
Francisco Maciel Silveira[*]

> *ele não dirá mais nada jamais,
> ele não falará a ninguém, ninguém lhe falará.*
>
> SAMUEL BECKETT, *Foirade II*

FICHA TÉCNICA

TÍTULO DO FILME: *Mon cas* (1986)
REALIZAÇÃO: Manoel de Oliveira
ASSISTENTE DE REALIZAÇÃO: Jaime Silva, Alexandre Gouzot, Xavier Beauvois
ARGUMENTO: Manoel de Oliveira, baseado nas obras *O Meu Caso*, de José Régio, *Pour finir encore et autres foirades*, de Samuel Beckett, e o livro de *Jó* do Antigo Testamento
FOTOGRAFIA: Mário Barroso.
SOM: Joaquim Pinto
MONTAGEM: Manoel de Oliveira, Rudolfo Wedeles
MÚSICA: João Paes
DECORAÇÃO: Maria José Branco, Luís Monteiro
GUARDA-ROUPA: Jasmim de Matos
PRODUTOR: Paulo Branco
PRODUÇÃO: Filmargem/Les Films du passage/La Sept (França)
INTÉRPRETES: Luís Miguel Cintra (Desconhecido, Jó), Bulle Ogier (Atriz, A Mulher de Jó), Axel Bougousslavsky (Empregado, Elifaz), Fred Personne (Autor, Bildad), Wladimir Ivanovsky

---

[*] Departamento de Letras Clássicas e Vernáculas da Faculdade de Filosofia, Letras e Ciências Humanas da Universidade de São Paulo (FFLCH-USP), Brasil.

(Primeiro Espectador, Sofar), Gregoire Ostermann (Segundo Espectador, Eliú), Heloise Mignot (Segunda Atriz), Voz: Henri Serre

Portugal/França
Cor/87'/35mm
ESTREIA: 8 de maio de 1987, Nimas, Quarteto
DISTRIBUIDORA: Distribuidores Reunidos

UM CASO INTERSEMIÓTICO

O filme *Mon cas*, de Manoel de Oliveira, conforme deixa patente a ficha técnica, dialoga com a peça *O Meu Caso* (1957), de José Régio, com o volume *Pour finir encore et autres foirades*, de Samuel Beckett, e com o livro de *Jó* do Antigo Testamento.

A peça de Régio é o ponto de partida para essa releitura cinematográfica de Manoel de Oliveira, uma vez que, nas quatro partes em que se divide o filme, o drama será apresentado em três versões, ou seja, em três repetições ou tomadas, que corresponderão à metade da duração da película.

Na primeira versão, temos a filmagem, digamos parafrásica da peça, cujo enredo (ou falta de enredo) pode ser assim resumido: um Desconhecido, burlando a vigilância do Porteiro, invade o palco minutos antes do início de uma comediazinha digestiva e absolutamente idiota (tantas as concessões feitas para ver-se encenada), reivindicando contar ao público o *seu caso*. Tratar-se-ia, garante-nos a personagem invasora, de um caso excepcional, simbólico, que, excedendo todas as experiências banais, comuns e comezinhas, tocaria "nas profundezas inexploráveis da metapsíquica"[1]. Isso porque fora "escolhido pelos deuses, designado como seu porta-voz"[2] para "comunicar aos homens a sua mensagem que é divina"[3]. "O pano cai brusco e rápido", ao final da farsa regiana, sem que o tal Desconhecido conte seu caso, impedido e interrompido constantemente

---
1 *O Meu Caso*, em *Três Peças em um Acto*, Porto: Brasília Editora, 1980, p. 99.
2 Idem, p. 115.
3 Idem, p. 119.

por casos ridículos e sem grandeza: as "pataratices" que lhe são interpostas pelo Porteiro (um pai de família com mulher paralítica, além de três filhos para sustentar), pela Atriz (que agarrara com unhas e dentes o que ajuíza ser o primeiro bom papel de sua carreira e via sua esperança de brilhar comprometida com a interrupção do espetáculo), pelo Autor (que lambera as botas de *tutti quanti*, para, mesmo estropiada, ver sua peça em cartaz), por um Espectador (fraudado em seu desejo de distrair-se um pouquinho, de evadir-se ortega-gassetianamente da realidade mesquinha e estafante) – antagonistas, ao cabo, que lhe impingem a mordaça do silêncio.

No que respeita à segunda versão, temos a peça de Régio re(a)presentada como se estivéssemos diante de um filme mudo, em preto e branco. Salta aos olhos a representação exageradamente melodramática e mecânica dos gestos, a ressaltar certa artificialidade, também destacada pelas plumas pretas e brancas que compõem os dois leques que constituem adereços da Atriz. Ao invés, porém, de ouvirmos o diálogo do drama regiano, temos ao fundo uma Voz (a de Henri Serre) a monologar o texto *Foirade II* (Fiasco II), inserto no volume *Pour finir encore et autres foirades* (Para Acabar de Novo e Outros Fiascos, 1976), de Samuel Beckett, edição que reúne onze narrativas, escritas entre as décadas de 60 e 80 do século passado. O monólogo de *Foirade II* ecoa o fiasco representado pela tentativa de comunicação frustrada na primeira versão. A voz arrastada, soporífera, transmite o texto integral de *Foirade II* (duas páginas e meia) com avanços e recuos que repisam concentricamente obsessões esquizofrênicas, não só como se fosse o fluxo de consciência do Desconhecido e das outras personagens, mas também reflexo de nossa mudez ôntica, de nossa incapacidade de comunicação com o outro: "é impossível que eu tenha uma voz, é impossível que eu tenha pensamentos, e eu falo e penso, eu faço o impossível"[4]. O texto recitado ao fundo funciona como uma dublagem da articulação muda das personagens. O estranhamento impõe-se graças à inadequação entre o que se ouve e o movimento labial dos que, a exemplo do que ocorrera na primeira versão, à boca da cena e olhos

---

4 S. Beckett, Foirades II, em *Pour finir encore et autres foirades*, Paris: Minuit, 2001, p. 39.

postos na câmera que faz as vezes de nosso olhar, se dirigem a uma plateia vazia. Causa estranheza ainda a veemência gestual das personagens: agem como se discursassem para nós, os espectadores; ocorre que a veemência gesticulada destoa da voz arrastada e monótona que vai desfiando o texto de Samuel Beckett. Parece-nos que esse artifício de estranhamento utilizado por Manoel de Oliveira, a serviço de seu desmonte e decomposição do hipotexto regiano, inspira-se em Eisenstein, conforme se depreende de lição haurida em Jean-Claude Bernardet: "O som é válido desde que ele contraste com a imagem. [...] se houver um contraste entre os dois, então nascerá uma nova significação. É retomado nessa montagem imagem/som o princípio da montagem de imagens ideada por Eisenstein"[5].

O *Mon cas,* em sua *troisième répétition*, retoma o drama de José Régio. Agora, entretanto, o diálogo aparece como se o som estivesse fora da rotação correta, a ponto de a língua francesa usada nas falas soar como algaravia, a sugerir uma Babel: nosso mundo, nossa realidade como palco da incompreensão e da incomunicabilidade responsáveis pelos conflitos e dissensões que ferem a história da humanidade. Num dado momento, o rapaz que segura a *claquette* e inaugura cada uma das *répéttions* sobe ao palco. A *claquette* é desmontada e remontada como se fosse uma mesa, sobre a qual um projetor de vídeo transmitirá numa tela (o pano de fundo a reproduzir, nas versões um e dois, um vitral *art nouveau*) filmes documentários e jornais televisivos que expõem crimes cometidos pelo homem contra si mesmo e contra a natureza: guerras, motins, fuzilamentos, desastres ecológicos, fome, genocídio. O desfile de horror resume-se na cena final, que estampa o quadro *Guernica*, de Pablo Picasso, síntese, grito e denúncia das iniquidades humanas. Agora, vejam e notem, os atores que, nas tomadas anteriores, encenavam a incomunicabilidade e os conflitos humanos, *os seus casos*, transformam-se em espectadores de si mesmos. A tela, espelho da barbárie humana, funciona como uma tomada de consciência da culpa que cada um de nós tem dentro de si.

---

5 *O que é Cinema*, São Paulo: Brasiliense, 1991, p. 50-51.

Parece-nos, contudo, que, ao lado do texto de Régio, outro significativo paradigma do filme é o livro de *Jó*, de autor desconhecido e datado de cerca de 2000 a.C. Ao lado de *Salmos, Provérbios, Eclesiastes, Cântico dos Cânticos, Sabedoria* e *Eclesiástico*, o livro de *Jó* é um dos sete livros Sapienciais, também chamados Didáticos ou Morais, pois objetivam ensinar a Sabedoria ínsita na providência divina.

O enredo do livro de *Jó* pode ser sumariado assim: um pio patriarca de Hus, chamado Jó, de proceder irrepreensível, tem sua crença e confiança em Deus testada. O demônio, com a permissão divina, submete-o a desgraças e padecimentos: perda da fortuna, lepra. Alguns amigos seus, tendo ido para consolá-lo, viram em tantos e tão grandes sofrimentos uma prova clara de pecados gravíssimos. O paciente Jó protesta sua inocência, mas não consegue convencer os amigos. O próprio Deus parece surdo aos lamentos do infeliz, que sofre com isso as maiores torturas. A sua confiança na justiça de Deus não diminui, apesar de tudo; até que, vencida a prova, o próprio Deus aparece para defendê-lo e a restituir-lhe a felicidade primitiva.

O livro de *Jó* divide-se em três partes: prólogo, ação e epílogo.

O Prólogo (1-2) apresenta-nos Jó, que é, com a permissão de Deus, atribulado pelo demônio com males terríveis, os quais, porém, ele suporta com resignação. Três amigos vêm para consolá-lo.

A Ação (3-42,6) pode ser dividida em três seções: 1. as três disputas de Jó; 2. os discursos de Eliú; 3. os discursos de Deus.

1. As três disputas de Jó com os amigos versam sobre o sofrimento. Jó lamenta-se da vida e pergunta-se por que deve sofrer.

Primeira disputa (4-14): Elifaz afirma que só o ímpio é castigado; Jó então lhe responde que o seu castigo é bem maior que seus pecados. Baldad diz que Deus é justo; Jó lhe contesta que Deus é justo, mas não aflige somente os maus. Sofar esclarece que Deus é um sábio descobridor da iniquidade; Jó torna a repetir que não há proporção entre seus pecados e o castigo que está recebendo.

Segunda disputa (15-21): Elifaz acusa Jó de arrogância e de muitos pecados, mas este apela para o testemunho de Deus e se diz inocente. Baldad faz uma longa descrição da sorte infeliz do ímpio, mas Jó novamente afirma sua inocência. Sofar toma a palavra e revela que a felicidade do ímpio é de breve e incerta duração; Jó, entretanto, invoca a atenção dos amigos para a prosperidade dos ímpios.

Terceira disputa (22-26): Jó responde às novas acusações de Elifaz e de Baldad, enquanto Sofar se cala. Monologando (27-31), Jó relembra a felicidade passada e a compara à miséria atual, apelando por fim a Deus, o Juiz Supremo.

2. Os discursos de Eliú (32-37): Eliú, presente mas afastado da disputa, só agora entra em cena, expondo os motivos que o obrigaram a falar. Reprovando algumas palavras de Jó, explica por que Deus manda tribulações: o sofrimento purifica e instrui o justo, revela a pequenez do homem e a grandeza de Deus.

3. Os discursos de Deus (38-42,6): Com sua voz tonitruante, em meio a trovões e relâmpagos, Deus intervém e interroga Jó acerca dos mistérios da Criação, exigindo dele uma resposta. Jó confessa a sua ignorância, pedindo retratação de suas palavras e perdão a Deus.

Epílogo (42,7-17): Deus repreende os amigos de Jó e, proclamando a inocência deste, reverte-lhe a condição, abençoando-o com o dobro do que possuíra. Atinge os 140 anos, podendo ver quatro gerações de sua descendência. Morre "velho e saciado de dias".

Ao fim e ao cabo, percebemos que o livro de *Jó* busca responder a duas importantes questões – Por que sofrem os inocentes? Por que permite Deus a iniquidade na terra? – através do relato do sofrimento de Jó e de sua grande resignação, motivo inclusive por que ele é considerado sinônimo de paciência e perseverança. O livro de *Jó* destaca-se no Antigo Testamento por exaltar o poder, a justiça, a sabedoria e o amor de Deus, encobertos em seus insondáveis e misteriosos desígnios.

O tema comum aos três paradigmas com que dialoga a película oliveiriana parece residir na incompreensão e na incomunicabilidade que desterram o ser humano para uma solidão existencial, representada na figura de Jó: expiando seu drama sozinho em meio aos seus semelhantes, sentindo-se exilado da atenção e da misericórdia divinas, já que seu caso será sempre inaudível. Não estranha, pois, que uma das repetições registre a peça de Régio, como já salientamos, numa sequência de filme mudo. Nós, na posição de espectadores do drama alheio, postos na distância de uma contemplação mediada pela frieza de olhos eletrônicos, somos, ao cabo, surdos ou impossibilitados de ouvir as queixas do outro, para as quais não damos a mínima atenção.

A PLAY WITHIN A MOVIE

Exercício de metalinguagem, *a play within a movie*, o filme abre enfocando um grande olho, o da câmara de filmagem, que por sua vez foca uma plateia vazia que vai lentamente sendo ocupada por técnicos que preparam a filmagem da peça regiana. Enquanto correm os créditos, três máquinas (cinema, televisão, vídeo), três olhares mecânicos, confrontam o olhar dos espectadores. A representação da vida (o caso da peça) será filtrada ou perspectivada pelo olhar de uma câmera que filma a filmagem do drama encenado no palco, num *mise-en-abyme* que dirige nossa visão para o núcleo central do espetáculo: o caso.

Um caso interdito, o do Desconhecido, não contado, já que sempre interrompido por casos menores, minúsculos, sem nenhuma importância transcendental ou metapsíquica. Na perspectiva dos envolvidos, ou seja, atriz, diretor, porteiro, espectador, não obstante desimportante e pequeno, cada caso relatado assume dimensão grandiosa, metafísica. Todos, ao fim e ao cabo, se proclamam ofendidos e feridos pela desatenção e desamparo da sorte urdida pelo descaso ou acaso de uma vontade insondável. No palco, a fábula do egoísmo e do umbilicalismo que marcam a humanidade. Cada um achando que seu caso, incomparável, é o mais importante de todos. Donde a parte final do filme tratar exatamente do drama de Jó. Note-se que, diferentemente das três repetições anteriores, em que o pano de boca estampa as máscaras da tragédia e da comédia a deixar claro o teor tragicômico do drama encenado, agora, ao abrir-se a tomada, a imagem recupera apenas a máscara trágica, claro indício de que o livro de *Jó* versa a tragédia de nossa solidão existencial, desterrados que somos da atenção divina.

Bulle Ogier, Luís Miguel Cintra e Axel Bougousslavsky em Mon cas *(1986).*

O livro de *Jó* é um drama trágico por excelência. Drama não só por montar-se graças à *disputatio*, ao conflito, ao diálogo argumentativo que o protagonista trava com seus companheiros (Jó *versus* Elifaz/Baldad/Sofar/Eliú) e com Deus, que o põe à prova. O *pathos* de Jó decorre do julgamento de seus companheiros à busca de uma hamartia que justifique a punição que a providência e previdência divina lhe impõem.

UM CASO TAMBÉM RELIGIOSO

Poder-se-ia perguntar: que faz o caso de Jó a entrar como epílogo das três versões de *O Meu Caso*, de José Régio? O que têm a ver, o que têm em comum, um caso e outro?

Parece que Manoel de Oliveira aprecia a obra regiana, tanto que, de certa maneira, homenageou o poeta em *As Pinturas do Meu Irmão Júlio* (1959-1965), filmou *Benilde, ou a Virgem-Mãe* (1975), inspirou-se em *El-Rei Sebastião* para a criação de *O Quinto Império: Ontem como Hoje* (2004) e pôs, dentre os loucos que perambulam no hospício de sua *Divina Comédia* (1991), o profeta de *A Salvação do Mundo*. Mera apreciação estética? Ou também se preocuparia Manoel de Oliveira com alguma disquisição religiosa?

Não constitui novidade dizer-se que o teatro regiano é religioso. Etimologicamente religioso. Heterodoxamente religioso. Barrocamente religioso.

Etimologicamente religioso em sua ânsia de religar-se com a Divindade.

Heterodoxamente religioso, conforme o vislumbra Eugénio Lisboa ao assinalar, em "Morte e Ressurreição no Teatro de José Régio", que, não obstante "profundamente impregnado da doutrina de Cristo naquilo que ela poderá ter de mais universal", José Régio "*interpreta* o símbolo cristão, alarga-lhe as fronteiras, subverte-o, refina-o até às últimas consequências"[6].

Barrocamente religioso, conforme o surpreende Luiz Francisco Rebello em "José Régio: Evocação do Dramaturgo", ao flagrar o conflito que lhe distende a obra entre "matéria e espírito, corpo e alma, ou, com mais propriedade, entre o que no homem é eterno (ou votado à eternidade) e o que é transitório (ou condenado a perecer), entre o que o atrai para Deus (se assim quisermos chamar ao absoluto, ao infinito, ao inapreensível) e o que o prende à terra (à sua condição temporal e humana)"[7]. Em suma, uma dramaturgia barroca no dicotômico apelo *hacia arriba/hacia abajo* que a motiva e impulsiona.

O que dissemos acima acerca do religioso em José Régio, em essência, não se aplicaria a uma parte da filmografia de Manoel de Oliveira, constituindo-se num dos vieses de sua mundividência? Não seria Manoel de Oliveira também etimologicamente religioso em sua ânsia de religar-se com a divindade, desejoso de reencontrar-se com o Absoluto representado por Deus? Não seria também sua filmografia heterodoxa e barrocamente religiosa? Reflitamos.

O Quinto Império: Ontem como Hoje nos parece, a exemplo do *El-Rei Sebastião* regiano, impregnado do mecanismo exegético do *conceito predicável*, na medida em que o Desejado deve cumprir dupla função. Fadado ao Gólgota da paixão

---

6 Eugénio Lisboa, Morte e Ressurreição no Teatro de José Régio, *Crónica dos Anos da Peste*, Lisboa: Imprensa Nacional – Casa da Moeda, 1996, p. 98.
7 Luiz Francisco Rebello, José Régio: Evocação do Dramaturgo, *Fragmentos de uma Dramaturgia*, Lisboa: Imprensa Nacional – Casa da Moeda, 1994, p. 202.

e morte, surge, como *figurado* do Messias (do Redentor, no caso), a *prefigurar* o ensinamento que se lê inscrito no Quinto Evangelho de *A Salvação do Mundo* regiana: a redenção dos que têm que morrer em vida para de fato viver – "Ai de quem nunca morre em vida, que está morto para sempre"[8]. Mas não só. A reencarnação do mito sebástico em Manoel de Oliveira tem ainda a missão de extirpar o Mal do Mundo e conquistar a concórdia entre os povos, reeditando o mito do Quinto Império como a salvação do mundo – duvidosa salvação, se considerarmos que a ideia de um hegemônico poder religioso e temporal pode ser o estopim da discórdia entre os povos.

A reflexão conflituosamente barroca inscrita em *A Divina Comedia* – Bem *versus* Mal, Pecado *versus* Santidade, Inferno *versus* Paraíso, Fé *versus* Razão, Crença *versus* Descrença, a digladiarem-se no Purgatório de nossa existência – reaparece em *Benilde*, cuja ambientação e enfoque naturalista da lente ancoram na realidade alentejana o mistério da Anunciação. Enfim, um cinema cujo espectro sobrenatural, a exemplo do teatro regiano, forceja por tornar-se, aceitavelmente, natural e fenomênico. A propósito de sua *Benilde*, eis Manoel de Oliveira a desvendar-lhe o ângulo barrocamente religioso:

> Benilde é o senso e o contrassenso. É o embate entre o crer e o não crer. É o embate entre a fé e a razão [...] É uma luta entre elementos opostos, entre diferentes elementos opostos, onde não há certeza de nada, tudo fica no incógnito. [...]. Não se sabe nada e tudo ficou por saber, porque nada se sabe destas coisas. E esta era a angústia do próprio Régio, que apelava a um encontro final com Deus, que nunca teve, que nunca viu[9].

As palavras de Manoel de Oliveira fazem eco e apropriam-se das preocupações metapsíquicas e metapsicológicas de Régio. Afinal, como se insinua na *Benilde ou a Virgem-Mãe* regiana, o sobrenatural só se torna natural para quem tem Fé –, *verbi gratia*, para quem *está possuído* por esta primeira virtude teologal que implica a adesão e anuência dos desígnios e manifestações

---

[8] J. Régio, *A Salvação do Mundo*, Porto: Brasília Editora, 1984, p. 150.
[9] Manoel de Oliveira, citado no texto de João Bénard da Costa, *Pedra de Toque*, apud <http://www.madragoafilmes.pt/manoeloliveira/>. Acesso em: jun. 2008.

da Teofania. Noutras palavras, a tentar interpretar a mensagem de José Régio que nos parece reproduzida pelas palavras supracitadas de Manoel de Oliveira, é preciso que, rediviva Benilde, nossa fé (com minúscula mesmo, tão pequena é), em virginal pureza, se predisponha a gestar, como mãe, o Espírito.

Relemos na preocupação da filmografia de Manoel de Oliveira o anúncio do Desconhecido de *O Meu caso* – ou seja, a encenação de casos excepcionais e simbólicos que excedem todas as experiências comuns, tocando nas profundezas inexploradas não só da metapsíquica, mas também da metapsicologia, uma vez que as experiências vividas pelas protagonistas regianas, aparentemente anormais como a clarividência e a telepatia, transcendem o alcance da psicologia ortodoxa (metapsíquica). Sob tal enfoque, a filmografia de Manoel de Oliveira, a reboque das preocupações metafísicas e religiosas de José Régio, acaba também por desenvolver uma especulação de caráter filosófico sobre a origem, a estrutura e a função do Espírito, bem como sobre as relações entre o Espírito e a Realidade (metapsicologia).

Inspirados nas peças de Régio, é natural que os filmes de Manoel de Oliveira, aqui arrolados, nos defrontem com almas escolhidas por um Deus (melhor, talvez, seria chamá-lo Demiurgo) cujo poder as sujeita a grandes provações, ferindo-lhes de morte a Carne (com sua vida postiça) para que o Espírito renasça ou ressuscite[10].

Dessa perspectiva, não causa estranheza que o caso de Jó venha a encerrar o *Mon cas*, de Manoel de Oliveira. Destroçado como a cidade que lhe serve de cenário e fundo, carne apodrecida pela lepra, prefiguração da morte material, Jó há de renascer um homem novo. Sua felicidade e redenção foram obtidas porque conseguiu comunicar-se com o Absoluto, representado por Deus. A solidão existencial e a incomunicabilidade, purgadas (Jó expiando sozinho diante da egocêntrica surdez humana, diante da ausência de Deus), acabam por fim recompensadas. *Happy end*, Jó e a mulher findam felizes na *Cidade ideal*, de Piero della Francesca. A perturbar o final feliz, certa ironia enigmática? A que vemos estampada no sorriso da Gioconda,

10 Ver, a propósito, Eugénio Lisboa, Morte e Ressurreição no Teatro de José Régio, op.cit.

como a denunciar a artificialidade pinturesca da *Cidade ideal* que abriga e funda nossa utopia de um mundo melhor?

EMOTION PICTURE

Manoel de Oliveira já declarou algures, alto e bom som, que seu cinema não é *motion picture*, e sim *emotion picture*. Corroboram a declaração as palavras de Luiz Carlos Merten, em artigo publicado por ocasião da estreia paulista de *O Quinto Império: Ontem como Hoje*, durante a Mostra de Cinema de São Paulo, em outubro/novembro de 2004: "Oliveira mantém a câmara parada a maior parte do tempo. Seu filme [poderíamos ampliar para seus filmes] tem três ou quatro movimentos de câmara e alguns tão sutis que o público nem percebe. Como diz o diretor, ele prefere o movimento das palavras"[11].

Mon cas não deixa dúvida quanto a isso. Imóvel, a câmera registra e coagula o drama regiano – o que viria a ferir na carne a natureza própria do teatro. Irrepetível, nunca igual é a representação teatral a cada noite que sobe ao palco. Já o *tape*, a repetição cristalizada *ad eternum* são características do cinema. Parece, contudo, que no diálogo (ou conflito) entre as linguagens cinematográfica e teatral, Manoel de Oliveira quis, com o artifício de (re)apresentar-nos três versões do drama regiano, afirmar barrocamente a irrepetibilidade de cada encenação (já que cada uma será diferente da outra), eternizando-as, contudo, num celuloide que poderá ser repetido à exaustão e sempre da mesma forma, o que passaria a negar aquela mesma essência do teatro, ou seja, sua irrepetibilidade.

Por outro lado, deixando clara a ideia de que estamos diante de uma filmagem, mais especificamente da filmagem de um drama posto no palco, o cineasta põe em xeque o apanágio do cinema, sua *ilusão de verdade*, sua *impressão de realidade*. Desmistifica ainda Manoel de Oliveira outra ilusão cinematográfica: a de que seja o cinema uma arte neutra, objetiva, na qual o homem não interfere, já que tudo passaria pela visão de um olho mecânico – arte, enfim, gerada por uma máquina,

---

11 *O Estado de S.Paulo*, São Paulo, 1º nov. 2004, Caderno 2, p. D5.

baseada em processos químicos que permitem a impressão de uma imagem numa película de celuloide.

Não satisfeito, as três versões interpretativas a que submete o caso regiano deixam ainda mais claro que o olho mecânico da filmadora não é tão neutro ou isento assim, já que assumiu claramente três pontos de vista. Ao cabo, exercícios de desmistificações objetivando um estranhamento épico à Brecht, e cujo intuito é deixar claro que estamos diante não da realidade, mas de leituras subjetivas e interpretativas representadas por um drama teatral e por um filme.

De fato, Manoel de Oliveira prefere ao movimento da câmara o movimento das palavras: "Os americanos acreditam no cinema como movimento. Chamam os filmes de *movies*. Eu também acredito, mas de outra maneira. Os movimentos de câmara distraem o público. O movimento dos atores e das *palavras* [grifo nosso] dentro do plano exigem mais concentração. É o cinema que me agrada"[12].

O *movimento das palavras* parece efetivamente ser o protagonista de *Mon cas*, uma vez que, muito mais do que a ação – ou seria melhor inação? –, o que marca as três repetições do filme são exatamente as palavras, na medida em que a imagem se mantém essencialmente a mesma. Lembremos que o diálogo d'*O Meu Caso* regiano é substituído, na segunda tomada, por uma Voz, a enunciar o *Foirade II*, de Beckett, que se transformará em uma algaravia na terceira repetição. A palavra será, portanto, paradoxalmente, a protagonista da incomunicabilidade, da incompreensão, da solidão, denunciadas pela Babel, que, ao fim e ao cabo, move o filme.

O *movimento das palavras* será ainda o responsável pelo epílogo que encena o livro de *Jó*. Dissemos *encenar*, porque o filme de Manoel de Oliveira faz questão de enquadrar o drama de Jó numa ambiência que, recusando passar a ilusão de realidade, se denuncia como cenário, telão, carpintaria. Considerando a quase total imobilidade da cena e das personagens, uma vez mais a ação só se realiza pela enunciação das palavras – isto é, o conflito que marca o drama de Jó é resultado da argumentação do protagonista com seus companheiros e com

12 Idem, ibidem.

Deus. Assim, a ênfase está exatamente na palavra que gera o discurso, que por sua vez gera a ação. Estamos, pois, diante do *Verbum caro factum est*, amplamente exercitado, conforme já apontamos, pelo teatro teofânico, metapsíquico e metapsicológico de José Régio, que, ao fim e ao cabo, parece ser um motivo redivivo, mas tácito, na filmografia oliveiriana.

Assim, justifica-se a ideia de que Manoel de Oliveira se preocupe fundamentalmente com *emotion picture* e não com aquilo que dizem ser invenção técnica da arte cinematográfica – a *motion picture*, outra das ilusões propagadas pela cinematografia, conforme ensina Jean-Claude Bernardet ao afirmar que no cinema não há movimento:

> O movimento cinematográfico é uma ilusão, é um brinquedo ótico. A imagem que vemos na tela é sempre imóvel. A impressão do movimento nasce do seguinte: "fotografa-se" uma figura em movimento com intervalos de tempo muito curtos entre cada "fotografia" (fotogramas). São vinte e quatro fotogramas por segundo que, depois, são projetados neste mesmo ritmo. Ocorre que o nosso olho não é muito rápido e a retina guarda a imagem por um tempo maior que 1/24 de segundo. De forma que, quando captamos uma imagem, a imagem anterior ainda está no nosso olho, motivo pelo qual não percebemos a interrupção entre cada imagem, o que nos dá a impressão de movimento contínuo, parecido com a realidade. É só aumentar ou diminuir a velocidade da filmagem ou da projeção para que essa impressão se desmanche[13].

Play within a movie, surge *Mon cas* como resultado de disquisição e reflexão metalinguística. Denuncia a artificialidade das linguagens teatral e cinematográfica, além (parece-nos) de refletir *o caso* da filmografia de Manoel de Oliveira ao reproduzir a temática do drama regiano: sua tentativa de comunicação com o outro.

Ao exigir a concentração do espectador para o movimento das palavras (conforme se lê na citação acima), Manoel de Oliveira não quer que a imagem disperse ou desvie nossa atenção do que está sendo dito. O problema é que, a exemplo do teatro, a mobilidade dos signos empregados no filme, por mais estático que ele pretenda ser, bombardeia-nos com estilhaços de

---
13 Op. cit., p. 18.

informações que ferem e matam o nosso entendimento porque nem sempre são facilmente captáveis e/ou decodificáveis.

Hipnotizados pelo olho da câmara que simula a realidade, que simula o movimento; aconchegados no útero macio da poltrona; imersos na escuridão que nos isola do outro (o vizinho que recua o cotovelo para não ser tocado) – eis-nos entregues à solidão existencial, da qual dizemos querer fugir, isolando-nos para ver um *Mon cas*. Que pode ser o meu, o seu... o nosso caso.

Câmara escura também, as plateias do cinema, a revelarem nossas perplexidades e emoções no desencontro de diálogos que pipocam, sussurrados ao longo da projeção:

– O que entender da obsessiva repetição daquele ridículo melodrama que, encenado três vezes, nunca chegou a dizer-nos nada, ao fim?

– Mas bonitinha aquela atriz, não achas? Cabelinho bem cortado, coisa de *coiffeur* parisiense...

– À moda dos *roaring twenties*?

– Olha como ela corre de lá pra cá, de cá pra lá, desfolhando a margarida de seu coração, bem-me-quer, mal-me-quer.

– Prefiro aquela tomada em que ela está espanejando seus calores com uns leques divinos. Você lembra, amiga? Um leque tinha plumas pretas, o outro era de plumas brancas... E ela se abanando, ai que calores, assim freneticamente...

– Como não lembro... Coisa assim muito conflituosa, tipo assim muito barroca...

– Me diga o que faz o livro de *Jó* a concluir três versões de um caso que, aparentemente nada religioso, nunca é revelado?

– E o que você me diz do riso irônico da Monalisa, nesse final do filme?

– Estaria punindo nossa ignorância, por não sabermos que Jó e família desfrutam o *happy end* na artificialidade infantilmente cenográfica da *Cidade ideal*, de Piero della Francesca?

– De quem?

HAPPY END?

Tivéssemos, os ensaístas, visto *Mon cas* apenas uma vez; não tivéssemos repetido e repetido e repetido o DVD, a tomar notas, a fazer observações – que nos teria ficado da lição que Manoel de Oliveira tentou transmitir?

Não espanta que muita gente venha a considerar tedioso ou soporífero o cinema estático de Manoel de Oliveira. Não espanta que, aproveitando o escurinho do cinema, muita gente, nem bem o filme chegara à sua metade, abandone olimpicamente a sala de projeção, depois de ter esvaziado o balde de pipoca mais o litro de refrigerante.

Quanto a nós, os ensaístas, deixados aqui até ao término desse ensaio sobre a projeção de *Mon cas*, que nos cabe, ao fim, dizer?

Escreva aí: – O prazer estético, cremos, tem o sabor do entendimento.

Se, com sabor de aprazimento, entenderam algo deste ensaio acerca do *Mon cas*, de Manoel de Oliveira, damo-nos por satisfeitos.

Se não, entendam-se lá com o(s) argumento(s) do sr. Manoel de Oliveira, que é responsável tanto pelo *screenplay* como pela direção do filme.

BIBLIOGRAFIA CONSULTADA

BERRETTINI, Célia. *Samuel Beckett: Escritor Plural*. São Paulo: Perspectiva, 2004.
BÍBLIA SAGRADA (traduzida da *Vulgata* e anotada pelo padre Matos Soares). São Paulo: Paulinas, 1971.
KOTHE, Flávio. *Literatura e Sistemas Intersemióticos*. São Paulo: Cortez/Autores Associados, 1981.
XAVIER, Ismael. *O Discurso Cinematográfico*. Rio de Janeiro: Paz e Terra, 1977.

A Instável Estabilidade

aproximações e afastamentos entre Dreyer e Oliveira

Maria do Rosário Lupi Bello*

Perto do final da sua conhecida obra sobre Carl-Theodor Dreyer, David Bordwell afirma, a propósito da influência que o realizador dinamarquês deixou no cinema internacional:

> A influência é raramente reta ou direta; ela movimenta-se obliquamente, como (Chklovsky insiste) o movimento do cavalo no jogo de xadrez. Um artista raramente fornece um modelo a ser copiado por outro artista; um artista desobstrui uma série de problemas, lança uma excursão teórica sobre várias possibilidades. Os problemas desobstruídos não são necessariamente resolvidos – nem pelo primeiro artista, nem pelos seus sucessores[1].

Olhando para a globalidade da vasta obra de Manoel de Oliveira, é pertinente fazer um comentário idêntico, partindo da percepção de que grande parte daquilo que o tornou famoso é justamente o fato de constantemente "abrir campos de problemas", lançando hipóteses mais ou menos teóricas sobre

---

* Departamento de Língua e Cultura Portuguesas da Universidade Aberta, Lisboa, Portugal.
1 Cf. *The Films of Carl-Theodor Dreyer*, Berkeley/Los Angeles: University of California Press, 1998, p.199.

novas possibilidades estéticas e significativas do cinema como arte. Frequentemente, esses gestos inovadores e "problemáticos" têm acompanhado, ou mesmo antecedido, determinadas tendências da evolução do cinema – por exemplo, *Aniki-bobó* antecede o neorrealismo europeu (ainda que não seja exatamente seu representante), como o *Acto da Primavera* e *A Caça* antecedem o realismo "puro e duro" de certo cinema italiano (de que Pasolini é o expoente) –, prova de que a genialidade de um artista não se desenvolve "por geração espontânea", mas, antes, assenta as suas raízes no espírito da época em que vive. Mas é a capacidade do artista de assimilar a herança recebida de modo desequilibrante, introduzindo elementos de perturbação nas tendências do seu tempo, que faz dele poderoso fator de descoberta e novidade, pioneiro de caminhos novos que outros desejarão também explorar.

Tanto Manoel de Oliveira como Carl Dreyer se assumem assim: desejosos de romper fronteiras, a fim de poderem penetrar melhor nos mistérios que mais os seduzem. Ambos demonstram um mesmo propósito: desestabilizar o espectador, "forçando-o" a tomar consciência de qualquer coisa de decisivo através da experiência de visionamento dos seus filmes.

À partida, há um mundo de diferenças entre o realizador dinamarquês e o realizador português, que parece tornar irrazoável o método comparativo que aqui nos propomos utilizar, a fim de fazer sobressair determinados aspectos da obra de Manoel de Oliveira: o fato de Dreyer ser nórdico e Oliveira um europeu do Sul; o fato de Dreyer (1889-1964) ter morrido a meio do século XX, sem ter realizado um único filme a cores[2], e de Oliveira completar os seus cem anos de existência em pleno século XXI (com todas as implicações estéticas e estilísticas desse desfazimento histórico); o fato de o legado de Dreyer ser exíguo, não ultrapassando o total de quatorze longas-metragens, enquanto Manoel de Oliveira é conhecido pelo seu trabalho prolífico, somando mais de três dezenas de longas-metragens e avançando ao ritmo de um filme por ano…

---

2 Tinha, porém, o desejo confesso de estudar profundamente o papel da cor no cinema, e deixou alguns escritos sobre a questão, afirmando que o cinema poderia descobrir muito de si próprio se descobrisse o que o uso não "realista" da cor lhe podia trazer.

Há, porém, um aspecto que, numa primeira e rápida abordagem comparativa dos dois realizadores, ressalta com declarada evidência: uma estética da lentidão, que em ambos se encontra ancorada numa não cedência ao ritmo dos códigos narrativos do cinema predominante (e predominantemente americano). Essa lentidão, que a ambos foi criticada e que em ambos se propõe como forma contemplativa, pressupõe a "construção" de um público específico, um público disposto a um empenhamento pessoal, que passa pela aceitação de uma instável distância: a da não identificação sentimental e imediata, a da ausência da habitual (e esperável) empatia que o cinema facilmente produz entre o mundo que representa e os olhos (e o coração) que o vislumbram.

Partamos da afirmação do crítico dinamarquês Ebbe Neergaard sobre o filme de Dreyer *Dia de Cólera* (1943): "Nada é facultado à audiência. Você é convidado a identificar apenas o que você puder. Mas, se puder, será recompensado com uma das mais raras experiências da verdade acerca das mentes e corações humanos... [...], um comovente, mas tragicamente grande drama sobre algo simples, básico: o risco de ser humano"[3].

Este é um ponto nevrálgico do credo de cada um desses realizadores: um perseverante desejo de "verdade" e uma permanente disposição de correr – e fazer correr, ao espectador – o risco da sua humanidade. Encaradas assim, as obras dos dois realizadores revelam surpreendentemente a sua coesão, dentro da variedade dos estilos (ou subestilos, uma vez que a todos os filmes preside a marca própria do seu autor) que as caracterizam.

E este é um primeiro ponto de contato que vale a pena estabelecer entre Oliveira e Dreyer: a atitude de constante experimentalismo[4] de que dão testemunho as suas respectivas obras, e que levam os realizadores de uma para outra abordagem, em busca do(s) modo(s) de representação dessa verdade, mostrando, na alternância de formas e temas, a plena assunção

---

3 Donald Skoller (org.), *Dreyer in Double Reflection*, Cambridge: Da Capo Press, 1991, p. 19-20.
4 "Para Dreyer, cada filme que ele fez era um experimento", afirma Skoller, op. cit., p. 71.

do risco. Num conhecido trabalho sobre o realizador dinamarquês[5], o crítico e realizador Paul Schrader distingue três grandes grupos de filmes na produção de Dreyer: aqueles em que domina o "Kammerspiel" (como, por exemplo, *O Senhor da Casa* e *Gertrud*), aqueles de marca "expressionista" (*Vampiro* é o único que se assume totalmente assim) e os que obedecem a um "estilo transcendental" (*Joana d'Arc* e *A Palavra* são, deste ponto de vista, paradigmáticos). Estas três vertentes cruzam-se na obra de Carl Dreyer, assumindo maior ou menor preponderância e, dessa forma, caracterizando de modo inequívoco o legado do realizador.

Este não é o momento para desenvolver os traços que Schrader atribui a cada um dos estilos que nomeia; mas é possível afirmar sinteticamente que, se o estilo "Kammerspiel" aposta tudo no ambiente de "teatro íntimo" – equivalente à música de câmara –, representando dramas familiares em cenários de interior, o expressionismo de *Vampiro* assenta no exagero gestual, em cenários não realistas marcados pelo "chiaroscuro" e pelo tratamento de uma temática de vida para além da morte, enquanto o estilo transcendental (que se acentua nas últimas obras de Dreyer) consiste na introdução do milagre na representação do cotidiano, colhendo dos rostos grande parte da sua força, através do uso de planos longos e fixos, por vezes do grande plano, e recorrendo à presença de simbólicas figuras de disparidade (de que o Johannes, de *A Palavra*, é o melhor exemplo).

Falta ainda um trabalho que sistematize, de idêntico modo, a produção oliveiriana – que, aliás, ainda está em curso –, mas é possível, desde já, identificar algumas tendências marcantes dessa obra, quando olhada de modo global: uma tendência inicial de natureza estritamente documental (a que, obviamente, *Aniki-bobó* escapa, e que será retomada aqui e ali), à qual se segue a grande aposta na inspiração literária, que dominará quase toda a obra de Oliveira (e que tem início com os quatro filmes que constituem a "Tetralogia dos Amores Frustrados" – título que torna evidente a temática que lhes está associada), depois a entrada no grande espólio cultural que é

---

5 Paul Schrader, *Transcendental Style in Film: Ozu, Bresson, Dreyer*, Cambridge: Da Capo Press, 1988, p. 113-121.

a História e a Mitologia de Portugal, integradas no contexto mundial (primeiro com *"Non"* e mais tarde com *Palavra e Utopia*, *O Quinto Império* e *Cristóvão Colombo*, para dar só alguns exemplos), passando pelos filmes que se assumem mais "privados" e confessionais, como *Viagem ao Princípio do Mundo* e *Je rentre à la maison*.

Se a obra de Dreyer permite uma "arrumação" em três grandes áreas, a de Oliveira parece exigir pelo menos quatro zonas bem distintas, como vimos, embora seja evidente que tanto num como noutro caso tais categorias não passam de grandes linhas estilísticas e temáticas que permitem caracterizar determinados vetores recorrentes nas duas obras. Essa busca em zigue-zague radica, como acima afloramos, numa preocupação permanente de foro estético-existencial – o desejo de captação daquilo que a vida "é", se bem que inevitavelmente transfigurado por aquilo que o cinema não pode, nem quer, deixar de ser: expressão artística e, portanto, não a vida, mas a representação da vida, como Oliveira se preocupa constantemente em repetir.

Interrogado por Antoine de Baecque e Jacques Parsi sobre temas que o tenham possivelmente interessado durante a sua juventude – "Não havia temas que o apaixonassem na sua educação?" –, Oliveira responde: "Não, o que me interessava era a vida. É a vida que me entusiasma, sempre, por vezes em contradição com a minha educação. Gostava muito da vida boêmia"[6]. E acrescenta adiante, a propósito da sua "não ligação com as ideologias, pelo menos políticas": "No sentido mais lato da palavra, os meus filmes são, sem dúvida, filmes políticos, na medida em que deles ressalta a verdade dos acontecimentos, a verdade das coisas"[7].

Também Dreyer não se cansava de afirmar esse interesse pela existência. Dos testemunhos colhidos num documento audiovisual intitulado *O Meu Ofício*[8], ressalta o fato de Dreyer

---

6 *Conversas com Manoel de Oliveira*, Porto: Campo das Letras, 1999, p. 26.
7 Idem, p. 35.
8 Trata-se de um DVD produzido em Portugal em 2003 por Costa do Castelo Filmes e realizado por Torben Skjodt Jensen com o título original *Carl Th. Dreyer: min metier*, Dinamarca, 1996.

Aniki-bobó *(1942), primeiro longa-metragem de ficção realizado por Manoel de Oliveira.*

Michel Piccoli (Gilbert Valence) e Jean Koeltgen (o menino Serge) em Je Rentre à la maison *(2001).*

ser "um apaixonado pela verdade e pela realidade", razão que o leva a ver na arte cinematográfica a possibilidade de representar essa verdade a que chamava "psicológica", porque "filtrada pela mente do artista. O que acontece no *ecrã* não é a vida, e não é feito para o ser, senão não seria arte". A preocupação do realizador dinamarquês é a de deixar claro que o seu interesse pelo real é bem distinto da aposta num suposto naturalismo ou realismo "mimético" (e, portanto, ilusório, superficial, que nada tem que ver com arte)[9], mas antes radica naquele tipo de honestidade artística que leva a procurar todos os fatores desse real que se deseja interrogar e representar, incluindo o fator "mistério". Por isso Carl Dreyer reagia à catalogação: "É uma tolice dizerem que eu sou místico. O que é que as pessoas querem dizer com isso? Não se pode separar realismo de misticismo"[10]. Vale a pena transcrever as afirmações do realizador a esse propósito, que Manuel Vidal Estévez colige e publica no seu interessante estudo:

A reprodução da realidade no ecrã tem de ser verdadeira, mas limpa de elementos desnecessários. Também deve ser realista, mas modificada pelo olhar do realizador, de tal maneira que se converta em poesia. O cineasta não tem que privilegiar os aspectos da realidade, mas a sua essência. O realismo não é em si mesmo uma arte. As realidades devem ser transformadas de uma forma simples e sintética para ressurgir, sob um aspecto depurado, como uma espécie de realismo psicológico intemporal.

Ora, esse específico tratamento da temporalidade segundo uma lógica que se afasta da natural tendência isocrônica da imagem audiovisual faz parte, para Dreyer, daquilo a que chama "realismo psicológico" e, para Oliveira, consiste na *durée* que permite o olhar e o pensamento, favorecendo o diálogo entre a obra e o seu público. Afirma o realizador português:

A duração é muito importante. É a duração que dá a reflexão. Se os planos se seguem rapidamente, não se deixa tempo de reflexão ao espectador. Essa duração das imagens é muito interessante,

---

9 Como lembra Manuel Vidal Estévez, para o realizador "é perda de tempo 'copiar'". Cf. *Carl Theodor Dreyer*, Madrid: Cátedra, 1997, p. 53.
10 Cf. DVD acima referido.

é um grande respeito pelo público. Ela permite uma comunicação profunda entre o realizador e os espectadores: o realizador dá as sugestões, faz pensar em determinadas coisas, prolonga os seus pensamentos, as suas reflexões através das imagens de outras pessoas[11].

E acrescenta, reagindo às críticas de que é alvo e fornecendo a chave interpretativa dessa lentidão – a oferta de uma genuinidade, que permita que o espectador permaneça livre diante da obra, que se coloque como pessoa que é diante de uma específica proposta de "realismo" artístico:

> Infelizmente os espectadores estão viciados num tipo de cinema convencional. Aceitam a convenção cinematográfica que pretende que no cinema é o movimento que deve modificar a realidade. Não vão ao cinema para reflectir, mas para *não* reflectir! Se o filme faz reflectir, eles desesperam, fartam-se, deixam a sala. Se o filme funciona como uma droga, um estupefaciente, então é bom! Não pensam... Mas, em princípio, é mau, porque a pessoa despersonaliza-se, não fica nada[12].

Como se depreende dessas palavras, há um claro propósito inovador e de efeito contracorrente na lentidão assumida por Oliveira, que tem uma finalidade simultaneamente crítica e criativa, provocadora. Não se trata apenas de um processo estético, mas também de uma estratégia comunicativa que se revela "revolucionária" – afinal de contas, o habitual movimento dos filmes ditos comerciais é que cria uma convenção artificial na representação do real, uma vez que torna impossível ao espectador a captação do significado daquilo em que esse real consiste, desse modo deformando-o e distanciando-o irremediavelmente.

Tanto Oliveira como Dreyer procuram, assim, o peso dessa duração – que o realizador dinamarquês chega mesmo a caracterizar como "intemporal" – que permita atravessar a distração do movimento agitado, de forma a colocar o espectador diante do que realmente acontece.

---

11 Emmanuel Decaux, Rencontre: Manoel de Oliveira, *Cinématographe*, Paris, n. 91, jul.-ago. 1983, p. 45.
12 Idem, ibidem.

Quando se consideram as obras mais significativas de Oliveira (por exemplo, *Amor de Perdição*, *Le Soulier de satin*, *A Divina Comédia*, *Vale Abraão*, *Palavra e Utopia*, *O Quinto Império*), tal duração revela-se elemento inalienável da sua significação. Do mesmo modo, é impossível não sentir a provocação de uma "estranha" temporalidade (que se exerce, aliás, como também em Oliveira, na própria dicção dos diálogos) perante filmes como *A Paixão de Joana d'Arc*, *Dia de Cólera*, *A Palavra*, *Gertrud*.

Por outro lado, tanto num como noutro caso se tem consciência de estar diante de obras que não fazem da intriga (no sentido originalmente formalista, de *syuzhet*, de *plot*) o centro do seu interesse. Em todas elas se produz o efeito (pela força que a palavra assume, pela inovação da *mise-en-scène* – depurada em Dreyer, teatralizada em Oliveira –, pelo conteúdo da própria história, pelo peso da duração) de uma realização "universal". Carl Dreyer chama-lhe "poesia": essa simplicidade de meios e de "aspectos" que têm uma desproporcionada e generalizada capacidade de dizer e de comover, porque remetem para aquilo que de mais comum pode existir entre os humanos.

Perante obras como as de Oliveira e de Dreyer vem à mente a aguda observação da muito "realista" escritora norte-americana Flannery O'Connor, quando, numa conferência sobre Escrita Criativa, intitulada "A Natureza e o Objetivo da Ficção", afirmava:

> O mundo do escritor de ficção é cheio de material, e é isto o que os escritores principiantes são relutantes em criar. Eles estão preocupados principalmente com ideias e emoções descarnadas. Estão aptos a serem reformadores e a quererem escrever porque estão possuídos não por uma história, mas pelos ossos expostos de alguma noção abstrata. Eles têm consciência de problemas, não de pessoas; de questões e temas, mas não da textura da existência; de casos e de tudo o que tenha um valor sociológico, mas não de todos aqueles concretos detalhes da vida que fazem atual o mistério da nossa posição sobre a terra[13].

Julgo não ser muito arriscado concluir que tanto Manoel de Oliveira como Carl Dreyer subscreveriam essa afirmação,

---

13 Sally e Robert Fitzgerald, *Mystery and Manners: Occasional Prose*, New York: The Noonday Press, 1997, p. 67-68.

transpondo-a para a criação cinematográfica. Em ambas as obras é visível uma sistemática recusa do tratamento de "temas" (ou *issues*, nas palavras de O'Connor), que é o mesmo que dizer que nem um nem outro estão preocupados com a defesa de ideologias (como acima pudemos constatar em relação a Oliveira), mais ou menos empolgantes. De Dreyer diz, precisamente, um dos seus estudiosos, Donald Skoller, que: "Dreyer estava envolvido com essências mais que com temas"[14]. Quanto a Manoel de Oliveira, a sua autonomia, no contexto do cinema nacional, vem sobretudo da sua grande liberdade em filmar apenas aquilo que verdadeiramente lhe importa – não as tendências ideológicas, nem necessariamente as estéticas, muito menos as técnicas, e sim o seu interesse pelas pessoas, pelo drama humano, pela situação nacional ou pela sua circunstância pessoal. Ao contrário de boa parte de outros realizadores portugueses, não são específicos "problemas" sociais ou políticos que suscitam a sua criatividade, nem vagas noções abstractas (como a Humanidade, a Miséria, a Revolução, a Droga), mas a concretude da "matéria" de que é feita a vida e a batalha cotidiana de todo o ser humano, muitas vezes plasmada anteriormente na obra literária de outro autor. Esse fato não inibe, obviamente, a tomada de posição sobre "questões" consideradas importantes (Dreyer, por exemplo, foi conhecido pela sua posição em favor do povo judeu), mas retira-as do plano da argumentação teórica e pretensiosa, tornando-as acessíveis, próximas, feitas desse "pó" de que fala a escritora norte-americana. É por esta razão que, a propósito da sua obra aparentemente mais difícil ou exigente, *A Paixão de Joana d'Arc*, Dreyer afirma: "Não é um filme para teóricos do cinema, é um filme para gente vulgar, com uma mensagem para qualquer um com mente aberta"[15].

Paradoxalmente, por não acompanhar as tendências ideológicas (em sentido estrito) do seu tempo, Oliveira parece até assumir uma atitude aparentemente mais abstrata, menos incisiva. Nos anos "quentes" imediatamente pós-25 de Abril, quando os filmes que se realizam em Portugal são de pendor neorrealista ou político-revolucionário (como, por exemplo,

---

14 Op. cit, p. 59.
15 Cf. DVD referido na p. 33 supra, n. 8.

Uma Abelha na Chuva, de Fernando Lopes, *Brandos Costumes*, de Seixas Santos ou *Os Demónios de Alcácer-Kibir*, de José Fonseca e Costa), Oliveira filma *Benilde ou a Virgem-Mãe*, depois *Amor de Perdição* e *Francisca*, arriscando-se à crítica de "alienado" dos problemas do seu tempo. No entanto, como se sabe (e como pode, nesse caso específico, verificar-se), a arte tem uma força subversiva e desinstaladora mais forte do que qualquer obra *engagée*, e a passagem do tempo torna clara a permanência dessa força, que se revela, afinal, bem concreta, alargando-se além-fronteiras, sem se deixar aprisionar nos condicionalismos do meio que a viu nascer.

Tal como Dreyer, também Oliveira quer dirigir-se a todos, através da (re)construção de mundos que a todos dizem respeito, desde que capazes de manter a "mente aberta". São universos cotidianos que, na sua aparente banalidade, se veem tocados pelo drama e pelo milagre. É a aposta na desconstrução do dualismo fé/razão (de *Benilde*), amor/ódio (em *Amor de Perdição*), fidelidade/infidelidade (a trama de *Francisca*) que Oliveira busca, certo de que a experiência humana não se faz de um só tom, mas da batalha por um ideal sempre imperfeitamente realizado[16].

Como sugere Flannery O'Connor, é desse interesse pelo concreto e pelo banal que nascem as obras dos grandes autores, e portanto Oliveira e Dreyer estão, a este propósito, muito bem situados. Mas vale a pena esclarecer que o conceito de "abstração" tem, para ambos, um significado valioso quando aplicado à arte cinematográfica.

Manoel de Oliveira atribui ao cinema a capacidade de "fixar" todas as artes "no imponderável". E acrescenta: "É a sua preciosa riqueza contida na sua própria forma de abstrair a realidade"[17]. Também Carl Dreyer é explícito: é na capacidade de abstração que reside a capacidade de renovação do cinema. E clarifica: "a abstração é a capacidade de representar a vida interior, não a exterior"[18]. Para Oliveira, a função do cinema é

---

16 Numa entrevista televisiva ouvimos Oliveira afirmar que a existência humana é como a subida de um caminho íngreme – se não se aplicar esforço no passo dado, inevitavelmente se regride. Esta concepção existencial manifesta-se claramente no teor dramático da maior parte dos seus filmes.
17 Cf. A. de Baecque; J. Parsi, op. cit, p. 81.
18 Cf. M. Vidal Estévez, op. cit, p. 60-61.

justamente fazer ver o invisível, e nisso se distingue do teatro: na sua apetência para dar a ver o que nele se não via, esse "algo escondido, enigmático"[19] que não abdica de estar presente.

Está-se, portanto, quer num caso quer noutro, muito longe de um conceito de abstração como polo oposto da representação do "concreto". Poder-se-ia dizer que a abstração é, para ambos os realizadores, o ponto máximo de significação que a apetência *concreta* do cinema (no sentido, propriamente, de "carnal"), na sua vocação eminentemente (e profundamente)[20] narrativa, pode dar. Outro grande cineasta europeu do século XX, Andrei Tarkóvski, falava do cinema como arte do "tempo em forma de fato"[21], assim sublinhando simultaneamente a construção narrativa (isto é, resultante da sequencialidade temporal dos eventos) e a sua essencial concretude (a "forma" do fato, e não a "ideia" do problema) que o cinema produz. Qualquer um desses realizadores aposta na capacidade metafísica da sétima arte: literalmente, revelar o imaterial *através* do físico, e não *acima* dele. "Como chegar ao espiritual senão pelos sentidos?", pergunta-se Oliveira, a propósito de *Vale Abraão*[22].

Gertrud é um esplêndido exemplo dessa concepção de cinema, retratando a turbulenta vida amorosa de uma mulher que arrisca apostar tudo de si, sem ceder a relações mais ou menos parcelares ou convenientes: *Amor omnia*. Curiosamente, há uma espécie de imponência da virgindade, a que Oliveira também tantas vezes alude (e não apenas em *Benilde*), e que habitualmente se identifica, erroneamente, com a proposta de uma contida sublimação – em vez da poderosa afirmação de amor que ambos os realizadores lhe conferem. *A Palavra* é um dos

---

19 Cf. A. de Baecque; J. Parsi, op. cit, p. 52.
20 A palavra "profundamente" é aqui usada técnica e literalmente: a narratividade do cinema verifica-se a nível da sua estrutura profunda, não necessariamente da estrutura de superfície, uma vez que tem que ver com o fato de o cinema inevitavelmente reproduzir a sequencialidade temporal, mesmo quando não aposta na construção da intriga narrativa, em sentido estrito, ou quando a procura subverter, através de códigos acronológicos ou não causais.
21 Cf. *Sculpting in Time: Reflections on the Cinema*, Austin: University of Texas Press, 1996. Vale a pena transcrever a seguinte afirmação do realizador russo: "Acho particularmente irritantes as pretensões do moderno 'cinema poético', que envolve a perda de contato com o fato e com o tempo, resultando em preciosismo e afetação" (p. 69).
22 Cf. A. Baecque; J. Parsi, op. cit., p. 64.

mais valiosos, belos e raros filmes que o cinema viu nascer, no rigor formal desse mundo privado, onde acontece a explosão do grande Fato que afirma a razoabilidade do desejo de Vida acima de toda a triste aparência de morte. Também *Benilde, Francisca, Vale Abraão, Viagem ao Princípio do Mundo, Palavra e Utopia, O Quinto Império* são, entre outros, filmes que deixam que se desprenda das suas imagens "qualquer coisa" que está contida nelas e na relação entre elas, e que dificilmente se consegue definir.

Carl Dreyer afirma que "a alma é revelada no estilo, que é a expressão artística do modo como o artista olha para o seu material", mas acrescenta que esse estilo é, ultimamente, "invisível, não demonstrável"[23]. Por isso, mesmo a crítica que se deseje mais técnica ou meticulosa não deve ter a pretensão de "demonstrar" um qualquer estilo, mas tão-só descrever formas e sugerir significações possíveis, que os espectadores poderão, ou não, confirmar.

É, seguramente, pertinente lembrar, nesse contexto, a opinião que o próprio Oliveira tem do realizador dinamarquês, citando uma conversa com André Bazin, durante a qual o interroga sobre Eisenstein e Dreyer: "Dreyer é como um poço. Eisenstein é como o mar", responde o crítico francês. E explica Oliveira: "Deu esta definição que me agradou. Um quer penetrar a alma, o outro quer alcançar a vida em toda a sua extensão"[24]. Manoel de Oliveira, que se assume amante da vida, reconhece também, usando palavras de Agustina Bessa-Luís, que "a alma é um vício"[25] que não pode dispensar. Para o realizador português, a arte em si mesma não é "sagrada" – "a arte é uma coisa mundana; nela, não há santidade. É a vaidade. A vaidade acompanha sempre o homem"[26]. Em grande medida, é essa humildade que defende Oliveira da tendência de um

---

23 Essa frase de Dreyer é encontrável em diversos documentos, nomeadamente no DVD sobre a sua obra, já referido, e n' *As Folhas da Cinemateca*, publicadas em Lisboa pela Cinemateca Portuguesa – Museu do Cinema, 2006.
24 Cf. A. de Baecque; J. Parsi, op. cit., p. 141.
25 A afirmação surge no filme *Francisca*, baseado no livro de Agustina, *Fanny Owen*.
26 Cf. A. de Baecque; J. Parsi, op. cit., p. 65. Noutra fase dessa longa entrevista, o realizador afirma mesmo sentir-se uma espécie de criminoso, ao realizar um filme – como se, qual ladrão escondido, ousasse manipular o que não lhe pertence.

certo cinema nacional, muito fechado em si próprio, defensivo, pouco generoso, mais interessado em sustentar grandes questões estéticas e/ou políticas do que em oferecer ao espectador a simples intuição de uma beleza que não possua. E este é também um dos aspectos em que a comparação com Carl Dreyer se afigura mais significativa: no pudor que ambos manifestam sobre o modo como tratam o real que pretendem cinematograficamente representar, no desejo que ambos têm de proceder a uma metamorfose artística que se afigure "verdadeira", não manipulativa, confiante no poder que a imagem tem de evocar mundos não visíveis, mas cuja presença se deixa vislumbrar através da emoção que a fisicidade cinematográfica provoca.

Não se pretende, porém, com esta sintética análise comparativa, ignorar todas as diferenças, tanto em nível de concepção como de realização, que as obras desses dois realizadores evidenciam. Se, por um lado, são de destacar, como pontos comuns, um idêntico conceito de realismo não naturalista, uma mesma preocupação de verdade – que não abdica da transcendência –, um modo semelhante de conceber a importância da lenta duração da cena, uma idêntica importância dada à palavra e à herança literária, um mesmo desprezo pela inovação técnica em si mesma, um semelhante uso do grande plano – em particular para captar a expressividade do rosto –, uma mesma capacidade de reproduzir o carácter de universalismo no particular –, tudo características de não pequena importância, que até certo ponto irmanam Dreyer e Oliveira numa espécie de mesma família cinematográfica –, por outro lado é igualmente pertinente notar alguns aspectos que os afastam, e que não são menos significativos.

Na minha opinião, são de destacar três pontos de clara divergência. Em primeiro lugar, a relação que cada um deles estabelece entre o teatro e o cinema. Para Oliveira, o cinema acrescenta apenas ao teatro (embora neste "apenas" esteja um mundo de diferenças) a capacidade de fixação[27]. Dreyer, porém, apesar de fazer igualmente adaptações de peças teatrais ao

---

27 Cf. A. de Baecque; J. Parsi, op. cit, p. 70: "o teatro é a síntese de todas as artes. O cinema recebeu esta herança e, pelas suas possibilidades [de fixação], enriqueceu-a".

cinema (como é o caso de *A Palavra*, adaptado da homónima peça de Kaj Munk, *Ordet*), alerta: esse processo (de transcodificação) é complexo e "perigoso", implicando uma necessária e profunda "purificação". No cinema "não pode deter-se a acção"[28], pelo que o diálogo deve ser reduzido em cerca de um terço e deve ser usado de modo tal que o espectador o possa sempre imediatamente compreender. Densidade e concisão são características indispensáveis do diálogo no *écran*, e portanto é necessário proceder-se a uma simplificação permanente, na qual a música pode suprir a falta da palavra[29]. Obviamente que o conceito oliveiriano de fidelidade na adaptação, que passou, particularmente em *Amor de Perdição*, pelo desejo de transpor a integralidade do texto literário, não dá ao impacto da palavra no *écran* a mesma interpretação...

Em termos de concepção plástica da cena, Dreyer aproxima o cinema da arquitetura, mas curiosamente distancia-se da fotografia, a qual Oliveira define como a base formal do cinema. "Não entendo o mínimo de fotografia. Não sei nada sobre a relação entre as luzes e o diafragma, ou entre o negativo e o positivo. Mas interessa-me muito o enquadramento e a composição da imagem"[30]. A imagem tem, em Dreyer, uma capacidade de representação da espacialidade (nomeadamente no uso da profundidade de campo)[31] tendencialmente mais acentuada que a de Oliveira, da qual se desprende uma lógica de composição cénica de tipo eminentemente teatral.

Last but not least, há um conteúdo de fundo que revela as diferentes origens dos dois cineastas – Carl Dreyer usa sobretudo a intensidade da tragédia[32] na construção das suas obras,

---

28 Cf. M. Vidal Estévez, op. cit, p. 45.
29 No entanto, Dreyer afirma também que o cinema deve tornar-se cada vez menos dependente da música, as palavras deveriam ser suficientes e dispensar a complementaridade musical.
30 Cf. M. Vidal Estévez, op. cit, p. 51.
31 Em *A Palavra* é importante notar a possibilidade que algumas cenas dão de que vejamos de uma para outra divisão da casa. A famosa cena da janela, de *Amor de Perdição*, produz um efeito idêntico, por exemplo, mas é inegável que ele é mais raro em Oliveira do que em Dreyer, onde se assume quase como uma "imagem de marca", em busca de uma espécie de permanente irrequietude visual, contraditória com o aparente estatismo da *mise-en-scène*.
32 Na biografia de Dreyer que publicou em 1982, *Carl Th. Dreyer né Nilsson* (Paris: Cerf, p. 353), Maurice Drouzy cita o desejo do realizador de ser "um

Leonor Silveira como Ema Paiva, protagonista de Vale Abraão *(1993).*

enquanto Manoel de Oliveira se aproxima do registo melodramático. Obviamente que esse fato manifesta a raiz cultural de cada um dos realizadores: o traço nórdico e luterano de Carl Dreyer, em clara contraposição com a base católica – e lusitana, diga-se de passagem – de Manoel de Oliveira. Paul Schrader estabelece uma pertinente comparação entre os filmes sobre Joana d'Arc de Carl Dreyer e de Robert Bresson, afirmando que n'*A Paixão de Joana d'Arc* (de Dreyer) a protagonista é "the crucified, sacrificial lamb" (a crucificada, o cordeiro sacrificial), enquanto em *O Julgamento de Joana d'Arc* (de Bresson) ela é "the resurrected, glorified icon" (a ressurecta, ícone glorificado)[33]. Oliveira não fez nenhum filme sobre essa heroína histórica, mas usou o tópico da figura feminina que se sacrifica em diversas obras (basta lembrar *Amor de Perdição*, onde existem não um, mas dois exemplos desse tipo de figura, assim como *Benilde, Francisca, Vale Abraão* – para dar os exemplos mais clamorosos). Em todas elas se assiste a um tratamento que resvala para o território da tragédia, mas que

    poeta trágico do *écran* cujo problema número um será encontrar a forma e o estilo da tragédia propriamente cinematográfica".
33 P. Schrader, op. cit., p. 121.

não chega a definir-se como tal, devido à interferência desse vetor tão português (tão "à" Camilo, "à" Régio, "à" Agustina) que é o do melodrama.

De fato, enquanto Dreyer pugna pela expressão do psicológico – de onde vem grande parte da tensão que imprime aos dramas que representa –, Oliveira envolve-se no registo sentimental. Disso dá testemunho, por exemplo, o modo como cada um trabalha a *mise-en-scène* dos seus filmes (e aqui fazem-nos falta as imagens físicas que o possam demonstrar, o que exige de nós o recurso às imagens mentais que temos dos filmes de ambos): muito depurada em Dreyer, geométrica, interior, patenteando a força crua e contida de vazios (esse "ar" que caracteriza muitas das cenas) que transmitem o seu peso à história narrada, em contraposição com as imagens mais teatrais, coloridas, de grande plasticidade, por vezes mesmo barrocas, dos filmes de Oliveira, onde o desempenho quase inexpressivo dos atores[34] contribui para acentuar a força emotiva que se esconde no relato fílmico. É como se Manoel de Oliveira se encontrasse, desse ponto de vista, entre os dois realizadores referidos: entre a glacial (e purificadora) exigência de sacrifício que Dreyer procura representar e a confiança vitoriosa e positiva (pelo menos em algumas das suas obras, como *Diário de um Pároco de Aldeia* e *Fugiu um Condenado à Morte*) de Robert Bresson.

O ponto de partida deste trabalho de confronto assentou naquela característica que, em termos de recepção, tem marcado de modo mais decisivo, para o melhor e para o pior, a cinematografia oliveiriana: um determinado uso da duração fílmica, que se vê quase sempre aliado a uma particular concepção de representação (teatral, não naturalista). Sendo esta, por um lado, uma constante da produção do realizador português, da qual ele nunca desejou abdicar, e, por outro, sendo possível detectar pontos idênticos na estética e no estilo de um realizador aparentemente tão distante (mas admirado por

---

34 Esse dado, por si só, não estabelece nenhuma diferença significativa entre os dois realizadores, antes pelo contrário: é sabido que Dreyer pedia aos atores que "não representassem", exigindo um modo de dizer o texto semelhante ao de Oliveira: monocórdico, *understated*. Mas esse idêntico fato tem resultados algo diferentes, no contexto global das respectivas obras, como acima se procura demonstrar.

Oliveira) como foi Carl Dreyer – o qual encontrou idêntica resistência por parte do público dinamarquês seu contemporâneo –, é impossível não procurar a raiz de tal traço identificativo das duas cinematografias.

Paul Schrader considera que o estilo mais definidor da obra de Dreyer (a par dos outros dois acima referidos) é o chamado "estilo transcendental", que não se aplica necessariamente a "filmes religiosos", e que, através de um específico modo (na montagem, nos ângulos escolhidos, nos diálogos instaurados) de tratar a temporalidade, procura obter aquilo que pode definir-se como "stasis" (que o uso dos planos fixos procura favorecer). Também Oliveira revela uma permanente preocupação de retirar a sequencialidade fílmica do fluxo "normal" do tempo – ou à impressão dessa "normalidade", o que, em termos de recepção, é equivalente –, de modo a produzir no espectador um fenômeno semelhante ao do êxtase, isto é, à experiência da intemporalidade, da contemplação do momento, o qual, por definição, não pode ser contemplado, pois imediatamente se torna outro. Fixar o momento é, para Oliveira, a grande capacidade cinematográfica de operar o "milagre" que torna possível o impossível, acedendo, assim, ao mistério.

Falando da sua evolução artística, Manoel de Oliveira afirma:

> No *Douro*, cansava-me muito depressa ao ver um plano, e cortava constantemente. Era muito mais inquieto. Hoje, estou mais estável e creio-me mais ponderado. Cada gesto é uma aventura. Precisamente, convém eliminar o mais possível, a fim de atingir o que faz a especificidade abstracta do cinema. […]. Li um filósofo chinês, que dizia que na China deixavam quase toda a liberdade às crianças até aos seis anos. Assim tomam gosto pela vida. Se as constrangiam, não podiam adquirir o mesmo gosto pela vida. Só depois se começa a introduzir regras. Creio que com o cinema se passa, inicialmente, a mesma coisa. É preciso saber exercer toda a liberdade, a fim de guardar depois o essencial. Inicialmente, mexe-se muito exteriormente, depois interiormente[35].

É a partir dessa estabilidade exterior que Oliveira espera saber provocar a instabilidade interior no espectador que aceite

---

35 Cf. A. de Baecque; J. Parsi, op. cit, p. 181-182.

o desafio, *co-movendo*-o em direcção a um encontro pessoal, revelador. Se Dreyer o fazia recriando a atmosfera psicológica da sua visão pessoal, Oliveira procura fazê-lo aprisionando o tempo no invólucro estático da fixação cinematográfica que possibilita a contemplação. Aí se trava a difícil, a arriscada e instável batalha entre a possibilidade de efetiva e misteriosa revelação do real e a de sua eventual ocultação, por força da inescapável *durée* de que é feita a experiência da temporalidade, enquanto sequência causal de acontecimentos. Nessa alternância de possibilidades se tem jogado a aposta de Oliveira, como atesta o que de menos bom e o que de melhor tem a sua longa vida de artista da imagem em movimento.

BIBLIOGRAFIA CONSULTADA

CARL *Theodor Dreyer*. Lisboa: Cinemateca Portuguesa – Museu do Cinema, [s.d.].
DRUM, Jean; DRUM, Dale D. *My Only Great Passion. The Life and Films of Carl Th. Dreyer*. London: The Scarecrow Press, 2000.
JORGE, João Miguel F.; LOUREIRO, José; GOMES, Rita Azevedo. *A Palavra*. Lisboa: Cinemateca Portuguesa – Museu do Cinema, 2007.
MATOS-CRUZ, José de. *Manoel de Oliveira e a Montra das Tentações*. Lisboa: Sociedade Portuguesa de Autores/Publicações Dom Quixote, 1996.

Plano 2

Os Amores Frustrados

De Amores, Cartas e Memórias

Camilo na lente prismática de Manoel de Oliveira

Paulo Motta Oliveira*

> *O Amor de Perdição, visto à luz elétrica do criticismo moderno, é um romance romântico, declamatório, com bastantes aleijões líricos, e umas ideias celeradas que chegam a tocar no desaforo do sentimentalismo.*
>
> CAMILO CASTELO BRANCO[1]

> *Encurralado pelas mesmas grades que submeteram seu tio, escreveu febrilmente na prisão, no curto espaço de quinze dias, essa famosa história de desvairados que se chama* Amor de Perdição.
>
> MANOEL DE OLIVEIRA, *O Dia do Desespero*

Camilo Castelo Branco é uma figura frequente na filmografia de Manoel de Oliveira. Dos anos de 1970 a 1990, o cineasta visitou-o, de variadas formas, por três vezes. Em 1978 dirigiu *Amor de Perdição*, originalmente vinculado em seis episódios pela RTP1, e lançado, depois, em versão cinematográfica. Em 1981 o autor de *Anátema* seria um dos personagens centrais de *Francisca*, filme – realizado a partir de romance de Agustina Bessa-Luís[2] – que tem por tema a história de Fanny Owen, que inicialmente fora veiculada por Camilo no episódio "1854" de *No Bom Jesus do Monte*. Já em 1992 o cineasta lançaria *O Dia do Desespero*, no qual os últimos tempos do escritor ocupam um lugar central.

Aqui centraremos a nossa atenção no primeiro desses filmes, tentando verificar de que maneira, ao filmar a mais famosa

---

* Departamento de Letras Clássicas e Vernáculas da Faculdade de Filosofia, Letras e Ciências Humanas da Universidade de São Paulo (FFLCH-USP), Brasil.
1 *Amor de Perdição*, em *Obras de Camilo Castelo Branco*, Porto: Lello & Irmão, 1984, v. 3, p. 381.
2 *Fanny Owen*, Lisboa: Guimarães, 1979.

obra de Camilo, Oliveira reconfigura a forma como ambos são habitualmente encarados.

A longa película de *Amor de Perdição* inicia-se com a imagem de uma porta gradeada, reconhecível facilmente como sendo de uma cela de prisão antiga, que se fecha, enquanto são apresentados o título e subtítulo do filme, os mesmos do livro: "Amor de Perdição – Memórias de uma Família"[3]. Logo em seguida, aparece a indicação – esta, privativa da película – "do romance de Camilo Castelo Branco".

Pode passar despercebida do espectador a contradição aparente que essas informações constituem. O filme parece vir de duas fontes que têm estatutos diversos: por um lado apresenta-se como fruto de "memórias", ou seja, liga-se, como o termo é usualmente definido, a narrações pretensamente verídicas, escritas por testemunhas presenciais; por outro se apresenta como construído a partir de um romance, ou seja, de um texto ficcional. Esse tipo de estatuto dúbio é muito usual na ficção camiliana, questão a que voltaremos mais tarde. Mais importante, porém, para o que aqui pretendemos, é essa aparente contradição ser central no filme de Oliveira. Para refletir sobre esse aspecto vejamos, inicialmente, as cenas de abertura do filme.

Após as imagens acima referidas, e ainda antes de serem apresentados os créditos, é focalizada uma página de um livro manuscrito, e o texto nele contido é lido por duas vozes masculinas distintas, a primeira distante, que se escuta em surdina, e a segunda mais clara e alta, que à primeira se sobrepõe. Tem-se a impressão de que a primeira voz dita o apontamento, no livro transcrito, enquanto a segunda o lê para o espectador. Em relação a esse aspecto, Maria do Rosário Lupi Bello notou:

> A primeira voz *off* lê alto as palavras que a imagem reproduz, escritas à mão, no livro de assentamentos da cadeia do Porto, transcritas igualmente na Introdução da novela [...]. Imediatamente se verifica o processo de desdobramento narrativo presente no filme, já que poucos segundos depois se sobrepõe a essa primeira voz (a do funcionário prisional) uma segunda voz masculina que diz

---

3 C. Castelo Branco, op. cit., p. 375.

exatamente as mesmas palavras, enquanto a primeira voz, que se ouve em surdina, vai desaparecendo, dando-lhe progressivamente o lugar[4].

O texto, retirado da introdução do romance de Camilo, é o seguinte: "Simão Antonio Botelho, que assim diz chamar-se, ser solteiro, e estudante na Universidade de Coimbra, natural da cidade de Lisboa, e assistente na ocasião de sua prisão na cidade de Viseu, idade de dezoito anos"[5].

Logo em seguida, uma voz feminina acrescenta: "Dezoito annos! O arrebol dourado e escarlate da manhã da vida! As louçanias do coração que ainda não sonha em fructos, e todo se embalsama no perfume das flores! Dezoito annos!"[6], trecho também retirado da referida introdução.

A imagem, então, se desloca para um apontamento ao lado esquerdo da página, que passa a ocupar o primeiro plano e também é lido pela mesma voz masculina: "Foi para a Índia em 17 de Março de 1807"[7].

Só após essas cenas aparecem os créditos, enquanto é mostrado o mar batendo em alguns rochedos, e escutamos o barulho das ondas e do vento.

Como podemos notar, esse trecho inicial – que no filme ocupa espaço semelhante ao da "Introdução" no livro de Camilo, e dela retira os textos que são apresentados – é montado através de um duplo processo: ao mesmo tempo em que a imagem, quase congelada, apresenta um documento escrito (o que lhe dá uma grande concretude, provocando um visível estatuto de realidade), uma ou mais vozes revelam, para o leitor, o que no documento está escrito, ou tecem comentários sobre ele.

Como o primeiro documento que aparece é o assento da prisão de Simão Botelho, a sua *verdade*, o seu aparente estatuto de documento verídico acaba por contaminar todos os outros manuscritos que serão, na mesma estratégia fílmica, apresentados na película: cinco cartas, três delas de Teresa,

---

4   Maria do Rosário Leitão Lupi Bello, *Narrativa Literária e Narrativa Fílmica – O Caso de* Amor de Perdição, Lisboa: Fundação Calouste Gulbenkian, 2005, p. 371.
5   C. Castelo Branco, op. cit., p. 383.
6   Idem, ibidem.
7   Idem, ibidem.

e duas da mãe de Simão, dona Rita Preciosa. Em um procedimento similar, mas não idêntico, também veremos Simão escrever, enquanto o conteúdo da carta nos é lido. Podemos pensar que também essas cartas, de forma mais indireta, são contaminadas pela mesma *verdade*.

A correspondência trocada entre os personagens ganha, assim, um imenso valor, tornando-se materialmente no filme aquilo que dá veracidade à história narrada, que a transforma em *memória*. As cartas são, dessa forma, assumidas como material em que estão depositados os traços da história ocorrida, como a porta de acesso a um passado de que nos restam fragmentos ainda *presentes*, que são, no filme, apresentados em sua existência física, para que o nosso olhar e a nossa audição possam, através deles, penetrar em um mundo já ido, não mais existente. No livro, tal procedimento também é adotado, mas de uma forma ao mesmo tempo mais concentrada e mais diversa. Mais concentrada, pois no conjunto das cartas citadas no livro a grande maioria são as trocadas entre os dois enamorados; mais diversa, pois a maior carta presente não é dos dois, mas de Rita, irmã de Simão, epístola então na posse de seu sobrinho, na qual a senhora se lembra do que havia ocorrido no tempo em que era criança. A forma como essa carta aparece no filme parece-nos importante para o específico papel que nele ganha a correspondência. No lugar de, como no livro, termos a rememoração de acontecimentos passados, será a jovem Rita que apresentará, *no presente*, o seu relato sobre os acontecimentos. Como notou Lupi Bello:

> É muito frequente o uso, por parte do realizador, da função explicitamente narrativa das personagens [...] o filme de Oliveira manifesta também o gosto de transformar a personagem num peculiar *narrador homodiegético*, que interrompe a acção para se dirigir ao espectador directamente, olhando-o nos olhos [...] e produzindo discursos mais ou menos longos. Tal processo verifica-se, em dados momentos, com os próprios protagonistas, mas a vez em que ele assume uma proporção mais extensa e notória é quando *Rita*, a irmã mais nova do protagonista, entra no quarto e, sentando-se numa cadeira voltada para o espectador, leva a cabo o seu relato (que consiste no texto da carta que mais tarde escreverá) sobre a

reação da família à notícia da prisão de Simão, acrescentando, assim, uma nova perspectiva aos acontecimentos[8].

Ao escolher apenas algumas cartas, e ao *mostrá-las* ao espectador, ao *presentificar* o relato de Rita, o diretor acaba por dar, parece-nos, uma maior veracidade à história narrada. Veracidade que, julgamos, é reforçada no final da película, pelas últimas cenas e pelo texto que as acompanha. Nesse final, após o corpo de Simão ser jogado no oceano, e Mariana segui-lo, também ao mar se lançando, ao corpo se abraçando e com ele sendo tragada pelas águas, emerge do fundo do mar um rolo de cartas, que sabemos ser as de Simão enviadas a Teresa e as que estavam em posse do primeiro. Um barco se aproxima, e um *close* mostra uma mão que pega o maço. A câmara fixa-se nas águas, enquanto uma voz lê um texto, que também aparece escrito na tela:

Desde menino, ouvia eu contar a triste história do meu tio paterno Simão António Botelho. Minha tia, irmã dele, solicitada por minha curiosidade, estava sempre pronta a repetir o facto ligado à sua mocidade […] Sabia eu que em casa de minha irmã estavam acantoados uns maços de papéis antigos, tendentes a esclarecer a nebulosa história de meu tio. Pedi aos contemporâneos que o conheceram notícias e miudezas, afim de entrar de consciência naquele trabalho. Escrevi o romance em quinze dias, os mais atormentados da minha vida. Tão horrorizada tenho deles a memória, que nunca mais abrirei a *Amor de Perdição*[9].

A seguir, é apresentada a indicação de onde o texto foi retirado: "Camilo Castelo Branco – *Memórias do Cárcere*".

As cartas que emergem são, já o afirmamos, aquilo que do passado vem ao presente, a presença material, no hoje, daquilo que existiu. A mão que as retira do mar possibilita que nós, espectadores, possamos vê-las concretizadas na tela. É uma mão que pode ser várias: a do pretenso marinheiro que as recuperou, a do assumido sobrinho de Simão que as integrou nas suas "memórias de uma família", e a do cineasta que exibiu parte delas no seu filme.

8 M. do R. L. Lupi Bello, op. cit., p. 378.
9 C. Castelo Branco, op. cit., p. 377.

Manoel de Oliveira, em entrevista a Baecque e Parsi, teceu o seguinte comentário sobre o trecho final da sua película: "No último plano do filme, a mão que segura o rolo das cartas é a minha. Sou eu que conto a história no filme. Não é Camilo. Eu tomo portanto o seu lugar. Digo, no fim, as palavras de Camilo [...] Não é Camilo que fala, não foi ele que fez o filme"[10].

Esse diretor *que assume o lugar de Camilo* faz – mesmo mantendo-se, em grande medida, fiel ao livro, reproduzindo no seu filme boa parte do que está lá escrito – a *sua leitura* da obra, produzindo um outro *Amor de Perdição*. Isso pareceria óbvio, pois toda transposição cinematográfica de uma obra literária é uma tradução. Mas, no caso de Manoel de Oliveira, esse jogo ganha intrincada urdidura.

Como já acima indicamos, o filme se abre com a explícita tensão entre romance e memória, tensão que percorre toda a película, e continua no seu final, quando são citadas outras memórias, as do cárcere, aquelas que o sobrinho do protagonista escreveu na mesma prisão em que esteve o seu tio, esperando julgamento, se não pelo mesmo tipo de crime, ao menos por um crime gerado pelo mesmo motivo: uma paixão não permitida. Manoel de Oliveira está aqui fazendo um jogo bastante camiliano, como já o indicamos: situando-se entre o verídico e o verossímil, entre a verdade possível da rememoração, e a assumida verossimilhança do romanceado.

Em relação à produção ficcional camiliana, Jacinto do Prado Coelho já afirmou: "Camilo insiste sempre na veracidade das histórias que narra"[11]. E essas histórias verídicas lhe chegam, muitas vezes, através de *depoimentos* de protagonistas ou testemunhas. Assim, o texto escrito é apresentado, em vários casos, como uma reprodução de um depoimento oral, a que se juntam outros elementos. Cria-se, dessa forma, um espaço ambíguo, em que se mesclam registros da escrita e da oralidade,

---

10 Antoine de Baecque; Jacques Parsi, *Conversas com Manoel de Oliveira*, Porto: Campo das Letras, 1999, p. 90.
11 *Introdução ao Estudo da Novela Camiliana*, Lisboa: Imprensa Nacional-Casa da Moeda, 1982-1983, v. 2, p. 223. Estamos nesta parte utilizando algumas reflexões apresentadas no Congresso Internacional de Narrativa Oral e Identidade Cultural em 2005, e que fazem parte do texto "Oralidade, Memória e Ficção na Obra de Camilo Castelo Branco", ainda no prelo.

da ficção e da memória. A ficção, e não só ela, de Camilo Castelo Branco é rica nesse tipo de *escritura*. Desse mesmo estatuto dúbio também participa *Amor de Perdição*.

Maria Eduarda Borges dos Santos, ao analisar o papel da memória e da imaginação no universo camiliano, afirma:

a fidelidade ao real tem em Camilo uma contrapartida [...]; posto que é na memória de observação que a atividade imaginativa se fará sentir, ela não só vê o interior de todas as coisas e dá valor às imagens materiais da substância, como também nos mostra o modo como o *divers* da vida das pessoas é percorrido, conservado e identificado por uma imaginação da narrativa ficcional, numa história, numa totalidade organizada, fruto da reflexão sobre os acontecimentos que se reescrevem e se recontam. Só por intermédio desta actividade imaginativa lhe foi permitido construir a intriga de *Amor de Perdição*, a partir de dados concretos, de uma biografia comprovada pelos *Arquivos da Relação do Porto*[12].

Parece-me que o jogo entre memória e ficção é, nessa obra de Camilo, ainda mais complexo que o acima apontado pela crítica, e que precisa ser analisado de forma mais detida para que melhor entendamos a leitura que dele faz Manoel de Oliveira.

O livro é, sem dúvida, uma obra ficcional. Parodia uma das mais famosas histórias de amores infelizes da cultura ocidental: *Romeu e Julieta*, de Shakespeare. As semelhanças entre a peça e o romance parecem indicar que o narrador não quis deixar dúvidas quanto à filiação: em ambos os enredos filhos de famílias rivais se apaixonam, o jovem mata o primo da sua amada, por isso é condenado ao desterro, o que leva à morte o casal de apaixonados. Mas essa *ficcionalidade* é negada já no início da obra, como apontou Santos, quando o narrador afirma que "Folheando os livros de antigos assentamentos, no cartório das cadeias de Relação do Porto, li, no das entradas dos presos desde 1803 a 1805, a folhas 232, o seguinte"[13], transcrevendo, após isso, os assentamentos de entrada e de saída de Simão Botelho do cárcere – que são, como vimos, apresentados no início do filme de Oliveira –, o que, aparentemente,

---

12 *Do Diálogo ao Dialogismo na Obra de Camilo Castelo Branco*, Famalicão: Centro de Estudos Camilianos, 1999, p. 55.
13 C. Castelo Branco, op. cit., p. 383.

constitui um documento oficial. Uma outra forma de negar a ficcionalidade, e reforçar a veracidade da história narrada, é a transcrição do longo epistolário trocado entre Simão e Teresa e a explicação, implícita no fim do livro, de como esse material chegou às mãos do autor. Por sinal, o subtítulo do romance, "Memórias de uma família", e o parágrafo final só vêm confirmar essa aparente *veracidade*. Nesse parágrafo, como sabemos, é afirmado: "Da família de Simão Botelho vive ainda, em Vila Real de Trás-os-Montes, a Senhora D. Rita Emília de Veiga Castelo Branco, a irmã predilecta dele. A última pessoa falecida, há vinte e seis anos, foi Manuel Botelho, pai do autor deste livro"[14].

Certamente, já perdemos hoje o impacto que esse trecho pode ter, mas, sem via de dúvida, nos é possível perceber o movimento que ele produz. No fim da história, ele ressignifica tudo o que foi antes dito, dando, ao que um leitor tenderia a considerar como ficção, novamente o estatuto de verdade. O parágrafo e vários outros índices presentes no livro encenam a veracidade do que foi narrado. E, ao mesmo tempo, criam uma nova narrativa, não de todo contada: a de como esse sobrinho teria tido acesso à história do seu tio, na qual, com certeza, ocuparia um papel central a irmã mais querida de Simão, ponte entre um passado já morto e o presente da escritura. Não podemos esquecer que é dessa mesma senhora – de quem o narrador não se furtará de informar ao seu leitor, na quinta edição do volume, que "Morreu em 1872"[15] – a maior carta transcrita no livro, como já indicamos, epístola que chega a ocupar quase metade de um capítulo, uma das raras que não pertencem ao par de enamorados. D. Rita Emília seria, nessa outra história não completamente explicitada, a depositária das cartas e da memória oral e material dessa família, das quais, anos depois, o sobrinho faria uso, transformando-as em escrita.

Sem via de dúvida, uma série de outros indícios, como a relação com a peça de Shakespeare ou a comparação que, em um dado momento, o narrador faz entre a sua história e os romances de Balzac, a que já voltaremos, apontam justamente para

---

14 Idem, p. 539.
15 Idem, ibidem.

o sentido contrário: para a ficcionalidade do que está sendo contado. Isso, porém, só vem confirmar que nos situamos em um espaço dúbio, no qual se mesclam várias categorias e em que, certamente, não podemos precisar onde acaba a memória e começa a imaginação.

Ao analisar essa tensão entre veracidade e ficção, Anabela Rita considera que, em *Amor de Perdição*,

o recurso a documentos e a testemunhos, os laços familiares e as afinidades circunstanciais entre o protagonista e o sujeito de escrita parecem validar a escrita memorialista, biografista. Mas, ao longo do texto, dois factores põem em causa este estatuto e insinuam a ficcionalidade: [...] a natureza de certa informação [...] [pois] o narrador imagina aquilo que não consegue saber [...] [e] a própria estruturação do narrado em sintonia com modelos literários já fixados pela retórica da ficção romântica[16].

Sem discordar dessa perspectiva, considero, porém, pelo que afirmei, que o narrador faz bem mais do que minimizar as tensões entre o literário e o vivido, como afirma a autora:

o narrador *naturaliza* habilmente o que poderia causar estranheza e usa todo o *espaço de manobra*: obedece às imposições da verosimilhança (adequa a personagem ao real) e não infringe as normas ditadas pela verosimilhança de gênero (não inadequa a personagem ao romanesco passional), assumindo a responsabilidade de imaginar para suprir a lacuna do modo declaradamente menos imaginoso e mais crível. (De)mo(n)stra, na prática, como resolve o problema do universo ficcional do texto conciliando, tanto e como o pode, a lógica do real (sua e do leitor) e do romanesco (literário)[17].

Parece-me que a tensão entre memória e ficção é um fator importante na construção do romance, e que o narrador, de fato, tende a desestabilizar as certezas do leitor, e não a minimizar as tensões. Bem mais do que *naturalizar* os limites entre esses dois campos, Camilo problematiza-os. Qualquer certeza é, aqui, provisória.

---

16 (Des)construções Camilianas, *Prelo*, Lisboa, n. 18, p. 62, jan-mar. 1990.
17 Idem, p. 62-63.

É nesse ponto de tensão, nessa mistura entre os dois campos que se situa, creio, o peculiar olhar de Manoel de Oliveira. Ele partirá da tensão camiliana para a reconfigurar. Mantendo-se fiel ao romance, o trairá, aproximando-o muito mais da memória, que ele também é, e diluindo o seu estatuto assumidamente ficcional.

A estratégia, que já antes apontamos, do uso do assento da prisão de Simão e das cartas de Teresa e de dona Rita Preciosa, produz esse efeito, ampliando a impressão de veracidade que estes documentos provocariam. Se tal recurso é intensificado, como dissemos, pela cena final em que as cartas são recuperadas do mar, outros procedimentos, ao longo da narrativa, são utilizados com esse mesmo objetivo, além do uso, já apontado, dos relatos dos personagens. Permitam-me, aqui, ater-me a apenas dois, e deixar para o espectador da película a feliz oportunidade de encontrar vários outros similares.

De início, como observamos ao nos referirmos ao romance, há uma grande similitude entre o seu enredo – se dele retirarmos a figura de Mariana – e o de *Romeu e Julieta*, o que apontaria, o dissemos, para a sua ficcionalidade. No filme essa relação é claramente abrandada por um processo de integração do caso específico de Simão em uma sequência familiar de casos de amor desastrosos, transformando-o em um episódio de uma série.

Esse procedimento é alcançado através do deslocamento de elementos presentes no próprio livro de Camilo. Expliquemos melhor o que aqui pretendemos indicar.

Logo após a exibição dos créditos do filme, a cena que abre a narrativa fílmica tem como protagonistas dois tios de Simão. Essa parte da película se inicia com a imagem de uma dama, atrás de duas espadas cruzadas. O narrador diz: "Marcos Botelho estava na festa de Endoenças, defrontando uma dama, namorada sua, e desleal que ela era. Noutro ponto da igreja estava, apontando com olhos e coração à mesma mulher, um alferes de infantaria. Marcos enfreou o ciúme, mas à saída do templo encarou no militar e provocou-o".

Aparecem então os dois duelando. A seguir é dito: "Amigos de ambos conseguem aplacá-los, quando Luís Botelho, irmão de Marcos, não se conteve". Vemos Luís Botelho dar um tiro

Cristina Hauser (Teresa de Albuquerque) e Ricardo Pais (Baltazar Coutinho) em Amor de Perdição (1978).

no alferes, e logo em seguida a voz narrativa afirma: "O alferes derribou morto, mas o homicida foi livre por graça régia".

Essa cena, no romance, ocupa uma posição absolutamente secundária: trata-se de uma nota de rodapé, que surge quando se explica por que o pai de Domingos Botelho teve de lhe suspender "as mesadas": "os rendimentos da casa não bastavam a livrar outro filho de um crime de morte"[18].

Por seu turno, como já o indicamos, o filme se fecha com um trecho de Camilo, que originalmente fez parte de *Memórias do Cárcere*, e que o romancista havia reproduzido no "Prefácio da Segunda Edição" de *Amor de Perdição*.

Assim, o que era uma nota acaba por ocupar a posição de cena inicial após a exibição dos créditos, e parte do texto do prefácio acaba por se transformar em texto final, lido e apresentado ao espectador, texto que termina com a indicação "Camilo Castelo Branco – *Memórias do Cárcere*". Com essas mudanças, o particular caso de Simão transforma-se em um incidente entre dois outros também relacionados com problemas decorrentes de paixões problemáticas: a do seu tio, enamorado

---

18 C. Castelo Branco, op. cit., p. 390.

de uma dama desleal, e a do seu sobrinho, acusado de cometer adultério com uma mulher casada. A verdade do último incidente acaba por dar um caráter verdadeiro aos outros dois, ao mesmo tempo em que a criação de uma série torna o incidente de Simão algo habitual, não excepcional.

É curioso que, ao adotar esse processo, Manoel de Oliveira acaba por utilizar, com outros propósitos, um mecanismo já utilizado por Camilo. Como notei em outro momento, o romance trata não só de um *amor de perdição*, que perde apesar de ser absolutamente puro; trata também das *memórias de uma família,* família que, o sabemos – o narrador o afirma –, é a mesma do romancista. Esse amor intenso que leva Simão para o desterro poderia, assim, ter sido herdado pelo sobrinho que, mais de cinquenta anos depois, esperava um julgamento que poderia ter por desfecho justamente o desterro, pena comum então para o adultério – a que Camilo mais temia. Também ele, como o tio, "Amou, perdeu-se". Caberia à justiça, na época, resolver se também ele, como o tio, morreria amando. Se é verdade o que insinua a epígrafe do livro – "Quem viu jamais vida amorosa, que não a visse afogada nas lágrimas do desastre ou do arrependimento?" –, então podemos supor que a vítima do amor, membro de uma família fadada ao amor e ao infortúnio, poderia não ser considerada culpada. Visto sob esse ângulo, a opção de narrar a história da sua família tem objetivos bastante pragmáticos e utilitários. E muito do excessivo amor que no livro é pintado, e que poderia parecer ultrarromantismo, talvez seja apenas retórica de uma defesa muito bem urdida. Essa outra história, não contada, mas implícita – a da prisão do autor do livro e da sua necessidade de ser inocentado –, talvez possa ser vista como o fio condutor que estrutura e unifica toda a obra.

Ora, Manoel de Oliveira, de forma muito hábil, parece utilizar essa legenda justamente com o objetivo de desdramatizar a história de Simão e Teresa, dando-lhe um estatuto de *normalidade*, de um incidente numa série de outros semelhantes. Tal uso bastante peculiar de uma potencialidade que já estava no texto articula-se com um outro procedimento que, apagando um dos aspectos mais recorrentes no livro de Camilo, novamente tenderá a tentar reforçar o estatuto de *veracidade* que a história pode ter.

Certamente uma das marcas mais características da narrativa camiliana – presente na maior parte dos seus livros, e também em *Amor de Perdição* – é a peculiar voz narrativa dos seus livros. Sempre preparado para tecer comentários, o narrador camiliano faz as mais diferentes ilações, muitas vezes – como é o caso do romance aqui em questão – desestabilizando a própria história que está contando, ao mostrar o quanto ela tem de excessiva, ou como o leitor deve desconfiar do que lhe é narrado.

É justamente essa voz, que acaba por mostrar que estamos diante de uma ficção, que será silenciada no filme de Manoel de Oliveira. Ou melhor, não totalmente silenciada, mas habilmente *reduzida* para que a sua atuação não chegue a desestabilizar a veracidade construída. Vejamos um exemplo, talvez o mais evidente.

No romance, quando em dado momento Simão recusa um caldo oferecido por Mariana, temos o seguinte comentário do narrador:

Simão notou as lágrimas, e pensou um momento na dedicação da moça; mas não lhe disse palavra alguma.

E ficou pensando na sua espinhosa situação. Nos romances todas as crises se explicam, menos a crise ignóbil da falta de dinheiro. Entendem os novelistas que a matéria é baixa e plebeia. O estilo vai de má vontade para coisas raras. Balzac fala muito em dinheiro; mas dinheiro a milhões: não conheço, nos cinquenta livros que tenho dele, um galã num entreato da sua tragédia a cismar no modo de arranjar uma quantia com que um usurário lhe lança, desde a casa do juiz de paz a todas as esquinas, donde o assaltam o capital e o juro de oitenta por cento. Disto é que os mestres em romances se escapam sempre. Bem sabem eles que o interesse do leitor se gela a passo igual que o herói se encolhe nas proporções destes heroizinhos de botequim, de quem o leitor dinheiroso foge por instinto, e o outro foge também, porque não tem que fazer com ele. A coisa é vilmente prosaica, de todo o meu coração o confesso. Não é bonito deixar a gente vulgarizar-se o seu herói a ponto de pensar na falta de dinheiro, um momento depois que escreveu à mulher estremecida uma carta como aquela de Simão Botelho. Quem a lesse, diria que o rapaz tinha postadas, em diferentes estações das estradas do país, carroças e folgadas parelhas de mulas para transportarem a Paris, a Veneza, ou ao Japão a bela fugitiva! As estradas, naquele tempo, deviam ser boas para isso, mas não tenho a certeza de que houvesse estradas para o Japão. Agora creio que há, porque me dizem que há tudo.

Pois eu já lhes fiz saber, leitores, pela boca de mestre João, que o filho do corregedor não tinha dinheiro. Agora lhes digo que era em dinheiro que ele cismava, quando Mariana lhe trouxe o caldo rejeitado[19].

Todo o trecho acima é reduzido, no filme, ao texto abaixo:

Simão notou as lágrimas, e pensou um momento na dedicação da moça; mas não lhe disse palavra alguma. E ficou pensando na sua espinhosa situação. O dinheiro é coisa vil e prosaica. Não é bonito deixar vulgarizar um herói a ponto de pensar na falta de dinheiro, um momento depois de ter escrito à mulher estremecida uma carta como aquela, mas era em dinheiro que ele cismava, quando Mariana lhe trouxe o caldo rejeitado.

Podemos notar que há aqui um claro esvaziamento de um narrador tagarela, que não só tece comentários irônicos – que levariam o leitor ao riso – como faz explícita referência a outro autor, Balzac, comparando a sua obra com a dele. Todos esses procedimentos, que levariam o leitor a se distanciar da história narrada, problematizando-a, são apagados no filme de Oliveira. A voz é aqui reduzida a comentários rápidos, que apenas ressaltam a falta de dinheiro do protagonista.

Parece-me, como afirmei, que todos os procedimentos que aqui apontamos acabam por ter o mesmo objetivo: o de dar um caráter verídico – ou potencialmente verídico – ao enredo apresentado. Seja a materialidade das cartas, seja o reforço do caráter memorialístico, seja o quase apagamento dos comentários metanarrativos, tudo acaba por encaminhar para a mesma direção.

Mas, certamente, Oliveira não pretende que o leitor acredite que está contando uma história verdadeira. Se, para usarmos um lugar comum de certa produção cinematográfica, povoa o seu filme de indícios de que estaria fazendo uma película "baseada em fatos reais", julgo que o faz para desestabilizar a forma como, usualmente, esse livro de Camilo é interpretado, o

---

19 C. Castelo Branco, op. cit., p. 448-449.

modo reducionista como o romance ficou guardado no imaginário cultural luso-brasileiro. Dois exemplos recentes podem comprovar o que aqui afirmo.

No *Dicionário de Personagens da Novela Camilana*, publicado em 2002, *Amor de Perdição* é assim descrito:

> Simão Botelho, recriação de um tio paterno de Camilo, é o protagonista de uma história trágica de amor que decorre entre 1801 e 1807: *Amou, perdeu-se e morreu amando*. Teresa de Albuquerque e Simão veem-se aos quinze anos e amam-se para sempre, mas o ódio entre seus pais leva-os à morte [...]. Singulariza esta história de amores contrariados a figura de Mariana, filha do ferrador João da Cruz, que ama Simão, o acompanha na prisão e no desterro, e escolhe morrer com ele[20].

Por seu turno, em texto publicado em 2003, no livro *Camilo: Leituras Críticas*, Maria das Graças Moreira de Sá afirma:

> *Amor de perdição* conta [...] a história de dois enamorados, Teresa e Simão, mas [...] constitui-se também [...] um ensaio sobre o Amor. Quem ama fatalmente se perde e essa perdição pode representar a morte. Amar já é, de algum modo, morrer. É, então, o próprio *Amor como perdição* que deste modo nos chega, através de uma história onde outras se entretecem[21].

Nos dois trechos citados temos a indicação, explícita ou implícita, da excepcionalidade da história narrada, na qual se misturam amor, morte e perdição. Parece-me que o filme de Manoel de Oliveira, aparentemente seguindo de perto a obra que lhe serviu como base, acaba por realizar um processo de ressignificação da mesma: o Camilo que emerge não é o criador de amores de perdição, anacrônicas histórias compreensíveis apenas em um contexto romântico – ou mesmo ultrarromântico – no qual amor e morte se misturam de forma indissociável. Traindo o livro – ainda que a ele pareça fiel –, o que Oliveira realiza é um processo de releitura que reforça

---

20 Verbete "Amor de Perdição", por Maria Isabel Rocheta, em Maria de Lourdes A. Ferraz, *Dicionário de Personagens da Novela Camilana*, Lisboa: Caminho, 2002, p. 39.
21 Camilo Castelo Branco: Do Amor como Perdição, em Anabela Rita et al., *Camilo: Leituras Críticas*, Porto: Caixotim, 2003, p. 101.

uma faceta pouco notada do autor de *Amor de Perdição*: a do escritor que trata de histórias comuns, possíveis, repetíveis, talvez verdadeiras; a de um Camilo que foi, como o considerou Alexandre Cabral, "por vontade própria, um repórter do seu tempo"[22]. E de outros tempos, gostaria de acrescentar, na medida em que, no filme de Oliveira, temos um conjunto de histórias que começam em meados do século XVIII e chegam até à década de 1860.

Ao dar ao romance de Camilo essa consistência, Manoel de Oliveira acaba por fazer algo que, trinta anos depois, de forma totalmente diversa, Mário Barroso voltaria a realizar com o seu *Um Amor de Perdição*, recentemente lançado. Tanto um quanto o outro mostram que se trata de uma história que pode ser comum, repetível – o primeiro, reforçando o seu estatuto de normalidade, de veracidade; o segundo, trazendo para os dias atuais um enredo que, para olhares menos atentos, poderia parecer anacrônico e incompatível com o mundo contemporâneo. Se não podemos ter certeza de que atualmente as lágrimas estejam "em moda nos braços da retórica"[23], o filme de Oliveira mostra que não foi necessária a metempsicose para que Camilo continuasse vivo. Bastou a genialidade de obras como *Amor de Perdição* que, como o seu autor, parece sobreviver e se renovar, apesar da insistência com que se anuncia a morte de ambos. Morte que, ironicamente, o próprio autor já apontava como passível de uma ou mais ressurreições.

---

[22] O "Brasileiro" na Novelística Camiliana: Delineamento para um Estudo, em David Mourão-Ferreira et al., *Afecto às Letras*, Lisboa: Imprensa Nacional – Casa da Moeda, 1984, p. 25.
[23] C. Castelo Branco, op. cit., p. 381.

Francisca ou a Obscuridade Luminosa da Paciência

José María Durán Gómez*

Não vivemos na época mais adequada para pedir paciência, para desfrutar do tempo sem pressas, da contemplação serena da beleza; com esses antecedentes, pode-se inferir que *Francisca* não é um filme atual, que se veja em 85 minutos; nem as personagens nos parecem simpáticas, nem sabemos muito bem quem narra esta história ultrarromântica e tortuosa, azeda em tantos momentos (precisamos recordar o momento em que José Augusto agride Fanny?) e cínica no seu fim.

Trata-se, contudo, de um grande filme, nada menor no conjunto da obra de Manoel de Oliveira. Efetivamente, dois anos depois de ter visto a estreia do seu *Amor de Perdição: Memórias de uma Família,* Oliveira apresentou o seu novo trabalho na Quinzena dos Realizadores do Festival de Cannes em maio de 1981, e a primeira exibição perante o público teve lugar no dia 3 de dezembro desse mesmo ano em Lisboa (39 anos o separam de *Aniki-bobó!*)[1].

---

* Escola Oficial de Idiomas de Navalmoral de la Mata, Cáceres, Espanha.
1 A ficha de *Francisca* encontra-se em: José de Matos-Cruz, Manoel de Oliveira, Realizador, *Camões – Revista de Letras e Culturas Lusófonas*, Lisboa, n. 12-13, p. 140-141, jan.-jun. 2001. Manoel de Oliveira.

COM AGUSTINA E, TAMBÉM, CAMILO

O que achamos de novo e o que há de continuidade nesse filme? Parece difícil a resposta a esta pergunta, embora modestamente tentemos mostrar algum indício que aponte um caminho adequado para resolver a questão focalizada. A começar pelo evidente, digamos que o filme dá princípio à frutífera relação de Oliveira com a escritora Agustina Bessa-Luís, de cuja vasta obra o cineasta adaptaria, num lapso de quase um quarto de século, sete títulos: a *Francisca* seguir-se-ão *Vale Abraão* (1993), *O Convento* (1995), *Party* (1996), *Inquietude* (1998), cujo episódio final baseia-se no relato "A Mãe de um Rio", *O Princípio da Incerteza* (2002) e *O Espelho Mágico* (2005).

Trata-se do primeiro passo, não isento de contradições, de um extenso caminho que não tem sido fácil e que começou de um modo menos premeditado do que a princípio se poderia pensar. A começar, e ao contrário do que se podia esperar, o filme não pôde ter o mesmo título que o romance, *Fanny Owen*, por problemas que foram alheios quer à escritora amarantina, quer ao realizador portuense: "Alguém havia comprado anteriormente os direitos de Fanny Owen, mas não o tinha rodado, então Manoel decidiu transformar o título em Francisca". Os problemas não se limitam ao título do filme, pois, como continua a dizer Agustina nessa entrevista, ambos têm personalidades proeminentes, zelosas das suas criações[2].

Daí talvez provenham as palavras do prefácio do romance, nas quais a escritora revela a necessidade de justificar a origem do livro, o que é absolutamente inusual – como ela própria sublinha – na sua trajetória literária: "Mas este [livro] tem umas contas a prestar, porque exatamente é um romance conduzido até mim através de uma ideia que não me ocorreu a mim. Foi o caso de me terem pedido os diálogos para um filme cujo assunto seria Fanny Owen. Para escrever os diálogos tive que

---

2 Álvaro Arroba, Entrevista: Agustina Bessa-Luís, *Letras de Cine*, Valladolid, n. 7, p. 34, 2003. Diz a escritora de Amarante: "Depois começou o processo de trabalho conjunto com ele, que sempre me resultou um pouco incômodo. Manoel é muito teimoso e eu também; resulta muito difícil relacionar-se com ele. Somos muito diferentes. Eu sempre tinha algo a dizer, algo que opinar, e a nossa relação sempre teve algo de tormentoso, e cada vez vamos a pior! [ri]".

conhecer as circunstâncias que os inspirassem; e a história que os comporta. Assim nasceu o livro e o escrevi"[3].

Completa essa exposição, e até se poderia dizer que de outro ponto de vista, o que foi dito por Manoel de Oliveira a Antoine de Baecque e Jacques Parsi em entrevistas realizadas entre 1994 e 1996. Embora se sentisse perto de Camilo Castelo Branco e ainda o seu trabalho anterior tivesse versado sobre *Amor de Perdição*, o romance mais conhecido do escritor, *Francisca* não entrava nos planos imediatos do cineasta. Não foi um projeto refletido durante muito tempo, o seu roteiro não teve que passar meses guardado numa gaveta; decerto, que o filme seguisse em frente mais parece um encontro com a casualidade do que a culminação de um dilatado processo de reflexão propiciado pelo meticuloso diretor portuense: "Em 1980, quando me preparava para rodar *O Negro e o Preto*, houve um desacordo, no último momento, como já vos disse, e vi-me com uma equipa já contratada. Foi mais ou menos na ocasião em que Agustina nos havia enviado, a minha mulher e a mim, o livro *Fanny Owen* que acabara de publicar"[4].

No nosso entender, aqui temos um rasgo muito positivo de Oliveira: mais uma vez, surge a sua enorme capacidade para se adaptar às circunstâncias mais adversas, e lidar com projetos díspares sem esgotar a surpresa do espectador. O romance, de algo mais de duzentas páginas, quando chegou às suas mãos, enviado pela própria escritora, em absoluto o deixou indiferente, e converteu-se assim no fato determinante para levar a cabo a filmagem[5].

Sejam quais forem as circunstâncias precisas que marcaram os primeiros e decisivos momentos, podemos tirar algumas conclusões: a primeira é que, antes da realização do filme,

---

[3] Agustina Bessa-Luís, *Fanny Owen*, 4. ed., Porto: Guimarães, 2002, p. 7. Um pormenor: a quarta edição tem na capa um fotograma do filme (aquele em que estão José Augusto, o seu cavalo e Camilo no quarto deste).

[4] Antoine de Baecque; Jacques Parsi, *Conversas com Manoel de Oliveira*, Porto: Campo das Letras, 1999, p. 71.

[5] "Nota de Intenções" de *Francisca* em <www.madragoafilmes.pt>. Acesso em: 28 ago. 2008. Diz literalmente: "a grande escritora Agustina Bessa Luís retomou esta história no seu livro *Fanny Owen*, apoiando-se em dados autênticos e nos escritos de Camilo. Foi este trabalho de Agustina que me entusiasmou definitivamente para a realização de *Francisca* e foi sobre ele que estruturei o meu filme".

ambos os criadores já se conheciam por motivos familiares, alheios a qualquer relação laboral ou de criação artística[6]; a segunda é que, antes da publicação do romance, Manoel de Oliveira sabia qual era a história de Fanny Owen, a filha de uma brasileira e de um coronel inglês, que teve uma enigmática vida amorosa à qual não ficou alheio Camilo Castelo Branco[7]; a terceira, a celeridade com que escreveu o roteiro (num mês estava concluído, segundo as próprias palavras do diretor)[8] e avançou com o projeto; e a quarta, talvez a de maior interesse, a que nos mostra o início de um complexo processo criativo entre os dois autores, baseado no respeito e na lealdade, no qual cada um conhece os seus limites e sabe onde começa o labor do outro: "Mas não nos impomos nunca o que quer que seja. Do que gosto no meu trabalho com ela, é que é absolutamente livre: ela escreve com plena liberdade um livro, mesmo que seja a partir de uma sugestão minha, e eu faço o filme com inteira liberdade. Nunca há confusão. Ela não gosta inteiramente dos meus filmes: eu gosto muito dos seus textos"[9].

Sem dúvida, a crítica tem apreciado a colaboração duradoura de duas figuras tão relevantes nos seus respectivos âmbitos de criação, e assim o tem feito constar em mais de uma ocasião, sublinhando os pontos em comum de ambos os autores[10].

---

6 "Em Portugal estas coisas tampouco as sabe muita gente. São peripécias muito particulares, já que o conheci há muito tempo. E à sua família muito antes [...] tudo isto que te conto são recordações prévias a Manoel de Oliveira como cineasta". A. Arroba, op. cit., p. 34.

7 "O caso de *Francisca* era diferente. Eu conhecia a personagem de *Francisca*, mais conhecida pelo diminutivo de Fanny, Fanny Owen. O irmão da minha mulher habita na casa onde vivia o irmão de José Augusto, o marido desta Francisca. Há ainda, nesta casa, cartas dela. Eu conhecia naturalmente a história da família". A. de Baecque; J. Parsi, op. cit., p. 71. E também: "A oportunidade de *Francisca (Fanny Owen)* aparece então porque eu já andava interessado por esta história verídica (ligada à família de minha mulher) que eu conhecia de há muito tempo por muito me falarem nela e pela leitura de algumas cartas de Fanny que o meu cunhado Abel conserva ainda". Da "Nota de Intenções" de *Francisca,* em <www.madragoafilmes.pt>.

8 Cf. A. de Baecque; J. Parsi, op. cit., p. 71.

9 Idem, p. 71-72.

10 João Francisco Marques, Manoel de Oliveira: A Sedução do Texto Literário, *Camões – Revista de Letras e Culturas Lusófonas*, p. 87. Ele elogia tal colaboração com as seguintes palavras: "Neste preciso percurso, os textos de Agustina Bessa-Luís ganham evidente protagonismo, justificado pela altíssima qualidade de uma escrita literária, de tónus psicológico, seduzindo Oliveira

É um exemplo de probidade literária a parceria de Manoel de Oliveira com Agustina Bessa-Luís durante mais de duas décadas, mas esta não é exclusiva. A escritora amarantina não foi a primeira que viu levar os seus textos à tela pelo cineasta, pois antes dela o viram J. Rodrigues de Freitas, Vicente Sanches ou José Régio, autor este, por muitas razões, extremamente importante na obra de Oliveira, quando mais não seja porque levou o realizador a "descobrir" Camilo Castelo Branco, peça fulcral nesse filme, dado que se trata do escritor que, em certa altura, deu a conhecer a história da jovem dama do norte de Portugal. Aliás, Camilo é uma das três personagens que protagonizam o estranho (diabólico, poderíamos dizer, se estivéssemos a falar de *Os Canibais*) triângulo amoroso que configura a trama do filme; Camilo, escreveu-se num agudo artigo, é o "*deus ex machina* dos amores frustrados (e frustrantes) de Francisca e José Augusto e o vértice mais poderoso do triângulo que no filme eles constituem, e do qual Camilo é o personagem central"[11].

No ano em que se instalava em São Miguel de Ceide e em que publicava *Amor de Salvação*, o romancista levou ao prelo a história desses amores desditosos para contestar as calúnias dos "maus que decifraram horrores no silêncio das duas sepulturas, a esses esclarece agora o homem que mais viveu na intimidade das duas almas". E por que nesse momento, nove anos após o falecimento do casal, e não anteriormente? Porque o escritor sente que a vida se esgota: "Obedeço ao presságio que m'a está abalisando por pouco e para pouco. Da região escura vem bater-me na fronte uma aragem fria. Temo que se faça inverno e noite álgida em minha alma"[12].

Declaração romântica, decerto, ainda que talvez se trate de uma tentativa de dirimir as dúvidas que existiam nos círculos burgueses portuenses acerca da relação do escritor com

---

pela riqueza sugestiva das palavras na teia dos diálogos e reflexões concomitantes".
11 João Bénard da Costa, Manoel de Oliveira: La Magia del Cine, *Revista de Occidente*, Madrid, n. 163, p. 31, dec. 1994.
12 Camilo Castelo Branco, *No Bom Jesus do Monte*, Porto: Casa da Viuva Moré, 1864, p. 124 e 125. Consultou-se a cópia digital da *New York Public Library* (n. 493.739), que faz parte do projeto disponível em: <http://books.google.com/>.

Agustina Bessa-Luís e Manoel de Oliveira: uma frutífera parceria.

a atormentada Fanny Owen; Camilo quer manifestar com clareza perante esses morgados, barões e brasileiros que a sua relação com a filha menor do coronel Owen se cingiu àquilo que as convenções sociais da época requeriam.

Unamos os nomes de Agustina, Camilo e José Régio e obteremos uma história localizada no norte de Portugal, à beira do rio Douro, com a cidade do Porto ao fundo, urbe de referência, espaço de cafés e teatros, de ópera e bailes de máscaras, de novidades de todo tipo e de influências políticas, defronte ao espaço rural, povoado por senhores e serventes, dominado pelas grandes casas de sagas familiares que se perdem no tempo e que se encontram, no espaço, rodeadas por uma natureza agreste (aí está a floresta por onde foge José Augusto e Francisca quando esta é raptada pelo primeiro). A obra de Agustina "pertence àquela comunidade de escritores que encontram o motivo essencial da sua escrita nos laços tecidos com um território, no sentido físico desta palavra", na qual esse aparente regionalismo transcende até ao universal[13]; nós

---

13 Catherine Dumas, *Estética e Personagens nos Romances de Agustina Bessa-Luís: Espelhismos*, Porto: Campo das Letras, 2002, p. 146. Recolhemos, de outro autor, esta citação, que exprime uma ideia semelhante: "Assim, a região

não fazemos mais que trasladar estas palavras à obra de Manoel de Oliveira, ao considerarmos que os filmes realizados à volta do Porto e desse norte de Portugal que vive encostado ao rio Douro têm um caráter tão universal como *"Non" ou a Vã Glória de Mandar* (1990) ou *Belle toujours* (2006), em princípio alheios a qualquer intenção local.

PARA ALÉM DO TEXTO: PAULO BRANCO

Continuamos a falar das características externas do filme e salientamos a novidade, nada menor, que constitui a participação de Paulo Branco como produtor das obras de Manoel de Oliveira. Os dois conheceram-se em Paris nos fins da década de 1970 por ocasião da estreia de *Amor de Perdição* no cinema "Action République"[14], e desde então o produtor converteu-se numa pessoa-chave na trajetória oliveirana, como tem sido sublinhado pela crítica[15], já que iniciou com *Francisca* um intenso trabalho que não parecia nada simples, segundo relatou, numa entrevista[16], o próprio Paulo Branco.

> de Entre-Douro-e-Minho nos romances de Agustina Bessa-Luís é tão portuguesa como o Sul dos Estados Unidos em Faulkner é americano ou a Normandia em Proust é francesa. Ia acrescentar: como a Lisboa de Eça de Queirós (não a de *O Primo Basílio* mas a de *Os Maias*) é portuguesa". Álvaro Manuel Machado, *Agustina Bessa-Luís: A Vida e a Obra*, Lisboa: Arcádia, 1979, p. 25.
> 14 Maria João Seixas, Conversa com Vista para… Paulo Branco, *Camões – Revista de Letras e Culturas Lusófonas*, p. 44.
> 15 X. González, As Paisaxes do Tempo en Manoel de Oliveira, em J. M. Folgar; X. González; J. Pena, *Manoel de Oliveira*, Santiago de Compostela: Universidade de Santiago de Compostela, 2004, p. 64. Nessa página chega-se a afirmar que: "A colaboração sobredimensionou todos os aspectos da sua prática cinematográfica, chegando a tal grau de compenetração que permitiu ao cineasta se ressarcir das dificuldades passadas, permitindo-se o luxo de, hoje em dia, fazer no mínimo um filme por ano. […] Desse modo, Oliveira chega à década dos oitenta justo no momento decisivo das suas investigações fílmicas, ilustrando, com os seus filmes, toda a depuração alcançada na sua concepção cinematográfica. As obras realizadas nesse período podem considerar-se como o cume teórico da sua carreira ao refletirem os resultados das questões essenciais em que baseou a sua longa experimentação". Texto original em galego.
> 16 M. J. Seixas, op. cit., p. 45. Diz textualmente o produtor: "Quando, por exemplo, parti para a produção de *Francisca*, Manoel de Oliveira era considerado em Portugal um realizador muito difícil de produzir. Antevia-se, para mim, um grande estoiro. Ainda por cima eu não era ainda um produtor a sério, era uma espécie de aventureiro. A confiança que Oliveira depositou em mim,

Não cabe senão nos alegrarmos pelo surpreendente resultado de um filme cujo roteiro se escreveu num mês apenas, a partir de uma adaptação literária, e nasceu da primeira colaboração com um produtor quase novel e "aventureiro".

DA MÚSICA COMO EXERCÍCIO DE IRONIA

Num filme como o que estamos a tratar, no qual se elabora cuidadosamente cada pormenor da encenação, será ocioso sublinhar que a música é indispensável para o seu bom desenvolvimento. Qualquer espectador pode dar fé disso, mas acudimos agora às palavras do realizador, recolhidas um quarto de século depois de ter concluído *Francisca*, para verificar essa ideia: a música nem apoia nenhuma ação ou texto, nem serve para completar belas imagens: a música, parte fundamental e indissolúvel do filme, há de comunicar como o faz a palavra ou os gestos dos atores: "eu considero o cinema como um templo grego: há quatro colunas e um frontão; as quatro colunas são autônomas; são elas a imagem, a palavra, o som e a música; e o frontão dá a unidade e a significação. Mas a imagem, o som ou a música têm a mesma importância"[17].

Toda uma declaração de intenções para uma obra em que tantas vezes os silêncios provocam agitação e desconcerto no espectador. Aliás, à hora de falar dos delicados fios que com paciência tecem a obra oliveirana, temos que acentuar o trabalho de João Paes no labor musical, desde que começou, em 1971, com *O Passado e o Presente*, até *Os Canibais*, em 1988, quando teve fim sua colaboração. Indubitavelmente, a música desse compositor deu continuidade aos sete filmes que Oliveira filmou nesses dezessete anos e dos quais *Francisca* constitui um exemplo magnífico. Na revista que, com caráter monográfico, o Instituto Camões dedicou à figura do cineasta, Paes trasladou a sua experiência aos leitores, revelando que, no caso de *Francisca*, trabalhou na tripla estrutura musical do

---

desde a primeira hora, motivou-me como uma mola para garantir que o filme fosse feito nas melhores condições possíveis. E foi o que aconteceu".
17 Noel Herpe; Alain Masson, Entretien avec Manoel de Oliveira. Tout se réduit à l'image, *Positif*, Paris, n. 554, p. 10, abr. 2007.

filme, que muda segundo o ambiente em que se mexem os personagens e varia de acordo com as características emocionais de cada um deles[18].

Salientaremos, ainda, a formidável carga irônica da banda sonora, quer no início, quer no fim do filme, cuja música alegre, descontraída, não provoca outra coisa que um brutal golpe, que não é humor, mas sarcasmo. O desassossego que o espectador sente ao concluir a projeção em muito se deve a essa música que, num momento infeliz, convida à dança e convoca à despreocupação. Insistamos em que o jogo de relações não cessa, e a cena do "Baile de Máscaras" no Porto, no qual o protagonista "entrara por desfastio", como se indica na primeira legenda, lembra-nos o início de *Os Canibais*, que começaria a sua rodagem sete anos depois; mais uma vez, a música, risonha e festiva, produz-nos um certo incômodo, ora pelas situações em que se veem os personagens, ora pelas reações e atitudes destes.

CONTINUIDADES

Se temos falado das inovações que aportou esse trabalho, não nos parece justo deixar de lado aqueles aspectos que sublinham a continuidade da obra, que inserem *Francisca* na cadeia criativa de Manoel de Oliveira. Afinal, é a partir da célebre tetralogia dos amores frustrados que a produção oliveirana se regulariza: se até *O Passado e o Presente* (1971) os longas-metragens se tinham realizado de uma maneira esporádica, sem regularidade alguma, a partir deste título os filmes sucedem-se no tempo até chegarmos à década de 1990, quando o cineasta filma praticamente um a cada ano. Felizmente, perde todo o sentido a citação seguinte, publicada pela vez primeira em *Cinema Universitario* (1965) e novamente

---

18 João Paes, Entre a Sinfonia e a Ópera: A Música dos Filmes da Maturidade de Manoel de Oliveira, *Camões – Revista de Letras e Culturas Lusófonas*, p. 95. Cito: "à superfície estão as melodias de Donizetti e Verdi e os ritmos de Johann Strauss; no fundo da natureza, as sonoridades fantásticas mesclam-se com cânticos litúrgicos e ritualizam as acções tenebrosas, o rapto, os pesadelos e as cerimónias nupciais ou fúnebres; enfim, nos espaços domésticos, ouve-se música romântica, com travos amargos…"

utilizada, e com pleno vigor, na revista da cinemateca espanhola (temporada 1972-1973): "Seus filmes são elos dispersos de uma cadeia perdida, peças de um quebra-cabeças. Mas em cada obra sentimos a acumulação de ideias artísticas nascidas, desenvolvidas e assassinadas por força maior"[19].

Essas peças desconexas formarão a partir de então um conjunto elaborado, no qual os filmes podem reconhecer-se por uma maneira de ser realizados, pelo árduo labor de montagem, pela música utilizada, pelos atores que participam em vários deles (por exemplo, Mário Barroso será o ator que dá vulto a Camilo, ora em *Francisca,* ora em *O Dia do Desespero,* filme que teve a estreia onze anos mais tarde). Definitivamente, existe uma maneira oliveirana de fazer cinema, que vai além desta ou daquela obra genial.

Afortunadamente, não estamos perante um exemplo criativo isolado, pois em *Francisca* achamos, em mais de um aspecto, ecos dos trabalhos anteriores, desde o labor de João Paes na parte musical, já comentado, até o magnífico trabalho do diretor de fotografia, Elso Roque (merecedor do Prêmio Tóbis do Festival da Figueira da Foz), com quem Oliveira já tinha trabalhado em *Benilde* (1975) e com quem seguiria a colaboração em anos posteriores[20].

Mas podemos avançar um bocado; aí está a figura de Camilo, de quem realizou primeiro a sua personalíssima adaptação de *Amor de Perdição* (1978), para continuar com *Francisca* e concluir, em 1992, com *O Dia do Desespero.* Assim, recorremos à evidência maior: a obra, pelo tema, representa o cume daquilo que se tem chamado a tetralogia dos "amores frustrados", iniciada por *O Passado e o Presente* (1971), continuada em *Benilde ou a Virgem-Mãe* (1975) e em *Amor de Perdição* (1978) e finalizada com *Francisca.* Quatro obras que são outras tantas adaptações literárias (de Vicente Sanches, José Régio, Camilo Castelo Branco e Agustina Bessa-Luís, respectivamente), nas quais o papel da mulher e a relação desta

---

19 J. Francisco Aranda, La Agonía Creadora de Manuel de Oliveira, *Filmoteca,* Madrid, n. 17, p. 11, 1972-73.
20 Elso Roque foi diretor de fotografía de: *Benilde ou a Virgem-Mãe* (1975), *Visita ou Memórias e Confissões* (1982), *Lisboa Cultural* (1983), *Le Soulier de satin* (1985), *A Propósito da Bandeira Nacional* (1987) e *Non ou a Vã Glória de Mandar* (1990). Cf. J. de Matos-Cruz, op. cit., p. 132-160.

com o seu corpo adquirem especial importância. Francisca é uma mulher de aparência débil, mas "nada vulgar" (como também não o foram Vanda, Benilde ou Teresa), que se sente incapaz de ser amada pelo seu atormentado marido e pelo amigo dele. Essa jovem aflita guarda no seu interior (literalmente) um mistério – talvez tão inexistente quanto a sua culpa –, enquanto se vê rodeada de homens atormentados pelas circunstâncias, como os encontramos na importante cena em que José Augusto, na Casa da Capela e perante um reduzido grupo de quatro homens, decide levar a cabo o seu casamento com Francisca.

O filme, permita-se a redução, narra a história (quem a conta?) de um encontro, que atinge o casamento e termina com o falecimento dos dois jovens esposos. História que gira em torno dum amor romântico que inclui uma mulher e dois homens, cartas, encontros fugazes e um sequestro; a certa altura desponta a questionada virgindade da jovem, que abala as relações que existem entre eles. Tudo isto, não esqueçamos, acontece num espaço social de incomunicação entre burgueses de raiz agrária, presos das convenções, e os empregados que trabalham para esses burgueses e moram nos arredores[21].

A REPRESENTAÇÃO DA PALAVRA

Tem-se dito e escrito, em mais de uma ocasião, que o eixo que vertebra a filmografia de Manoel de Oliveira é a palavra, a importância de sua representação e de sua fixação cinematográfica. A imagem, muda nas origens do cinema, liga-se intimamente à palavra e à música, e esse difícil equilíbrio é que há de resolver o realizador: "A palavra não deve ser uma ajuda à imagem. É preciso que seja autônoma, como a imagem e a música. E tudo isto se deve casar com pleno acordo"[22]. O problema de um realizador reside em saber refletir as suas

---

21 Cf. José Manuel Heleno, *Agustina Bessa-Luís: A Paixão da Incerteza*, Lisboa: Fim de Século, 2002, p. 43. Cito: "No entanto, em Fanny Owen temos claramente a sensação de nos estarem a contar uma história; uma história que nos fala de um encontro (I cap.), de um casamento (II cap.) e da morte da esposa, Fanny, e do marido, José Augusto (III e último capítulo)".
22 A. de Baecque; J. Parsi, op. cit., p. 72.

próprias opiniões através da utilização de imagens, palavras, música e sons, e a sua feliz conjunção está em afixar com singeleza essa ideia[23].

Claro que a importância da palavra aparece como uma constante em toda a obra de Oliveira, sendo uma realidade palpável nesse filme. Tal desejo de simplicidade eleva *Francisca* a um exercício de rigor no momento de trasladar a palavra escrita à tela, pelo que a ajuizada observação do cineasta espanhol Víctor Erice – grande admirador do cineasta português – bem se reflete no filme que nos ocupa: "Como testemunha e ator do cinema mudo, Oliveira se achava em condições de sentir esta evidência: que a palavra não podia ser apenas um valor agregado, mas que devia converter-se em fundamento da ação e do movimento", tudo isso porque "Se o artifício humano por excelência, se essa é a nossa verdadeira natureza, a palavra constitui então o tecido mesmo da existência"[24].

Em todo momento Oliveira está ciente de que trabalha sobre uma "realidade" difusa: Francisca Owen, a filha do militar britânico que chegou à Península Ibérica por causa das invasões napoleônicas, viveu no norte de Portugal na parte central do século XIX, as cartas existiram, o coração ficou conservado após a sua morte. Contudo, a história é uma reelaboração: *Francisca* é obra de Manoel de Oliveira, que seguiu a Agustina Bessa-Luís, que seguiu a Camilo Castelo Branco. Desse modo, o realizador lida com o velho assunto da representação da verdade e do verossímil com audácia e com complexidade inabitual[25]; daí esse jogo que atordoa o espectador, a repetição de cenas, como aquela última – sem dúvida a de

---

23 Rafael R. Tranche; J. Salabert, Entrevista con Manoel de Oliveira, em Javier Codesal (ed.), *Manoel de Oliveira*, Córdoba: Filmoteca de Andalucía, 1990, p. 53-54. Incide aqui nessa ideia Manoel de Oliveira: "As palavras que aparecem no texto provêm da mente, do interior, refletem sentimentos, ideias, sensações, e isso é algo de grande riqueza e de grande precisão. A imagem não pode refletir os sentimentos com essa dimensão. A palavra, portanto, não é algo pejorativo para a imagem, o que interessa é reelaborar uma ideia e expressá-la de forma simples e autêntica".
24 Víctor Erice, Manoel de Oliveira, em J. M. Folgar; X. González; J. Pena, op. cit., p. 138.
25 João Bénard da Costa escreveu: "Quem conta Francisca? As cartas? Camilo? Agustina? E quem conta os planos duas vezes vistos? Qual é o lugar da câmara? O ponto de vista do realizador?" Cf. O Cinema é um Vício, em *Manoel de Oliveira*, Lisboa: Cinemateca Portuguesa, 1981, p. 9.

maior importância dentre as repetidas –, que mostra primeiro o ponto de vista do falante (José Augusto, na capela familiar), enquanto a sua continuação oferece o ponto de vista da receptora (uma jovem empregada da casa). Dessa singularidade, desse "elogio da repetição" o crítico colige legitimamente uma apreciação mais vasta: "a preocupação com o que se ensina e o que permanece oculto será uma das características principais do estilo posterior de Oliveira"[26].

A estrutura fílmica quer lembrar, a todo momento, a encenação teatral, e até o filme se poderia considerar uma sucessão de cenas das quais participam um número muito restrito de personagens, cada uma delas encabeçada por um título que a apresenta. É bem conhecida a estima que Oliveira tem pelo teatro e a estreita ligação que existe entre este e a sétima arte; assim, pouco depois de concluir *Francisca,* numa discutível afirmação o cineasta chegou a proclamar a inexistência do cinema: "Eu quero dizer que o cinema não existe como fórmula autônoma, independente, de expressão artística ou cultural"[27]. É verdade que essa afirmação se abrandaria com o decorrer do tempo, mas tem sido constante a sua consideração pela cena teatral, pela sua materialidade, e assim tem-no repetido em mais de uma ocasião[28].

Não temos de extrair conclusões apressadas: o valor que Manoel de Oliveira outorga ao teatro não desvaloriza – muito pelo contrário – as possibilidades comunicativas e artísticas

---

26   Carlos Losilla, Manoel de Oliveira. El Cine Descentrado, *Dirigido*, Barcelona, n. 307, p. 45, dez. 2001.
27   Diálogo com Manuel de Oliveira, em *Manoel de Oliveira*, p. 38.
28   Vejam-se dois exemplos, o primeiro extraído de R. R. Tranche; J. Salabert, Entrevista con Manoel de Oliveira (Trad. Fuen F. Escribano), em J. Codesal, op. cit., p. 54. Aí diz: "Sim, creio que o teatro é a síntese de todas as artes seguido do cinema, pois que, enquanto o teatro é o conjunto de uma série de elementos como a presença física do ator, o cenário, a simultaneidade do espetáculo etc…, no cinema todo este material, uma vez que se tenha fixado, não se pode alterar, permanece plasmado com toda a sua energia e emoção. Portanto, o cinema é uma continuação do teatro, enquanto fixa as imagens vivas do teatro". O segundo exemplo extraímos de A. de Baecque; J. Parsi, op. cit., p. 81, onde lemos: "O teatro é matéria viva, é físico, está presente. O cinema é o fantasma desta matéria, da realidade física, mais real, contudo, que a realidade em si mesma, na medida em que esta, uma vez que é efêmera, nos escapa a cada instante, enquanto o cinema, se bem que impalpável e imaterial, aprisiona por um certo tempo, à falta de para sempre. De facto, o cinema chegou depois de todas as outras artes e fixa-as no imponderável".

do cinema e a sua capacidade para salvar o instante e perdurar no tempo. A estrutura do filme cria-se a partir da sucessão de cenas quase teatrais nas quais umas poucas personagens não dialogam entre si, mas falam para o espectador, numa atitude claramente antinaturalista, ou, como prefere Oliveira, "não naturalista"[29]. Este, espectador que se espera atento, vê-se obrigado a "entrar" na cena como se sente forçada a entrar qualquer pessoa sagaz que se encontre frente a frente com *Las Meninas* de Diego Velázquez; aliás, Guilherme Ismael, quando redigiu a crítica do filme, assinalou que o espectador "Deixou de ser aquele que ouve confidências para se tornar naquele que recebe a violência das emoções"[30]. E tudo com uma moderação extrema: a sobriedade do diálogo e o fundo escuro da imagem fazem crer que nos encontramos ante fantasmas, iluminados pela tênue luz das velas; o caráter hierático das personagens, que a mais de um espectador pode confundir, não é senão um elemento mais importante para realçar a simplicidade do discurso. Do excelente livro de Randal Jonhson anotamos a acertada análise sobre a relação, tão importante, que se estabelece entre os atores e a encenação, para a qual contribuem tanto a iluminação (quantas vezes aparecem umas velas no fundo do campo visual do espectador!) quanto a posição dos atores, dos quais não sabemos ao certo se pretendem saltar a quarta parede[31].

---

29 Francesc Llinás; Santos Zunzunegui, Los Paisajes Pintados. Entrevista con Manoel de Oliveira, *Contracampo*, Madrid, n. 18, p. 51, enero de 1981.

30 Guilherme Ismael, Francisca, *JL – Jornal de Letras, Artes e Ideias*, Lisboa, n. 15, 15 set. 1981.

31 R. Johnson, *Manoel de Oliveira*, Urbana/Chicago: University of Illinois Press, 2007, p. 43. Cito: "Como em *Amor de Perdição*, a sua 'encenação' é requintada, capturando em detalhes os espaços onde o drama se revela. A hierática concepção de Oliveira quanto ao posicionamento dos atores, frequentemente postos de tal maneira que mesmo em diálogos eles olham para a câmera, e não para a pessoa com quem estão falando na diegese, confere-lhes um sentido de algo desencorpado, visões espectrais numa espécie de dança trágica predestinada". Nesse sentido, Michael L. Anderson, em: <http://tativille.blogspot.com>. Acesso em: 16 mar. 2008, escreve: "Os planos de Oliveira são, muitas vezes, longos, e a câmera é frequentemente estática. Em filmes como *Amor de Perdição* e *Francisca*, mesmo as personagens que estão engajadas num diálogo posicionam-se, muitas vezes, ou sentam-se olhando para a câmera, e não uma para a outra. Ficamos frequentemente com a impressão de que os atores dizem, mas não interpretam, os traços das suas personagens. O objetivo disto, creio eu, é precisamente desviar a atenção do espetador da imagem para as palavras faladas".

Encontramos mais exemplos que tornam saliente o valor da palavra, como a leitura das enigmáticas cartas, no começo do filme e em cenas posteriores: o espectador assiste à leitura pausada desses documentos situados no âmbito privado, embora o ultrapassem em mais de uma ocasião. E julgamos que os 29 títulos – geralmente breves – que servem de pórtico a cada uma das cenas, além de recordarem aqueles primigênios filmes mudos, são um exemplo de fidelidade à palavra, posto que a palavra escrita entra a formar parte do filme *per se* (veja-se o apêndice final com as ditas legendas). Se noutros trabalhos de Oliveira o narrador ganha importância com uma voz em *off* – é o caso de *Os Canibais* ou *Vale Abraão*, por exemplo –, aqui são os textos que contextualizam a ação das personagens; não pensemos que esse é um assunto banal, pois não devemos esquecer que Manoel de Oliveira não deixa nada ao acaso. As legendas têm ainda a capacidade de ajudar o espectador para que este situe o desenrolar fílmico tanto cronológica (Dias mais tarde..., No dia seguinte... etc.) como espacialmente (Baile de Máscaras, no Porto; Hotel Paris, no Porto; Santa Cruz do Douro; Casa do Lodeiro; Casa de Vilar do Paraíso; lugar da Rasa, em Gaia; Quinta do Pinheiro; Casa da Capela; Bom Jesus do Monte; Hotel Barthés [do Porto]; Hotel em Lisboa). Uma referência mais demorada merece a primeira legenda, que em simultâneo oferece uma introdução histórica e se erige como declaração de intenções, pois atribui as "paixões funestas" dos jovens "cépticos" à sua condição de perdedores após a Convenção de Gramido, que acabara com a Patuleia. Já nos adverte, pois, que não estamos perante o relato otimista de uma juventude cuja fé se situava no progresso, anunciadora do "fontismo"*, mas perante uns jovens que louvam a decadência de um mundo perdido, ou melhor, do paraíso perdido: "Os meus dias corridos voam apressadamente. Mas a minha última primavera nenhum botão ou flor

---

* Fontismo é a designação dada ao período que se seguiu à Regeneração, entre 1868 e 1889 – período que ficou marcado pela diminuição da instabilidade política que vinha abalando a monarquia portuguesa desde o tempo da primeira invasão napoleônica, em 1807. A palavra, derivada do nome do líder político Fontes Pereira de Melo, remete a uma época em que a tentativa de modernização das infraestruturas do país se refletiu em muitas ações de fomento de obras públicas (N. da O.).

mostrou", contesta Francisca a Camilo, repetindo as palavras do seu admirado Milton. Abramos aqui um parêntese para indicar que, apesar de que pudesse parecer o contrário, esses poetas que se reúnem no café de Guichard, tão cínicos como desalentados, ficam mais perto dos queirozianos "Vencidos da Vida" do que quisessem as rígidas regras que separam, qual muro infranqueável, o romantismo do realismo.

A MODO DE CONCLUSÃO

Não somos amigos de situar as obras de arte num pódio: aqui o vencedor, aí o segundo, além o terceiro, como se de uma competição desportiva se tratasse; nem sequer somos partidários daquelas classificações que determinam qual é o melhor romance de sempre, o quadro mais impactante do Renascimento ou os cem filmes mais relevantes da História. Mas estamos a chegar aos últimos parágrafos e não queríamos deixar de incluir algumas das reações que obteve esse longa-metragem, escolhido para participar em diversos festivais internacionais[32]. Nem sempre teve o público ao seu lado[33], e em mais de uma ocasião tem-se lamentado a recepção da sua obra em Portugal mesmo[34], mas sobre esse filme se escreveram afirmações tão sérias como esta que diz que estamos cara a cara com a "comprovação de que Oliveira está na posse de uma coisa raríssima em cinema: um *sistema* ficcional, pessoal e coerente, sistema assente em textos máximos e encenações mínimas, criando

---

32 *Francisca* participou dos Festivais de Cannes (Quinzena dos Realizadores), Edimburgo, Montreal, Nova York, Londres, Veneza (Seção Ateliê Veneziano), Figueira da Foz (Prêmio Tóbis de Fotografia), Sorrento (Prêmio Vittorio de Sica). Cf. Setenta Anos de Cinema, em *Manoel de Oliveira*, p. 90.

33 Daniel Uhmann, *Francisca*: Film portugais de Manoel de Oliveira, *Cinema*, Paris, n. 271-272 p. 139, jul.-août 1981: "Este foi, para alguns, o acontecimento do Festival. Mas também um *record* de abandonos da sala [...] O único problema que se põe é o de saber se o cinema deve contentar-se com ser inteligente".

34 Em 1997 escreveu-se: "Ninguém é profeta no seu próprio país; Oliveira, um artista de magnitude desproporcional para tão pequena nação, confirma este aforismo. Ele não obteve favor sob o regime de Salazar, cuja pequenez o condenou ao silêncio e atividade". Manuel dos Santos Fonseca, "Manoel de Oliveira", em Laurie Collier Hillstrom et al.(orgs.), *International Dictionary of Films and Filmakers, v. 2, Directors*; 3. ed., Detroit: St. James Press, 1997.

Manuela de Freitas (Raquel) e Diogo Dória (José Augusto) em Francisca *(1981).*

um universo depurado e rigoroso, uma frieza que oculta inominados vulcões, espasmos, paixão e morte"[35]. Se isto saiu do prelo em 1989, dezessete anos mais tarde *Francisca* seria escolhido pela crítica reunida pelo prestigioso *JL* como o segundo melhor filme português do último quartel do século XX[36] – o que é mais uma prova da paixão que Manoel de Oliveira suscita nos círculos cinéfilos de todo o mundo.

Acabemos, agora sim, este artigo com uma citação substancial, escrita em maio de 1981, pouco depois de *Francisca* conhecer a sua estreia, que há de valer como síntese daquilo que este filme propõe: "*Francisca* não é apenas a prova de maturidade de um grande cineasta para uso caseiro. É a de um admirável cineasta, 'tout court'. [...] O seu reino é outro, a sua sedução precisa da obscuridade luminosa da paciência. Ao fim e ao cabo apenas três horas de silêncio expectante e pleno"[37].

---

35 Verbete "Francisca", Jorge Leitão Ramos, *Dicionário do Cinema Português (1962-1988)*, Lisboa: Caminho, 1989, p. 164. Nessa crítica sublinha-se, também, a fotografia de Elso Roque, o trabalho cenográfico de António Casimiro e o labor como atriz de Manuela de Freitas no papel de Raquel.
36 *JL – Jornal de Letras, Artes e Ideias*, Lisboa, n. 922, p. 8-14, de 1 a 14 de Fevereiro de 2006. Digamos que ganhou o filme *Noite Escura*, de João Canijo.
37 Eduardo Lourenço, A Paixão (Portuguesa) Segundo Manoel de Oliveira, em *Manoel de Oliveira*, p. 84.

APÊNDICE COM AS LEGENDAS
QUE APARECEM NO FILME

1. Com a independência do Brasil, gerou-se em Portugal um clima de instabilidade e desespero. A morte de dom João VI deixou o reino dividido entre os partidários dos seus filhos, dom Pedro e dom Miguel, que encabeçavam os movimentos antagónicos do liberalismo e do absolutismo. Uma fracção da juventude, que na guerra civil viu derrotados em 1847 os seus ideais tradicionalistas, acaba por encarnar um tipo céptico, inclinado às paixões funestas. Esta é a história verídica da paixão funesta entre José Augusto e Fanny (Francisca). Era um Baile de Máscaras, no Porto, e José Augusto entrara por desfastio e depressa se arrependeu de o ter feito; o luto pela mãe era para ele recente… **2.** Quarto de Camilo no Hotel París, no Porto. **3.** Santa Cruz do Douro. Casa do Lodeiro. **4.** Dias mais tarde… **5.** O caseiro teve uma altercação com a mulher e… **6.** Durante um baile, nos salões do Barão do Corvo. **7.** De novo no Porto, numa noite de Teatro. **8.** Camilo e José Augusto tornaram a Santa Cruz do Douro. **9.** Casa de Vilar do Paraíso. Quando José Augusto veio a casa dos Owen, como fazia todos os dias para ver Maria, deu de cara com Camilo… **10.** Camilo tinha alugado uma casinha em Vilar do Paraíso, que ficava perto da de José Augusto. **11.** No dia seguinte, por acaso providencial, Manuel Negrão passou-lhe à porta. **12.** Quando saiu de Coimbra, não voltou para Vilar do Paraíso; voltou para o Porto. Até que José Augusto lhe bateu à porta e, sem esperar confirmação, foi entrando com o cavalo pelo aposento. **13.** No dia seguinte, José Augusto voltou; e levou o cavalo para a sala, indiferente aos reparos da senhoria. **14.** Camilo saiu do Porto. Fanny respondeu a José Augusto tratando como irmão e proibindo-o de lhe falar de amor. Ele chorou e caiu num desespero profundo. Quando Camilo voltou deu com um quadro muito diverso. José Augusto era amado por Fanny. Camilo tinha ido visitar uma família amiga, no lugar da Rasa, em Gaia, e encontrou lá José Augusto. **15.** O rapto. **16.** A entrada no Loreiro deu-se com a discrição que era de prever. Fanny recolheu logo ao antigo quarto da mãe de José Augusto. No dia seguinte… **17.** Camilo tinha novo alojamento na Quinta do Pinheiro. Manuel

Mário Barroso (como Camilo Castelo Branco) e Diogo Dória em Francisca *(1981).*

Negrão, que o foi ver, achou-o com mal aspecto... **18.** José Augusto e Fanny foram visitar Raimundo e Josefa à Casa da Capela. **19.** A família de Fanny não assistiu ao casamento, por procuração, na Igreja de Santo Ildefonso. **20.** No mesmo dia, na Casa da Capela, em Santa Cruz do Douro. **21.** Fanny falava muitas vezes com uma parente de sua mãe, da família Rocha Pinto. **22.** Novamente de volta à Casa do Lodeiro. **23.** Um dia Fanny viu uma carta nas mãos de José Augusto e reconheceu a letra de Maria. **24.** Foi Fanny que teve a ideia de irem para o Bom Jesus do Monte passar uma temporada. Camilo foi vê--los. **25.** Camilo foi ver Manuel Negrão à Quinta do Mosteiro. **26.** Quando José Augusto veio com Fanny ao Porto, e se hospedaram no Hotel Barthés, foi já com relutância que Camilo os visitou. **27.** Não chegaram a sair do Continente. José Augusto tinha ainda em Vilar do Paraíso a casa mobilada. Quando voltou para a Casa do Lodeiro, Fanny sentiu-se pior e ficaram ali. D. Maria veio visitar a filha. **28.** No entanto, fez-lhe crédito ao médico Joaquim Ferreira, no famoso testemunho da virgindade de Fanny que ele próprio, Camilo, lhe pede para verificar. O episódio da autópsia deixa supôr que José Augusto pretendeu certificar-se se Fanny tivera um passado. **29.** José Augusto foi procurar Hugo Owen ao Hotel onde se hospedara em Lisboa, na intenção de revistar melhor o passado de Fanny.

A Mulher na Montra
e o Homem Olhando para Ela

Fausto Cruchinho*

> *Não olhes para a formosura da mulher,*
> *e não cobices uma mulher pela sua beleza.*
> Eclesiástico 25, 21

A primeira mulher que surge num filme de Manoel de Oliveira é uma trabalhadora do cais da Ribeira no Porto que traz o almoço a um rapaz. A mulher arruma a louça, o rapaz acaba de almoçar e olha para a coxa nua da rapariga. Plano subjetivo da coxa da rapariga a ser beliscada pelo rapaz, reação da rapariga que não quer sexo depois de almoço. Plano de corte curto sobre um pino de ancoragem dos barcos. Plano da rapariga a sorrir, seguido de plano do rapaz a sorrir. Plano das ondas do mar a rebentar, seguido de plano de um acordeão a ser tocado.

Nessa microficção no seio de um documentário sobre o rio Douro, *Douro Faina Fluvial* (1934), Oliveira remete já para o dispositivo cinematográfico a possibilidade de dar a ver a relação entre os sexos: não é só o espectador que vê, nem é o espectador que vê primeiro – é o personagem (plano objetivo) e o realizador no lugar dele (plano objetivo). Ou seja, Oliveira não se aproxima do personagem mulher a não ser através do personagem homem, como se fosse este o intermediário, o canal da visão atrás do qual o realizador está confortavelmente

---

* Centro de Estudos Interdisciplinares do Século XX da Faculdade de Letras da Universidade de Coimbra, Portugal.

escondido. Essa primeira mulher é, como na tradição cristã, Eva, a pecadora, que Oliveira figurará explicitamente mais tarde em *A Divina Comédia* (1991).

O filme seguinte data de 1942 e é *Aniki-Bobó*. Aqui, a mulher do primeiro filme é uma criança em idade escolar que é cobiçada por dois colegas rapazes. Teresinha é o seu nome, quer manter com ambos relações de amizade, a fim de mais tarde escolher, dentre eles, o seu namorado. Eduardinho é o mais forte, de uma sexualidade agressiva e violenta; Carlitos é o mais fraco, mas que sabe como comprar o seu lugar no coração de Teresinha: oferece-lhe uma boneca que ela cobiçou na montra da Loja das Tentações. Essa boneca será, no fim do filme, a materialização simbólica da união de Teresinha com Carlitos, após o aniquilamento físico e sexual de Eduardinho – através da queda, símbolo da impotência sexual em todo o cinema de Oliveira.

O que fica já patente no primeiro longa-metragem de ficção de Manoel de Oliveira é a triangulação amorosa, cujo centro é ocupado pela mulher. Essa mulher, no seu protótipo de criança, não tem ainda a iniciativa amorosa, reservada aos homens, mas tem já um conhecimento do que lhe convém, o que ficará como marca distintiva praticamente em todo o cinema de Oliveira até *Francisca* (1981). Ela é, portanto, a mulher na montra para quem o homem olha. Ela é, simultaneamente, a tela em que os homens se reveem na sua impotência, e também uma tela que vê os homens debaterem-se por ela: o espectáculo do mundo dividido em dois sexos, um passivo, outro ativo. Veremos, adiante, como eles se invertem e revertem. Essa segunda mulher é, para retomar o paralelismo com a tradição cristã, Maria Madalena, a prostituta que Cristo/Carlitos perdoa.

Em 1954, Oliveira escreve um argumento a que foi recusado financiamento para realização: *Angélica*. Logo o título do projeto indica a concepção que Oliveira tem dela: uma mulher angélica. Será, justamente, essa a característica da personagem: uma mulher que morre na sequência de um aborto. Um fotógrafo (o cineasta, metáfora evidente) é chamado para fotografar a morta, possuidora de uns cabelos louros, pele rosa e vestido azul (um anjo, portanto). No momento da focagem da máquina, um halo liberta-se, parecendo que se trata da desmaterialização do corpo numa evanescência, como se a alma se libertasse.

Apesar de não ter sido realizado, esse argumento escrito configura um novo tipo de mulher: a mãe estéril, a que se juntará a mãe virgem do filme seguinte, *Acto da Primavera* (1963); a mãe estéril que quer ver/ser a Virgem Maria (Alfreda) em *O Espelho Mágico* (2005); a mãe histérica de *Benilde ou a Virgem-Mãe* (1975); a mãe que não pode ser mãe (Fanny), em *Francisca*; a mãe ausente, como a Maria do Loreto e Ema Paiva, ou a mãe que aborta (Branca) ou a que não quer ser mãe (Ritinha), ou a que ninguém quis para mãe (tia Augusta), em *Vale Abraão* (1993); ou a mãe que troca os filhos (Celsa), em *O Princípio da Incerteza* (2002); a mãe professora (Rosa Maria), em *Um Filme Falado* (2003). Esse gênero de mulher, a mulher mãe, é, talvez, aquele sobre o qual Oliveira mais variou (tornando-se, com João César Monteiro, o cineasta da mãe), figura sempre presente, ao contrário do restante cinema português, todo ele um cinema do pai, pai presente metaforicamente e, quase sempre, ausente fisicamente.

O filme seguinte virá só em 1963, com a adaptação da representação popular do Auto da Paixão, realizada anualmente em Trás-os-Montes, por altura da Páscoa. O filme, *Acto da Primavera*, retoma as figuras conhecidas da paixão de Cristo, num universo de uma religiosidade popular pagã, misturando o sagrado com o profano. A câmara assume-se, exactamente, como intromissão profana num mundo da representação, mantendo um registo documentário. É assim que vemos as tradicionais figuras como a samaritana, Verónica, Maria Madalena e Maria. Mas, ao contrário de Pasolini em *O Evangelho Segundo S. Mateus* (1964) e de Rossellini em *O Messias* (1975), essas figuras femininas são passivas, sofredoras e secundárias no filme.

Poderemos ver nessa representação popular filmada por Oliveira um respeito documentarístico pela tradição e, portanto, representar a Paixão de Cristo como uma coisa de homens em que as mulheres ocupam o papel que os homens reservam às mulheres na sociedade portuguesa: passivas, sofredoras e obedientes. Porém, também podemos observar que tais mulheres

Chiara Mastroianni (senhora de Clèves) e Leonor Silveira (a freira) em A Carta *(1999).*

estão envolvidas com o halo da santidade e, portanto, despidas de qualquer sexualidade. Elas representam, então, a santidade terrestre, ou seja, a castidade, a inviolabilidade do corpo sagrado ao qual Oliveira opõe o corpo profano da mulher desejada e desejante: a espectadora do início do filme. Não admira, pois, que Oliveira padronize esse tipo de mulher, estando a religião católica em Portugal virada para o culto mariano, sobretudo no norte do país, de onde Oliveira é oriundo.

Esse mesmo traço da mulher sofredora e que se nega ao amor, ou melhor, que vê o amor negado pelos homens, voltaremos a encontrar em obras mais recentes: em *Inquietude* (1998) (Suzy) e em *A Carta* (1999) (Madame de Cléves), a primeira entregando-se à prostituição e a segunda à devoção missionária. Esses dois retratos de mulher espelham-se na mesma desistência de viverem o "verdadeiro" amor, preferindo o amor físico (Suzy) e o amor aos pobres (Madame de Cléves). Porém, nem uma nem outra encontram a santidade: apenas desejam mortificar o corpo para aspirar à grandeza dum amor absoluto.

Conhecidos como "tetralogia dos amores frustrados", os filmes *O Passado e o Presente* (1972), *Benilde ou a Virgem-Mãe* (1975), *Amor de Perdição* (1978) e *Francisca* (a que se pode acrescentar *Os Canibais* (1988), por coerência temática), representam o momento mais agudo da concepção oliveiriana do amor feminino e da sua frustração: Vanda, Benilde, Teresa e Mariana, Fanny (e Margarida) partilham o mesmo triângulo amoroso já desenhado em *Aniki-bobó*. Em *O Passado e o Presente*, temos Vanda, que é amada por dois maridos gêmeos (Daniel e Ricardo), por ela odiados quando vivos e amados depois de mortos. Em *Benilde ou a Virgem-Mãe*, Benilde ama o seu namorado Eduardo e Deus, de quem se diz grávida. Em *Amor de Perdição*, Teresa e Mariana amam Simão e todos se perdem pelo amor e morrem. Em *Francisca*, José Augusto e Camilo dizem que amam Fanny, mas esta só ama José Augusto, e esse amor mata-a. Em *Os Canibais*, Margarida ama o Visconde de Aveleda e dom João ama Margarida, mas todos morrem nesse desencontro amoroso.

Esses cinco filmes, todos eles marcados pelo sinal da morte, constituem um tratado oliveiriano sobre as condições da vida amorosa em sociedade. Exceto o primeiro e o segundo, os três últimos passam-se no século XIX do romantismo português. Estes decorrem no ambiente da nobreza nortenha, com os preconceitos de classe inerentes à decadência da sociedade portuguesa do Oitocentos: as invasões francesas, a fuga da corte para o Brasil, o governo inglês combatendo os ideais da Revolução Francesa, as guerras fratricidas entre dom Pedro e dom Miguel e, finalmente, o Ultimato Inglês e o fim da monarquia. Por isso, de *Amor de Perdição* a *Os Canibais*, as questões classistas são tão importantes e trágicas para o amor. Os jovens (Teresa, Simão e Mariana; Camilo, Fanny e José Augusto; Margarida e dom João) são vítimas dos velhos (Domingos Botelho e Tadeu de Albuquerque; o Visconde de Aveleda e Urbano Solar).

Os dois primeiros filmes passam-se no presente da acção (*O Passado e o Presente*) e nos anos de 1940 (*Benilde ou a Virgem-Mãe*). Se ambos decorrem em interiores de casas de família, isso se deve à origem teatral do argumento. Tal ponto de partida torna os filmes um jogo de massacre entre os personagens, centrados, respectivamente, na necrofilia de Vanda e na histeria de Benilde. Ainda que o preconceito social seja forte, sobretudo em *Benilde*, não é esse o tema principal dos

Maria de Saisset no papel de Vanda, protagonista de O Passado e o Presente *(1971).*

filmes, e sim o da sexualidade sem sexo dos dois personagens femininos.

O que faz escândalo nesse conjunto de cinco filmes de Oliveira, realizados durante o intervalo de quinze anos, é a obstinação dos seus personagens, femininos ou masculinos, em permanecerem virgens, contra toda a pressão social e cultural que os quer ver como reprodutores sexuais e, claro, reprodutores das relações de classe. O amor que Vanda vota aos maridos defuntos, o amor que Benilde vota a Deus, o amor que Teresa e Mariana votam a Simão, o amor que Fanny vota a José Augusto e, finalmente, o amor que Margarida vota ao Visconde só se manifestam porque estão condenados ao fracasso. A simples possibilidade de esse amor, um amor ideal, platônico, se materializar, se consumar, é sistematicamente recusada por qualquer dos intérpretes amorosos. Por isso, num filme posterior, *O Princípio da Incerteza*, Camila recusa o amor de Touro Azul, o filho da criada, e casa com António Clara, o filho de gente fina: Touro Azul representa a possibilidade do amor, tal como o Eduardinho em *Aniki-bóbó*, amor sexual agressivo e violento, simbolizado no próprio nome Touro; enquanto que António Clara representa a continuação da virgindade, tal

Leonor Silveira no papel de Ema Paiva, personagem extraída do romance Vale Abraão, *de Agustina Bessa-Luís, que evoca a Emma Bovary de Gustave Flaubert.*

como Carlitos no filme antes citado: para mais, António Clara é coxo, metáfora da impotência sexual, já antes vista em *Os Canibais* e em *Vale Abraão*, em que o Visconde é um mutilado de braços e pernas e Ema fica coxa.

* * *

Trabalharemos agora sobre a mudança de paradigma amoroso, do lugar que a mulher ocupa no interior da obra de Manoel de Oliveira, a partir da entrada da atriz Leonor Silveira. Se até esse momento a questão amorosa era privilégio da mulher e a questão sexual apanágio do homem, separando amor e sexo, com Leonor Silveira ambos se fundem num só gênero. Ou seja, a opção de Oliveira é de fundir amor e sexo e mulher e homem num só ser: o andrógino. Esse ser, com a aparência de mulher, tem um comportamento no jogo amoroso que é novo: se antes pertencia ao homem a iniciativa do jogo amoroso, agora ele passa para a mulher, uma mulher que quer ter do homem as características agressivas e violentas, que nela se manifestam como características ninfomaníacas.

Leonor Silveira fez com Oliveira, o seu pigmalião (são raros os filmes de Leonor Silveira fora do universo oliveiriano), os seguintes filmes: *Os Canibais* (1988), *"Non" ou Vã Glória de Mandar* (1990), *A Divina Comédia* (1991), *Vale Abraão* (1993), *O Convento* (1995), *Party* (1996), *Viagem ao Princípio do Mundo* (1997), *Inquietude* (1998), *A Carta* (1999), *Palavra e Utopia* (2000), *Vou para Casa* (2001), *Porto da Minha Infância* (2001), *O Princípio da Incerteza* (2002), *Um Filme Falado* (2003), *O Espelho Mágico* (2005). Ela praticamente participou de todos os filmes de Manoel de Oliveira nos últimos vinte anos, com excepção de *O Dia do Desespero* (1992), *A Caixa* (1994) e *O Quinto Império* (2004). Leonor Silveira é, a seu modo, o que Lilian Gish foi para David W. Griffith, Edna Purviance para Charles Chaplin, Marlene Dietrich para Josef von Sternberg, Ingrid Bergman para Roberto Rossellini, Liv Ullman para Ingmar Bergman, Anna Karina para Jean-Luc Godard, Hanna Schygulla para Rainer W. Fassbinder, ou Vanda Duarte é para Pedro Costa: musa inspiradora, fetiche, objeto do desejo, mulher de substituição.

Leonor Silveira representa, em muitos dos personagens, o papel daquela para quem o amor é o sexo: o sexo institucional – a esposa em *Os Canibais*, *Vale Abraão* e *Party*; a amante em *O Princípio da Incerteza*, *O Espelho Mágico*; o sexo profissional – prostituta em *Inquietude* e *Porto da Minha Infância*; o sexo fetiche – Vênus em *"Non" ou a Vã Glória de Mandar*, Eva em *A Divina Comédia*, objeto do desejo do realizador em *Viagem ao Princípio do Mundo*; o sexo assexuado – a bibliotecária em *O Convento*; a freira em *A Carta*; a rainha Cristina da Suécia em *Palavra e Utopia*; a atriz em *Vou para Casa*; a professora em *Um Filme Falado*. Ela é dona da iniciativa do desejo amoroso dentro do casamento (Margarida em *Os Canibais*, Ema em *Vale Abraão*, Leonor em *Party*) e fora do casamento (Vanessa em *O Princípio da Incerteza*) e é, simultaneamente, vítima desse jogo amoroso. Concluímos, portanto, que quando toma o papel tradicionalmente atribuído ao homem na iniciativa do jogo amoroso ela é duplamente vítima: como mulher que quer ser desejada e como homem que se quer ser desejante.

A MULHER NA MONTRA E O HOMEM OLHANDO PARA ELA 95

Leonor Silveira (à direita) em Inquietude *(1998).*

Leonor Silveira e Rogério Samora em Party *(1996).*

Uma vez que os filmes que Leonor Silveira fez com Manoel de Oliveira se passam no presente da narrativa (à excepção de *Os Canibais*, *"Non" ou a Vã Glória de Mandar*, *Inquietude* e *Palavra e Utopia*), poderíamos esperar que tal se devesse ou tivesse como objetivo uma atualização do papel da mulher em sociedade e do seu estatuto como indivíduo. Ora, pelo contrário, Manoel de Oliveira parece ter cavado ainda mais fundo o estereótipo da mulher como invenção do homem, não o outro gênero, mas o objeto corporal no qual o homem se precipita.

A este propósito, é inesperado e inexplicável o personagem da mulher-oráculo (Maria Afonso) que surge em *Viagem ao Princípio do Mundo*, uma espécie de parca da tragédia antiga: simultaneamente homem, mulher e estátua (tem um nome de mulher – Maria – e um nome de homem – Afonso). Ela é alguém que não pertence ao tempo deste mundo e que, simultaneamente, fala deste tempo. O seu personagem simétrico é Sisalina, que surge em *Inquietude*, a mãe de um rio, tocada pelo lado terreno do tempo histórico. Esses dois personagens são os representantes de uma dimensão matriarcal que Oliveira nunca deixou expressar-se, uma vez que, à força de olhar a mulher na montra, construiu um mundo de homens.

BIBLIOGRAFIA CONSULTADA

CAMÕES – *Revista de Letras e Culturas Lusófonas*. Lisboa, n. 12-13, jan.-jun. 2001. Manoel de Oliveira.

DIANA, Mariolina. *Manoel de Oliveira*. Milano: Il Castoro, 2001.

FINA, Simona; TURIGLIATTO, Roberto (orgs.). *Manoel de Oliveira*. Torino: Torino Film Festival, 2000.

FOLGAR DE LA CALLE, José Maria et al. *Manoel de Oliveira*. Santiago de Compostela: Universidade de Santiago de Compostela, 2004.

JOHNSON, Randal. *Manoel de Oliveira*. Urbana/Chicago: University of Illinois Press, 2007.

MACHADO, Álvaro (org.). *Manoel de Oliveira*. São Paulo: Cosac Naify, 2005.

PARSI, Jacques (org.). *Manoel de Oliveira*. Paris: Centre Pompidou, 2002.

_____. *Manoel de Oliveira*. Paris: Centre Culturel Gulbenkian, 2002.

Entre a Literatura e a Música

o espetacular mundo do pastiche
em Os Canibais

Renata Soares Junqueira*

> *Durante as últimas gerações, a humanidade efetuou um progresso extraordinário nas ciências naturais e em sua aplicação técnica, estabelecendo seu controle sobre a natureza de uma maneira jamais imaginada. [...]. Os homens se orgulham de suas realizações e têm todo direito de se orgulharem. Contudo, parecem ter observado que o poder recentemente adquirido sobre o espaço e o tempo, a subjugação das forças da natureza, consecução de um anseio que remonta a milhares de anos, não aumentou a quantidade de satisfação prazerosa que poderiam esperar da vida e não os tornou mais felizes.*
>
> SIGMUND FREUD, O Mal-estar na Civilização

Não foi por acaso que, com *Os Canibais* (1988), Manoel de Oliveira "teve seu nome finalmente ecoado no cenário internacional de cinema, depois do 'cartão de visitas' complexo e alternativo que foi *O Sapato de Cetim*"[1]. O filme-ópera de Oliveira – que depois da estreia, em Cannes, mereceu três nomeações (melhor realização, melhor argumento e melhor fotografia) na disputa pelo prêmio da Academia Europeia de Cinema, além de ter sido premiado pela Cinemateca de Bruxelas (Prêmio L'Âge d'Or) e pelos críticos da Mostra Internacional de Cinema, em São Paulo – constitui, com efeito, um marco decisivo na longa carreira do realizador português, não só porque representa o coroamento da sua duradoura e frutífera parceria com o compositor João Paes[2], mas também porque

---

* Departamento de Literatura da Faculdade de Ciências e Letras da Universidade Estadual Paulista (Unesp), Araraquara, Brasil.
1 Orlando Margarido, Filmografia, em Álvaro Machado (org.), *Manoel de Oliveira*, São Paulo: Cosac Naify, 2005, p. 213.
2 A colaboração musical de João Paes no cinema de Manoel de Oliveira teve início em 1971, com *O Passado e o Presente*, e culminou precisamente em *Os Canibais*, de 1988.

instaura, ainda mais ostensivamente que em *Mon cas* (1986), uma moderna *metalinguagem* que, doravante, caracterizará sempre, com mais ou menos sutileza, o seu cinema, cada vez mais empenhado em mostrar-se como *artifício*, como ficção que se compraz com a devassa dos seus próprios bastidores.

É verdade que, em *Os Canibais*, a própria forma adotada pelo realizador – a de uma ópera, cujas personagens *cantam* em vez de falar naturalmente – implica já uma inverossimilhança, que provoca, desde logo, a impressão de *artificialidade* do mundo que ali se desdobra perante o olhar assombrado dos espectadores. É verdade também que essa impressão de artifício é potencializada pela pluralidade formal inerente à ópera, concebida como obra de arte global que congrega várias artes (a literatura, a música, a escultura, a arquitetura, a dança etc.) na construção de um único e suntuoso espetáculo. Mas não provêm apenas da forma operística os elementos que compõem a metalinguagem de *Os Canibais*. A fonte literária na qual Oliveira se inspirou, isto é, o conto que Álvaro do Carvalhal (1844-1868) escreveu em Coimbra, em abril de 1866, consiste, ele próprio, num hábil exercício metalinguístico. Se não, vejamos.

O conto é narrado, em primeira pessoa, por um narrador irônico e voluntarioso que, sem participar da ação, se permite, no entanto, fazer intervenções críticas no princípio de cada uma das oito partes componentes da narrativa[3]. Tudo se inicia com uma citação do escritor francês Nicolas Boileau (1636-1711)[4], que funciona como epígrafe ou apresentação prévia do *leitmotiv* do conto: "Nada é tão belo como a verdade". A partir dessa afirmação, verdadeira profissão de fé dos

---

3 Essas intervenções do narrador nos "entreatos" da narrativa lembram, pela sua regularidade, a atuação do *coro* nas tragédias clássicas. A essa postura coral, digamos assim, do narrador, que parece evocar já a música e a palavra cantada, alia-se, de resto, a compleição melodramática dos eventos que constituem a diegese, como se esses mesmos eventos reivindicassem, para a sua mais cabal expressão, a presença da música (como acontecia mesmo na forma original do melodrama). Nada disso passou despercebido ao mestre Manoel de Oliveira.

4 Conhecido como "o legislador do Parnaso", Boileau foi autor de uma *Art poétique* (1674) que define as regras fundamentais para a escritura de uma tragédia clássica no século XVII. Ao citá-lo, Álvaro do Carvalhal evoca, pois, o gênero trágico logo no início do seu conto.

escritores realistas[5], o narrador vai formular, por ocasião das suas intervenções críticas, uma série de princípios da arte de narrar, sempre procurando respeitar a regra primeira da estética realista, justamente a regra que incita o artista a apegar-se à verdade ou, noutros termos, a regra da maior fidelidade possível à realidade sensível que se vai representar artisticamente. É, aliás, em nome desse amor à verdade que ele, já de antemão, nos avisa de que o seu conto não tem nada de invenção fantasiosa e é, pelo contrário, um conto verídico, baseado numa crônica que casualmente lhe veio parar às mãos.

Essa adesão ao preceituário realista só se dá, todavia, muito a contrapelo, pois que logo na primeira página da narrativa o narrador declara o seu amor pelos contos de fada e refere-se à geração realista como "geração pretensiosa"[6]. Captar a realidade das coisas pode, de fato, parecer uma presunção para quem acredita que o mundo aparente não passa de ilusão. E, em última análise, as ironias desse narrador vão revelar que *as aparências enganam* – é este o grande ensinamento moral desse conto de Carvalhal – e que até mesmo a sua arte de narrar, supostamente fiel aos preceitos do realismo, às avessas mostra-se, afinal, adepta da velha ordem romântica (ainda que se trate, é bom salientar, de uma adesão *irônica*).

De fato, todos os protagonistas de Os Canibais são personagens cuidadosamente pinçadas da tradição romântica, de maneira a fazer dessa narrativa uma combinação original de *pastiches* literários. Vejamos o enredo.

Toda a ação desenrola-se em dois ambientes luxuosos: primeiramente apresentam-se as personagens num baile que reúne damas e cavalheiros da alta sociedade lisboeta; em seguida, há um festim de noivado no palacete da personagem mais misteriosa do conto: o Visconde de Aveleda, homem rico e elegante cuja inexplicável melancolia atrai ainda mais a atenção das muitas mulheres que o cobiçam.

---

5 Convém lembrar que Carvalhal escreveu *Os Canibais* em abril de 1866, pouco depois, portanto, do início da estrondosa Questão Coimbrã, que pôs frente a frente, em acirrado confronto, Castilho e os românticos de um lado, e Antero e os realistas de outro. Carvalhal, aliás, participou da polêmica, tendo publicado no *Diário Mercantil*, em 23.11.1865, um artigo de sátira ao *Poema da Mocidade* de Pinheiro Chagas – tomou, pois, em princípio, o partido dos realistas.
6 Álvaro do Carvalhal, Os Canibais, *Contos*, Lisboa: Relógio d'Água, 1990, p. 207.

O noivado é o do próprio Visconde com a jovem Margarida, que também era, por sua vez, desejada por muitos homens e especialmente por D. João, rapaz rico, orgulhoso e libertino.

Inconformado com o casamento de Margarida, D. João comparece ao festim dos noivos e, depois de se embriagar, resolve vingar-se pela calada, quando já todos os convivas se tinham despedido e os noivos ganhavam a privacidade do seu quarto no primeiro andar do palacete. Sobe então numa grande magnólia cujos galhos conduziam ao aposento nupcial, prepara as pistolas que levava consigo e, pela janela que ficara aberta, entrevê algo deveras espantoso.

É que no quarto do casal vai finalmente revelar-se o segredo do Visconde de Aveleda, depois de um diálogo insinuante em que, entre outras coisas, o noivo diz à noiva: "Julgaste-me pelo que parecia, e não decerto pelo que eu era. Venceu-te a aparência, que mais de uma vez nivela o vício com a virtude"[7]. Margarida, tão estupefata quanto o leitor, descobre então que o Visconde era quase um monstro, um ser que de carne e osso só tinha o tronco e a cabeça – tudo o mais (pernas, braços e até mesmo os dentes) eram *próteses*, eram membros *postiços* que faziam do infeliz uma *mentira*, um boneco de engonços, uma combinação de enxertos. (Entre parênteses, cumpre dizer que o narrador, ao longo de toda a sua narrativa, vinha já, a respeito da figura misteriosa do Visconde de Aveleda, usando imagens que sugeriam ser ele um *morto-vivo*, um *cadáver* ressuscitado, uma *estátua* fria.)

Depois de ver o noivo desengonçar-se diante de si, Margarida, desvairada, despenha-se de uma das sacadas do aposento e, ao atingir o chão, despedaça o crânio na aresta de um banco de jardim. Quase ao mesmo tempo, D. João, que se mantinha vigilante no cimo da magnólia e que ouvira um grito de terror, salta, através de outra sacada, para o interior do recinto onde vê apenas o Visconde, reduzido a cabeça e tronco, revirar os olhos, numa contração de agonia, em meio às chamas de uma lareira onde buscara o suicídio.

Também repassado de horror, D. João desce atabalhoadamente pela mesma magnólia que o levara até a câmara

---

[7] Idem, p. 237.

nupcial e, já no jardim, depois de tropeçar no cadáver de Margarida, decide pôr fim à própria vida com um tiro de pistola no coração.

A esse dramalhão, que o narrador não nos apresenta sem bastante sarcasmo, acrescenta-se uma cena em que o pai e os dois irmãos de Margarida, ao encontrarem, no dia seguinte, sobre as cinzas da lareira do quarto nupcial o que sobrara do Visconde de Aveleda, vão comê-lo julgando tratar-se de um churrasco que a excentricidade do noivo fizera preparar logo na primeira noite de núpcias e na lareira do quarto do casal.

Como salta à vista, nada há de verídico nesse conto que, pelo contrário, se perfaz, facticiamente, como uma original combinação de enxertos. Margarida, por exemplo, embora seja personagem evidentemente inspirada no *Fausto*[8] de Goethe, analisada mais sutilmente pode revelar também um parentesco com a Margarida Gauthier de *A Dama das Camélias* – peça romântica cujo tema é também o da impossibilidade do amor e com a qual Alexandre Dumas Filho fazia, na década de 1850, imenso sucesso nos palcos europeus. Não por acaso, aliás, o narrador faz questão de descrevê-la com camélias junto ao colo para salientar a sua palidez no momento em que o Visconde recita, perante os convidados do baile que dá início à narrativa, um poema de sua própria lavra. Assim, se não são óbvias, as fontes românticas de Carvalhal estão também muito longe de parecerem imperscrutáveis:

> Margarida é uma das mulheres fatais, que atraem irresistivelmente. Solteira, homem que por desgraça a fitou quer ser um Romeu; casada, não faltariam Werthers que rebentassem o crânio para lhe merecer uma saudade.

---

8 O próprio Visconde de Aveleda, figura híbrida de homem e de máquina, insinua-se como hábil transfiguração do mito fáustico, encarnando o indivíduo que, mediante um pacto com o diabo, oferece agora o próprio corpo (no lugar da alma) em troca do conhecimento. Se no conto de Carvalhal a atmosfera mefistofélica é sugerida, sobretudo, pelas diabólicas e irônicas intromissões do narrador, no filme de Oliveira ela concentra-se na figuração *dual* do apresentador e da sua sombra sinistra – ou do seu contraponto instrumental –, o violinista Niccolò.

No cortejo brilhante não faltava desde o primeiro titular, ao brasileiro sem títulos, coisa rara em sublunares regiões. Ela era o ídolo acatado de todos os crentes.

[…]

Margarida estava pálida, como as camélias que lhe desmaiavam ao contacto do seio virginal. Escutou até ao fim sem respirar. Depois desapareceu por entre os grupos assombrados, e, apenas longe do bulício, desatou em soluços, escondendo o rosto nas mãos[9].

Já o perdulário e leviano D. João resulta, claramente, de uma projeção do célebre mito de Don Juan, que depois da comédia de Molière (*Don Juan*, 1665), da ópera de Mozart (*Don Giovanni*, 1787), e, sobretudo, durante o período romântico, no século XIX, se expandira notavelmente por toda a Europa: na Inglaterra, Lorde Byron começara a escrever, em 1819, o seu poema satírico, *Don Juan*; na Rússia, Púschkin dera à luz, em 1830, o seu *Kamemii Gost'* (O Convidado de Pedra); em França, tinha vindo a lume, no ano de 1834, a novela de Mérimée, *Les Âmes du purgatoire ou Les deux Don Juan*; na Alemanha, Lenau publicara o seu *Don Juan* e Grabbe fizera estrear o drama *Don Juan und Faust*, ambos em 1844, quando nascia em Portugal o nosso Álvaro do Carvalhal e quando, em Espanha, Zorilla levava à cena a peça *Don Juan Tenorio*, que seria um grande êxito teatral. Carvalhal pode, decerto, ter sido leitor de qualquer uma dessas obras nas suas versões originais ou através das traduções de que podia dispor. De resto, o histórico que o narrador nos oferece da personagem coincide perfeitamente com aquele que deu origem ao mito:

Era um excelente rapaz este D. João. Generoso e amante não o havia mais. Tisnara-lhe porém o hálito quente da sociedade as mais belas flores de sua leal natureza.

[…] [A sociedade] Viu-o rico, galhardo, franco e perdulário, e abriu-lhe os seios fétidos, e prostituiu-se às paixões do moço milionário.

O dinheiro escorregava-lhe por entre os dedos sobre as mesas alcoolizadas dos cafés, sobre o leito enxovalhado das perdidas,

---

9 A. do Carvalhal, op. cit., p. 209; 219. Curiosamente, há, logo no início do filme de Manoel de Oliveira, um destacado plano do busto de Margarida enfeitado por três formosas camélias brancas.

sobre o empoeirado labirinto do distúrbio; e os folhetinistas galantes, os fúteis da moda, alguns homens de estudo mesmo, aplaudiam cúpidos, lisonjeando-lhe os vícios. O prostíbulo, voragem que a lei sanciona, foi a arena borrifada com o vinho das suas primeiras proezas. Cansado enfim de se estorcer na crápula, no húmido chão do lupanar, volveu os despertados apetites para a recatada burguesia[10].

E temos, finalmente, o terceiro componente do triângulo amoroso, o malogrado Visconde de Aveleda, que pode ser também um empréstimo do mesmo mito de Don Juan, na medida em que as suas mãos de marfim e os seus membros protéticos o identificam com a estátua do comendador assassinado pelo incorrigível mulherengo – estátua a que, segundo a lenda consagrada, no século XVII, pela comédia espanhola *El Burlador de Sevilla y Convidado de Piedra*[11], o próprio Don Juan convidara sarcasticamente para um jantar. A referência a esse episódio lendário explicita-se, aliás, no primeiro momento em que D. João se vê diante do Visconde, quando este faz a sua entrada triunfal no baile inaugural da narrativa: ao roçar então pelo seu rival, D. João sente os seus membros como se fossem de granito e julga ver nele, como salienta o narrador, "*a estátua irônica do comendador*"[12].

Pela sua particularíssima compleição, no entanto, o Visconde de Aveleda evoca, ainda mais vivamente, outra bem conhecida figura da literatura fantástica: o "brigadeiro por distinção John A. B. C. Smith", protagonista do conto "The Man that Was Used Up", de Edgar Allan Poe (1809-1849). Com efeito, o leitor do ficcionista norte-americano também tomava conhecimento, no desfecho da sua narrativa, de que o imponente e escultural "brigadeiro por distinção John A. B. C. Smith" era tão somente, afinal, o que havia restado de um homem mutilado numa guerra contra povos selvagens da América; não era propriamente um homem, mas antes uma "grande trouxa" na qual se encaixavam, graças ao admirável progresso das ciências e da

---

10 Idem, p. 229.
11 Esta peça, que introduziu o mito de Don Juan na literatura, tem sido atribuída a Tirso de Molina – pseudônimo do monge mercedário Gabriel Téllez (1584-1648).
12 A. do Carvalhal, op. cit., p. 211. O itálico é do próprio texto.

técnica, pernas, braços, ombros, tronco, olhos, dentes e até um palato, tudo artificial[13].

Ora, o Visconde de Aveleda é, até que se descubra o seu espantoso segredo, tão misterioso e admirável quanto o brigadeiro de Allan Poe. Quando mais não seja, algum parentesco entre os dois poderia deduzir-se logo da procedência do Visconde, que "viera da América"[14] – única informação que se tem, ao certo, acerca do seu passado incógnito –, e sobretudo do fato de assumir-se o narrador do conto como leitor de Edgar Poe, que é por ele citado (aliás, ao lado de Hoffmann, autor cuja ficção também encarece o tema do "autômato")[15].

Apressemo-nos, então, por apresentar as nossas primeiras conclusões. Vista no seio de tal combinação de empréstimos ou enxertos da tradição literária romântica, a figura do Visconde de Aveleda impõe-se, afinal, como alegoria do caráter proteico do próprio conto de Álvaro do Carvalhal. Nesse sentido, é muito sugestiva a designação de "flibusteiro indigno"[16] com que, num diálogo com Margarida, o Visconde se qualifica a si próprio: flibusteiro é o pirata, o ladrão que se apropria de algo que naturalmente lhe não pertence (como o Visconde, decerto, com os seus membros postiços, artificiais) – o que, à socapa, sugere o procedimento formal adotado na construção deste conto, cujo narrador também se apropria de elementos tradicionais para, com eles, compor uma narrativa pretensamente exemplar cujo tom irônico acaba por desbaratar a estética realista (inspirada nos valores do mundo clássico de Boileau) à qual, a princípio, o mesmo narrador admitia sujeitar-se.

Fazer comentários sarcásticos, hesitar entre localizar a ação do conto no Japão ou em Lisboa, interpelar subitamente

---

13 Leio a tradução portuguesa de J. Teixeira de Aguilar: Edgar Allan Poe, O Homem que Fora Consumido, *Histórias Extraordinárias*, Mem Martins: Europa-América, s.d., v. 1, p. 43-55. A revelação do mistério do brigadeiro ocorre às p. 53-55.

14 A. do Carvalhal, op. cit., p. 211. Manoel de Oliveira acrescenta ao "americanismo" do Visconde um acento tropical: no filme, com efeito, revela-se que o Visconde viera mesmo da América, mas da América portuguesa, isto é, do Brasil.

15 Criticando, ironicamente, o seu próprio conto, o narrador diz a certa altura: "Chama-se isto um conto! Dos que se dizem nos serões de Inverno com pasmo das imaginações rudes ou infantis, poderá ser. Mas conto para gente fina e séria, para gente que sabe de cor Edgar Poe e Hoffmann! Oh, oh!" A. do Carvalhal, op. cit., p. 241.

16 Idem, p. 221.

o leitor, convidando-o ao diálogo, identificar-se a si próprio como "verdadeiro contrarregra de teatrinho aldeão"[17], antecipar as censuras que decerto lhe fariam os críticos racionalistas – tudo isso constitui a *práxis* narrativa desse narrador irônico que, sem ser de todo original, é, sem dúvida, inovador. Porque, talvez para se compensar da provável falta de credibilidade que lhe acarretam os despropósitos do seu conto, ele faz uso de uma linguagem rebuscada, ornada de zeugmas, de hipérbatos e de uma profusão de epítetos que sofisticam o texto (tornando-o, pois, *pomposo*, como também o será, de resto, a ópera de Manoel de Oliveira) e que, aliados a uma reflexão sistemática sobre o próprio fazer literário a partir do exemplo de grandes escritores como Shakespeare, Goethe, Voltaire, Balzac, Byron, Dumas, Edgar Poe e Hoffmann (todos citados pelo erudito narrador ao longo da narrativa), fazem de Álvaro do Carvalhal um autêntico precursor, em Portugal, do esteticismo que dominaria o *fin-de-siècle*.

De resto, o apelo que, a todo o momento, esse narrador parece fazer ao gênero trágico ou, mais propriamente, ao *melodrama* tragicômico vem dotar a sua narrativa de uma espécie de disposição *musical* que, aliás, também já se podia inferir das narrativas precedentes, com as quais Carvalhal efetivamente quis dialogar. Cumpre aqui lembrar, nomeadamente, "Os Autômatos" (1814), de Hoffmann (conto de forma híbrida, misto de ficção narrativa com uma prosa ensaística que discorre, precisamente, sobre *música*)[18], e o já mencionado conto de Poe, "The Man that Was Used Up", que obviamente inspirou "Os Canibais" de Carvalhal e cujas personagens (algumas com nomes evocativos de instrumentos musicais, como Dr. *Drummummupp* e Mrs. *O'Trump*) se esmeram na construção de sonoros trocadilhos com as palavras *man*, *mask*, *moon* etc.

Pois nada disso escapou ao olhar penetrante do cineasta Manoel de Oliveira, que elevou à potência máxima não apenas a disposição musical do texto inspirador (com todos os seus

---

17 Idem, p. 235.
18 Como é sabido, o alemão E. T. A. Hoffmann (1776-1822) foi compositor e crítico musical, além de escritor dedicado à literatura fantástica. Aliás, também escreveu uma novela, *Don Juan* (1813), inspirada na ópera de Mozart.

pastiches), mas também os diversos elementos expressivos do tema do autômato ou do homem alienado, dissociado, alijado da sua própria natureza humana (tema caro, aliás, não só a Carvalhal, Poe e Hoffmann, mas aos escritores românticos, em geral, pelo menos desde Rousseau).

De fato, o filme explora o tema da impossibilidade do amor num mundo materialista e grotesco, maculado pelos pecados da cobiça e da gula. É nesse mundo, corrompido pela excessiva valorização do poder material, que Oliveira faz movimentarem-se personagens-títeres que, também como produtos da adoção sistemática do pastiche literário e musical, são todas, sem exceção, figurações da *alienação* ou da dissociação que mais ostensivamente caracteriza o protagonista, Visconde de Aveleda, criatura híbrida, misto de homem e máquina. Para dar expressão a essa vida fraturada, mecanizada – sem dúvida, a vida do homem moderno –, o cineasta projeta o conjunto de pastiches do conto de Carvalhal no espetacular mundo da ópera, agregando aos componentes da narrativa original a música (aliás, convenientemente adaptada por João Paes) e a mefistofélica figura – com os seus dedos compridos e magros – do romântico compositor italiano Niccolò Paganini (1782-1840), o "violinista diabólico".

Assim, o texto literário é transformado em ópera filmada – mas numa ópera que, desdobrando sistematicamente, até ao infinito, a sua dualidade estrutural, consumada em música e libreto (ambos de João Paes), instaura um fantasmático universo de *duplos* ou de sombras, signos da *dualidade* que caracteriza, em última análise, o indivíduo moderno já desde o pré-romantismo, isto é, o sujeito psiquicamente fraturado, dividido entre o Eu social e o Eu profundo, ou entre a aparência e a essência; o sujeito afastado, enfim, pela (o)pressão da sociedade supercivilizada, da vida natural e da esfera do Inconsciente – fonte inesgotável dos seus recalcados desejos, lugar de concentração dos seus mais secretos instintos.

Se no conto original essa fratura psíquica do homem moderno se expressa, metaforicamente, no corpo ambíguo do Visconde – feito de carne e também de membros postiços, mecânicos –, no filme, com efeito, ela infiltra-se vigorosamente nos diversos aspectos da complexa forma cinematográfica composta por Oliveira e Paes, a começar pela transformação do narrador num dúbio apresentador que se desdobra no violinista Niccolò – a sombra que sempre o acompanha e que representa a contrapartida musical do relato e dos comentários que ele, apresentador, vai oferecendo aos espectadores. A isto se acrescenta a dualidade da própria estrutura *tragicômica* do enredo, que o realizador faz questão de acentuar através da divisão do filme em duas partes bem distintas: uma longa parte trágica, que evolui sempre no escuro da noite iluminada pelos requintados candeeiros e pelas miríades de velas dos palácios em que a ação se desenrola até o clímax do duplo suicídio de Margarida e do Visconde; e uma parte mais breve e cômica, que decorre já durante o dia e consiste no banquete canibal dos familiares de Margarida (que comem a carne assada sem saber que de carne de Visconde se tratava) e na farândola final à qual, depois da retirada do diabólico Niccolò, que magicamente desaparece numa nuvem de fumo[19], acorrem alegremente as personagens que a câmara então focaliza: Urbano Solar, pai de Margarida, e o Peralta, seu filho mais novo, transformados em grandes lobos famintos; o magistrado, filho mais velho, metamorfoseado num imenso e apetitoso leitão; D. João e Margarida ressuscitados; e os serviçais do palácio (capelão, mordomo, pajem, copeiras e jardineiro) ostentando dentaduras postiças com salientes e ameaçadores dentes caninos.

Mas além das dualidades estruturais (libreto e música; apresentador e violinista; tragédia e comédia; solo vocal e canto coral; o solo instrumental de Niccolò e a música sinfônica da Orquestra da Gulbenkian), às quais, aliás, convém acrescentar a divisão dos planos em alto e baixo (o coro dos músicos da orquestra fica *acima* do piso em que dançam as personagens ao som da mazurca, no princípio do filme; o jardim do palacete

---

19 O desaparecimento de Niccolò implica também o do seu *alter ego*, o apresentador. Só quando eles (que juntos representam o diabo) saem de cena é que a comédia pode instaurar-se definitivamente, na forma da surreal farândola com que se encerra o filme. Ou, noutros termos: visto de uma perspectiva cômica, o canibalismo feroz dos pequenos burgueses (os familiares de Margarida, que só pretendem ascender socialmente) dilui-se em música e dança desde que o diabo, criador da tragédia do homem-máquina (e da plutocracia), saia de cena. Na farândola, apagam-se as distinções de classe social: burgueses, nobres e serviçais dançam juntos, de mãos dadas.

Diogo Dória como D. João em Os Canibais *(1988).*

Cena fantástica no final de Os Canibais *(1988).*

do Visconde fica *abaixo* da janela do quarto nupcial em que se revelará o terrível segredo do noivo etc.), há ainda, do princípio ao fim do filme, uma imagem-chave que, obsessivamente focalizada pela câmara, denuncia a problemática em torno da qual todas as formas e símbolos se organizam: é a imagem do *espelho*, que prontamente sugere a dialética do Eu e do Outro que são, afinal, o mesmo – literalmente, o sujeito e a sua imagem especular, invertida; simbolicamente, as duas faces, distintas entre si, de uma mesma moeda ou, noutros termos, o homem *duplo*, dissociado, o sujeito que a moderna civilização tornou carente de integridade psíquica.

Com efeito, salta aos olhos a focalização estratégica de ricos espelhos em que se miram as principais personagens, seja nos salões suntuosos onde a intriga se desenrola, seja no quarto de núpcias do desventurado casal.

No primeiro palacete, no qual decorre o baile, ora é Niccolò quem se apresenta, tocando violino, diante de um enorme espelho horizontal parcialmente obstruído por aparatosos castiçais com compridas velas acesas[20] (e, num relance, podemos ver que a imagem que o espelho então reflete não é a dele, mas sim a do seu duplo, o apresentador); ora é Margarida que se mira, em busto, e arranja o cabelo perante um espelho vertical; depois novamente Niccolò, seguido do Visconde que, ao chegar ao baile, lentamente se aproxima e também arranja o cabelo diante do mesmo espelho enorme e mal dissimulado pelas velas; ora é o próprio apresentador quem se aproxima de um espelho (e, em contrapartida, a imagem então refletida não é a sua, mas a do violinista Niccolò); ora vem Niccolò passando em frente à câmara e, ao passar por um espelho, para e deixa que a mesma câmara focalize frontalmente o seu rosto; ora é D. João quem, tendo atrás de si o espelho, espreita Margarida e o Visconde, que dialogam entre si; ora são os convidados, dançando animadamente, refletidos num espelho.

No segundo palacete, o da festa de núpcias do Visconde, o luxo do *décor* é ainda mais ostensivo e, embora se mantenha a imensa quantidade de velas acesas (agora sustentadas pelas mãos de vários serviçais e não mais pelos bufetes dos

---

20 Há sempre o reflexo de luz do fogo nos espelhos desse filme, o que provoca uma vigorosa impressão de sacralização luciferina das imagens refletidas.

espelhos), a profusão de espelhos é substituída pela de estátuas e bustos esculpidos – símbolos da *estátua viva* que era o Visconde. Entretanto, cumpre a função de espelho o suntuoso piso xadrez, em mármore[21] claro e escuro, do salão no qual as personagens, dançando ao som da valsa, têm as suas sombras refletidas.

E no quarto do casal, também ricamente ornamentado com finos cortinados e com espelhos que refletem agourentamente a luz de muitas velas ou as labaredas do fogo da lareira acesa, há um espelho de configuração distinta, no qual o protagonista obsessivamente se mira – um espelho circular, côncavo e repleto de estrias que acentuam a distorção da imagem nele refletida, que é, repetidamente, a do rosto do Visconde, mas também, a certa altura, a desse mesmo rosto confrontando o de Margarida, ou ainda a do rosto do diabólico Niccolò, que invade o quarto logo depois de o Visconde se lançar nas chamas da lareira.

Os ambientes requintados, pomposamente adornados por velas, cristais e espelhos que oportunamente funcionam como produtores de luzes, sombras e reflexos, servem, pois, formalmente aos desígnios do cineasta, produzindo a impressão de um mundo duplicado, refletido, virtual, que se apresenta em paralelo ao suposto mundo real – procedimento que, de resto, sugere a própria representação teatral, desde o princípio do filme, quando as personagens, saindo de magníficas *limousines* à porta da entrada do palácio, recebem os aplausos da plateia real que, à distância, acompanha curiosamente as filmagens, e também quando o Visconde, antes de entrar em cena, é anunciado pelas três pancadas no solo – as pancadas de Molière – dadas pelo nobre bastão do porteiro que, vestido de faustosa libré, anuncia, na verdade, que o espetáculo está começando.

Desse mundo duplicado participam personagens que também sugerem, elas próprias, a presença do *duplo*. Em última análise, não é só o apresentador, desdobrado em Niccolò, que simboliza um diabo de dupla face; também D. João é uma

---

21 O mármore, que igualmente sugere a constituição pétrea do protagonista, está também presente nas estátuas e pedestais do jardim do palacete.

figuração satírica do mesmo diabo[22], assim como o maquinal Visconde, que tem em Margarida o seu contraponto feminino. Isto se evidencia especialmente na cena do jardim onde Margarida procura o Visconde para se lhe lançar nos braços – ali, no escuro da noite, os dois se exibem lado a lado, ora de perfil, ora de olhar fixo para a câmara, ele com o seu escuro traje de gala, ela com o seu fluorescente vestido claro, insinuando-se como polos opostos e complementares, verso e reverso de um mesmo medalhão.

É, pois, nesse quadro de contrastes e conflitos – nesse campo de forças que mutuamente se atraem e se repelem – que se desenvolve o tema da impossibilidade do amor, simbolicamente evocado pelo mito de Hero e Leandro, ao qual o Visconde se refere quando dialoga com Margarida no quarto do casal, mas principalmente pelo mito de Eco e Narciso, que se infiltra nos fundamentos mesmos do filme (e também do conto de Carvalhal, aliás).

Com efeito, o mito de Eco – a infeliz ninfa cujo amor, não correspondido por Narciso, a consome até ao ponto de transformá-la em rocha, deixando-lhe, contudo, a voz, que responde aos que a chamam, e um coração palpitante dentro do peito petrificado – consubstancia-se não apenas nas vozes cantantes, que a boa acústica dos suntuosos edifícios parece potencializar, mas também no próprio corpo, parcialmente mecânico, do Visconde de Aveleda – que, aliás, lhe oferece uma ária, posicionado, à maneira de estátua, com os pés juntos e os braços abertos, no centro do salão onde a intriga principia. Aparentemente, trata-se de uma apologia de Eco e da condenação do egocentrismo de Narciso.

Mas aqui a problemática de Eco e Narciso torna-se mais densa. O que o filme parece propor, afinal, é observar o mito de outra perspectiva. Para evitar a paralisação (seja a de Eco, seja a do próprio Narciso) é preciso, antes de mais, que o homem se reconcilie consigo mesmo, que se reaproxime da natureza de que o afastaram as convenções e artifícios do mundo moderno, científico e tecnológico. É preciso, para alcançar o

---

22 Não será por mero acaso que o onipresente Niccolò, a certa altura, ocupa no cimo da magnólia do jardim do palacete do Visconde o mesmo lugar anteriormente ocupado pelo vingativo D. João.

Outro, conhecer-se primeiramente a si próprio, em *essência* e não somente em aparência. Dessa perspectiva, a apologia que cumpre fazer é, em primeira instância, precisamente a de Narciso. Daí a presença de tantos espelhos, nesse filme, e a focalização obsessiva das principais personagens atraídas pelo espelho, narcisisticamente.

Numa entrevista concedida em 2001, comentando os motivos do filme *Vou para Casa*, Manoel de Oliveira falava da casa como "um lugar privado onde a pessoa se recolhe, onde a pessoa se desprende do mundo e é livre para consigo mesma. Isto naturalmente é importante para um indivíduo quando está saturado da multidão, do convívio, da sociedade, e precisa do repouso"[23] que o lar lhe oferece. Dizia ainda que a frase, aparentemente muito comum e simples, "vou para casa descansar" tem também um sentido mais profundo, que é "o sentido do regresso ao ventre da mãe"[24], lugar em que o ser se sente absolutamente seguro e confortável, e acrescentava que "quando o homem está muito aflito, refugia-se em qualquer lugar – no seu quarto, no seu canto, na sua casa –, o que é um substituto insuficiente do ventre da mãe que o gerou"[25]. Ora, "o que se passa com o homem pode passar-se com uma sociedade, com uma civilização que pode cair num estado caótico, frágil e que, portanto, deseja regressar a casa, isto é, voltar àqueles bons tempos paradisíacos", afirmava então o cineasta, concluindo que "o maior desespero da nossa sociedade de hoje é não saber regressar a casa"[26] e esperar que a ciência resolva todos os problemas, todas as grandes tragédias humanas. Oliveira falava ainda, na mesma entrevista, da ambição do sucesso, do dinheiro, da globalização e da massificação cultural como aspectos de uma modernização em cujo processo

a ciência tem um papel predominante porque desenvolve aparelhos e coisas que avançam de um dia para o outro [...] e isto produz uma ansiedade muito grande e, ao mesmo tempo, esses mecanismos todos tomam conta do homem, que passa a ser quase

---

23 Manoel de Oliveira, Entrevista, *Vou para Casa*, Lisboa: Madragoa Filmes, 2001, DVD.
24 Idem.
25 Idem.
26 Idem.

totalmente dependente desses objetos. Isto tem como efeito uma grande desumanização. O homem desumaniza-se cada vez mais, artificializa-se[27].

Não será difícil constatar que, sobre tudo isso de que falou em 2001, o realizador português já refletia muitos anos antes. Em *Os Canibais*, certamente, a lição que ele transmitia era já a mesma que, treze anos depois, veio repetir nessa entrevista: "O que é bom passou a ser lixo e o que não presta é o que é gozado. E o homem desumaniza-se. O homem esquece-se de que é filho da natureza e de que não pode viver sem ela, e cada vez mais se afasta. E isto é realmente uma tragédia"[28].

Aqui temos, pois, uma explicação para a necessária apologia do olhar narcísico: se não se reconciliar consigo mesmo, se não se reaproximar da (sua) natureza, se não reaprender a olhar para si – e não para a sua aparência tão-somente, mas para a sua verdadeira essência –, o homem moderno não conseguirá libertar-se da tragédia do homem-máquina, nem do diabo que a provocou. É preciso, portanto, olhar atentamente para o espelho – mergulhar no mais profundo recôndito da alma para quebrar o encantamento do títere e do pastiche, reencontrando assim a naturalidade perdida.

No filme, todavia, o bom exemplo do Visconde de Aveleda é tiro que sai pela culatra. Ao tentar romper o pacto com o diabo, ultrapassando o espelho para revelar, perante a sua bem amada, a verdadeira identidade oculta sob a sua ilusória aparência, ele deflagra uma incontornável tragédia. O mundo hipócrita e materialista em que vive o Visconde não aceita senão as aparências; não há lugar, nesse mundo, para a verdade. Ao protagonista só resta, pois, a morte dolorosa nas chamas da lareira. E assim se completa a lição de *Os Canibais*: é preciso mudar o mundo, recriar nele um espaço para o amor. A Ciência e a Técnica, precipitadamente elevadas à condição divina, não são capazes de oferecer solução para todas as tragédias da humanidade – lição que Freud, de resto, já havia, por outros meios, ministrado.

27 Idem.
28 Idem.

BIBLIOGRAFIA CONSULTADA

BAECQUE, Antoine de; PARSI, Jacques (orgs.). *Conversas com Manoel de Oliveira*. Tradução de Henrique Cunha. Porto: Campo das Letras, 1999 (Campo do Cinema, 3).
CRUCHINHO, Fausto. *O Desejo Amoroso em* Os Canibais *de Manoel de Oliveira*. Porto: Mimesis, 2003.
FREUD, Sigmund. *O Mal-estar na Civilização*. In: ___. *Edição Standard Brasileira das Obras Psicológicas Completas de Sigmund Freud*. Traduzido do alemão e do inglês sob a direção geral de Jayme Salomão. Rio de Janeiro: Imago, 1996, v. 21.
MACHADO, Álvaro (org.). *Manoel de Oliveira*. São Paulo: Cosac Naify, 2005.
PAES, João. Os Canibais: Uma Ópera Feita para o Cinema. *Colóquio Artes* (Lisboa), n. 79.
_____. Entre a Sinfonia e a Ópera: A Música dos Filmes da Maturidade de Manoel de Oliveira. *Camões: Revista de Letras e Culturas Lusófonas*. Lisboa, n. 12-13, p. 90-97, jan.-jun. 2001. Manoel de Oliveira.

Plano 3

Portugal e o Projeto Expansionista

Os Descobrimentos do Paradoxo

a expansão europeia nos filmes de Manoel de Oliveira

Carolin Overhoff Ferreira*

INTRODUÇÃO

Portugal é um país singular. Define-se como um pequeno reino em meados do século XII na Península Ibérica dividida pela invasão islâmica e sobrevive, como profere Eduardo Lourenço, por "insólito milagre"[1]. Lourenço, um dos mais profundos pensadores do país e da sua cultura, observa que é raro um país sacralizar as suas origens como o fez o português, que, quando se inscreve na história como mitologia, torna-se "povo de Cristo, e não meramente cristão" […] "numa constância e num fechamento sobre si mesmo de que só encontramos símil no povo judaico"[2]. Como fronteira da cristandade e lutando contra o Islã, assume uma imagem militante que "nunca mais se apagou"[3]. Os Descobrimentos prolongam essa lógica, tendo como principal objetivo a continuação da recon-

---

* Pós-doutoranda sênior no Departamento de Cinema, Rádio e TV da Escola de Comunicações e Artes da Universidade de São Paulo (USP-SP).
1 Eduardo Lourenço, *Portugal como Destino Seguido de Mitologia da Saudade*, Lisboa: Gradiva, 1999, p. 11.
2 Idem, p. 12.
3 Idem, p. 14.

quista e a recristianização dos povos muçulmanos, ou seja, do norte da África, outrora cristã. Mas a expansão portuguesa altera-lhe significativamente a imagem, tornando o país em um império, fato "ainda hoje insólito"[4] que permanece, outra exceção europeia, na África até a Revolução dos Cravos em 1974 e na Ásia até a devolução de Macau em 1999.

Manoel de Oliveira é não só o maior cineasta do seu país, embora muitas vezes incompreendido e nem sempre reconhecido, mas também um dos produtores culturais que mais reflete a sua identidade. Portugal foi sempre tema dos seus filmes, desde a discussão da relação especificamente portuguesa entre tradição e modernidade no seu primeiro documentário *Douro Faina Fluvial* (1931), até o último filme de ficção *Cristóvão Colombo – O Enigma* (2007), que procura demonstrar que o descobridor da América era na verdade português.

A discussão explícita da história portuguesa relacionada com o desejo de expansão, colonização e formação de um império universal inicia, no entanto, apenas com *Le Soulier de satin* (1985). É a partir dessa obra magistral, adaptação da peça homônima de Paul Claudel, que dúvidas sobre a relação entre história, pátria, memória e ideologias religiosas e políticas associam-se às grandes interrogações da obra oliveiriana: a condição humana, a impossibilidade do amor físico, perguntas teosóficas, bem como a problemática da representação e do ato de filmar.

No total são seis filmes que se debruçam sobre a história da expansão tanto portuguesa como europeia, ou, levando em consideração as alusões ao mundo contemporâneo, os atuais desejos imperialistas da União Europeia e dos Estados Unidos da América. *Le Soulier de satin*, dedicado ao primeiro século de expansão após os descobrimentos, surge um pouco mais de dez anos após o final do império português e um ano antes de Portugal entrar na Comunidade Europeia. Cinco anos mais tarde segue *"Non" ou a Vã Glória de Mandar* (1990), projeto do realizador desde a Revolução de 1974, que parte da Guerra Colonial na África para contar a história portuguesa como uma sucessão de fracassos do sonho imperial. No

---

4 Idem, p. 16.

novo milênio, o interesse intensifica-se por três filmes: *Palavra e Utopia* (2000) que conta no ano quingentésimo do "Descobrimento" do Brasil a vida do padre António Vieira, imperador da língua portuguesa, como o chamou Fernando Pessoa, através da sua obra *Um Filme Falado* (2003), marcado pela experiência do ataque terrorista em 11 de setembro de 2001, demonstra os perigos que as viagens de descobrimento representam nos tempos atuais; e *O Quinto Império: Ontem como Hoje* (2004) que denuncia a continuação do desejo disparatado de expansão no norte da África; contudo, o último filme sobre a temática, *Cristovão Colombo – O Enigma* (2007), assume uma postura patriótica ao sugerir que Colombo faz parte da ilustre lista dos grandes descobridores portugueses.

Característicos do mestre português pelas dúvidas e inquietações que suscitam, nesses filmes não existe reflexão sobre os Descobrimentos – ou sobre a expansão europeia, catequização e colonização de outros povos, o imperialismo e a utopia do Quinto Império – que se repita ou que aponte exatamente para as mesmas conclusões ou sugestões, seja em nível conceitual, seja esteticamente. Antes de traçarmos o trajeto e os meandros das embarcações oliveirianas para descobrir os conceitos-chave da identidade portuguesa, esboçaremos brevemente as suas definições mais importantes.

IDENTIDADE PORTUGUESA

Sem pôr em dúvida os feitos dos navegadores portugueses, autores mais recentes têm denunciado que a historiografia dos Descobrimentos foi escrita sob a perspectiva de um "descobrir para a Europa"[5], resultado também da ausência de obras histórico-críticas sobre as descobertas realizadas por outras culturas. A História dos Descobrimentos portugueses inicia habitualmente com a conquista de Ceuta em 1415, com João I e o seu filho Henrique, o Navegador, como impulsionadores. Existe consenso que a exploração do litoral africano era uma

---

5 Friedrich Arnold Brockhaus (org.), Entdeckungsgeschichte, em *Brockhaus Lexikon*, München, Deutscher Taschenbuch Verlag, v. 19, p. 75.

continuação da reconquista com outros meios, mas observa-se também que esses motivos religiosos foram rapidamente substituídos pelas necessidades econômicas: a procura e o comércio de especiarias com a Ásia. O projeto nacional que se concentrara primeiro no norte de África sofreu alterações e estendeu-se após a passagem pelo Cabo da Boa Esperança, a descoberta das Ilhas da Madeira, dos Açores, das Canárias, do Cabo Verde, do caminho até a Índia, a circum-navegação do mundo e o "Descobrimento" do Brasil, chegando finalmente até a Ásia (China e Japão).

Como resultado das suas aventuras marítimas, Portugal tornou-se o primeiro e, ainda, mais duradouro império europeu. Edward Said, figura mandatária para a compreensão da relação entre imperialismo e cultura, define o imperialismo como "a prática, a teoria, e as atitudes por parte de um centro metropolitano dominante que governa um território distante", e o colonialismo, "que é quase sempre uma consequência do imperialismo", como "a implementação de povoamentos no território distante"[6]. O empreendimento do imperialismo "depende da ideia de ter um império [...] e todo tipo de preparativos são feitos para ele por parte da cultura"; dessa forma, "o imperialismo adquire uma forma de coerência, um conjunto de experiências, e a presença dos governadores e governados na cultura"[7].

Reencontramos o argumento de Said, para quem a cultura serve como fonte de identidade e participa na formação da atitude e do processo imperial, na afirmação de Lourenço, que nota que *Os Lusíadas* de Luís de Camões, que consagram os feitos marítimos, sobretudo a viagem à Índia de Vasco da Gama, servem como referência máxima da identidade nacional lusa. Isto ocorre em um momento em que a corte portuguesa foge das forças napoleônicas para o Brasil, deslocando o seu império para fora da Europa:

> É a este título que, com a maior naturalidade, Camões se torna objecto das nossas paixões nacionais, que são menos literárias ou culturais do que ideológicas, patrióticas, cívicas e por vezes parti-

---

6 Edward Said, *Culture and Imperialism*, London: Vintage, 1993, p. 8.
7 Idem, p. 10.

dárias. Se ainda hoje, um pouco por toda a parte, as associações de emigrantes portugueses se colocam sob a égide de Camões, isso deve-se a este incrível processo de mitificação e, pode mesmo dizer-se, de divinização do sentimento nacional que se dá no primeiro quartel do século XIX. O que até então mais não era do que um livro, entre todos glorioso, decerto, torna-se o Livro, o breviário do sentimento exaltado da nossa identidade num momento dramático da nossa história[8].

A lista de autores portugueses que exaltam a história dos Descobrimentos e insistem na subsequente identidade imperial portuguesa é longa. Destacamos apenas outra figura que procura eternizar a "aventura descobridora e missionária"[9] do país: o padre António Vieira. Sacerdote e orador, natural de Lisboa, partiu para o Brasil com a família aos seis anos de idade. A sua profecia da restauração da grandeza de Portugal nasce em um momento de crise e incerteza política, quando a morte do rei João IV ameaçava novamente a recém-reconquistada independência de Portugal com relação à Espanha. Vieira usou e expandiu a tradição sebastianista desenvolvida nas *Trovas* do sapateiro e poeta Gonçalo Anes (Bandarra, 1500-1545), que já previa o retorno de um rei salvador, "encoberto" e "desejado". Dom Sebastião, que desaparecera sem deixar um herdeiro na batalha de Alcácer-Quibir, em Marrocos, numa campanha de expansão e conversão dos "infiéis", foi o primeiro rei ao qual foram atribuídas tais qualidades, principalmente por Portugal ter perdido, com o seu desaparecimento, a sua coroa para a Espanha. A profecia de Vieira combinou o sebastianismo com as crenças messiânicas do judaísmo relacionadas com o Quinto Império, sugerindo, pela primeira vez, no dia 1º de janeiro de 1642, que o seu benfeitor dom João IV era o rei encoberto. A ressurreição deste iniciaria um império universal, coincidindo com o final do reino otomano, e daria lugar ao reino cristão na terra, que teria o rei português como o seu soberano, o papa como o seu sacerdote e a fé católica como a sua única crença[10].

---

8   E. Lourenço, op. cit., p. 147.
9   Idem, p. 21.
10 Cf. António José Saraiva, *História e Utopia: Estudos sobre Vieira*, Lisboa: Icalp, 1992, p. 77.

Por alterarem o protagonista da profecia de acordo com as suas necessidades políticas, ou seja, o soberano no poder, pesquisadores como José Eduardo Reis[11] interrogam a dimensão algo bizarra e contraditória dos ensinamentos do ilustre padre. Porta-voz do "povo de Cristo", a profecia também tem o seu lado anti-islâmico, explicado por Adma Fadul Muhana[12], que aponta para a ameaça que o Islã sempre representara para a Igreja Ocidental, da qual Portugal era, como já referido, fronteira na Península.

Contudo, as ideias de Vieira apresentavam um lado heterodoxo por questionarem crenças dogmáticas da Igreja Católica, que defendia que o Quinto Império seria o reino do Anticristo, resultando na acusação de heresia pela Inquisição portuguesa, no encarceramento do padre e em um processo em que foi considerado culpado e condenado a ser castigado com as mais graves penas.

Para Lourenço, a profecia de Vieira é elementar na construção de "uma nação literalmente eleita"[13], cuja visão era inspirada no paradoxo da existência humana que se encontra fora do domínio dos imperativos da temporalidade:

> António Vieira não era um louco rematado, antes um sagaz observador do mundo, diplomata insigne com o seu quê de maquiavélico, entenda-se, ao serviço de causa em si boa, como é próprio de um eminente jesuíta. A sua visão, de forte inspiração bíblica, constitui um todo. Não há outro código para decifrar os aparentemente contraditórios e até perturbantes acontecimentos de um mundo criado por Deus e governado pela sua Providência além do texto bíblico[14].

Apesar da memória e do futuro sacralizados, seja por Camões, seja pelas profecias do sebastianismo e do Quinto Império, Portugal surge, após a Revolução dos Cravos, desencantado com o seu império. Boaventura de Sousa Santos, um

---

11 Cf. *Vieira's Utopian Millenarianism and the Transliteration of the Idea of the Fifth Empire in the Seventeenth-century English Treatises of the Fifth Monarchy Men*. Disponível em: <http://www.ln.edu.hk/eng/staff/eoyang/icla/Jose Eduardo Reis.doc>. Acesso em: 2 mai. 2007.
12 *António Vieira: Apologia das Coisas Profetizadas*, Lisboa: Cotovia, 1994, p. xix.
13 E. Lourenço, op. cit., p. 20.
14 Idem, ibidem.

dos mais agudos críticos do passado colonial, olha para a história e, em vez de esplendor, encontra um passado colonial subalterno:

> A subalternidade do colonialismo português é dupla, porque ocorre tanto no domínio das práticas coloniais, como no dos discursos coloniais. No domínio das práticas, a subalternidade está no facto de Portugal, enquanto país semiperiférico, ter sido ele próprio, durante um longo período, um país dependente da Inglaterra, em certos momentos, quase uma "colônia informal" da Inglaterra. [...] No domínio dos discursos coloniais, a subalternidade do colonialismo português reside no facto de, a partir do século XVII, a história do colonialismo ter sido escrita em inglês e não em português. Isto significa que o colonizador português tem um problema de autorrepresentação algo semelhante ao do colonizado pelo colonialismo britânico[15].

Semiperiférica e subalterna, a identidade portuguesa do pós-colonialismo não corresponde mais à imagem sacralizada dos tempos imperiais. Vistos sob uma nova ótica, a do anticolonialismo, no contexto português colonizador e colonizado demonstram outra face, cuja interdependência Sousa Santos denomina interidentidade, usando os protagonistas shakespearianos da *Tempestade*, Prospero e Caliban, para ilustrá-la. Colonizador incompetente e marginalizado na Europa, adepto do paternalismo, da cafrealização[16] e da miscigenação, o Prospero calibanizado oferece ao colonizado uma percepção ambivalente de si mesmo: "Um Prospero tão difuso até se confundir por vezes com Caliban não podia senão confundir este último, baralhar-lhe a identidade e bloquear-lhe a vontade emancipatória"[17].

Todos os grandes mitos da colonização, como o encontro pacífico de diversas raças e culturas, edificados ainda mais

---

15 Entre Prospero e Caliban: Colonialismo, Pós-colonialismo e Inter-identidade, em Maria Irene Ramalho; António Sousa Ribeiro (orgs.), *Entre Ser e Estar: Raízes, Percursos e Discursos da Identidade*, Porto: Afrontamento, 2001, p. 26.
16 Sousa Santos explica: "é uma designação oitocentista utilizada para caracterizar de uma maneira estigmatizante os Portugueses que, sobretudo na África Oriental, se desvinculavam da sua cultura e do seu estatuto civilizado para adoptarem os modos de viver e pensar dos cafres, os negros agora transformados em primitivos e selvagens"; op. cit., p. 54.
17 Idem, p. 77.

durante o regime totalitário do Estado Novo[18] e que resultam da interpretação dos Descobrimentos como empreendimento sublime e humanista, se não divino, caem por terra. Perante os desafios da integração europeia e da globalização econômica, o relacionamento com o mundo que, de acordo com a mitologia lusa, Portugal descobrira e unira, precisa ser reformulado. Nas sábias palavras de Lourenço:

Saído de ilusões da mesma ordem, povo missionário de um planeta que se missiona sozinho, confinado no modesto canto de onde saímos para ver e saber que há um só mundo, Portugal está agora em situação de se aceitar tal como foi e é, apenas um povo entre os povos. Que deu a volta ao mundo para tomar a medida da sua maravilhosa imperfeição[19].

Veremos a seguir como Manoel de Oliveira dialoga com os velhos mitos e que imaginário desenvolve para o presente e o futuro do seu país.

OS FILMES

Le Soulier de satin

Não parece coincidência que *Le Soulier de satin*, uma coprodução luso-germano-francesa filmada em francês e até hoje sem distribuição comercial em Portugal, tenha surgido um ano antes da adesão portuguesa à Comunidade Europeia[20].

---

18 Baseado no conceito do "lusotropicalismo" de Gilberto Freyre, o ditador António de Oliveira Salazar proferiu uma palestra na qual descrevia Portugal como "uma nação compósita euro-africana e euro-asiática [que], estendendo-se por espaços livres ou desaproveitados, pretendeu imprimir aos povos conceitos muito diversos dos que depois caracterizaram outros tipos de colonização". António Costa Pinto, *O Fim do Império Português*, Lisboa: Livros Horizonte, 2001, p. 45.
19 E. Lourenço, op. cit., p. 83.
20 O percurso da obra de Manoel de Oliveira sempre refletiu e comentou a realidade política e socioeconômica do seu país. O primeiro filme, o documentário *Douro, Faina Fluvial*, é realizado no ano da produção do primeiro filme sonoro português. Inicia-se a primeira e única indústria cinematográfica no país. Ainda bastante jovem, Oliveira realiza alguns documentários até filmar *Aniki-bobó* (1942), o seu primeiro longa-metragem de ficção. O auge do

Último filme do ciclo sobre os "amores impossíveis", a história sobre a irrealizável união física entre dom Rodrigue, o vice-rei espanhol da América do Sul, e dona Prouhèze, casada com um conselheiro do rei, é uma alegoria do fracasso das tentativas de erguer impérios seculares na Europa do primeiro século dos Descobrimentos e uma demonstração das rivalidades que resultam destas tentativas.

A perdição do amor é equivalente à da nação. Esta última comprova-se também na divisão de uma Europa cujos diferentes países (Espanha, Inglaterra, Áustria e França) disputam o domínio do mundo, fracassando assim em lutar contra os turcos otomanos que a ameaçam. No palco que é o mundo, a ganância torna o homem incapaz de fraternidade e destina-o à queda quando procura igualar-se a Deus. O verdadeiro império encontra-se fora da história; e o homem alcança-o apenas quando se coloca ao serviço de Deus através da renúncia simbólica ao amor físico.

Para contar essa história, Oliveira segue, ao longo de 415 minutos, palavra por palavra, a peça do convicto católico Claudel, embora introduza uma cena que acentua ainda mais a sua crítica à Europa, ou seja, principalmente à Espanha, que nessa época não só liderava os esforços europeus de colonização, mas governava também Portugal. No entanto, em nível estético Oliveira não é apenas "capaz de absorver por completo o teatro de Claudel, sem negar-se a si mesmo" e de "visualizar o legível na leitura [cinematográfica] [...] sem sacrificar – em contraste com o texto literário – o seu carácter mimético"[21]. A cenografia consiste em *tableaux* com cenografia pintada como se de um palco se tratasse, filmados em planos fixos e demorados; e os atores representam e falam frontalmente para a câmara, se aproximam ou afastam-se dela, substituindo o

---

cinema sonoro já estava alcançado. Durante a sua decadência, que resulta do endurecimento do Estado Novo, Oliveira fica quatorze anos sem filmar, retomando novamente com documentários a sua produção artística entre 1956 e 1964. Os grandes filmes de ficção surgem novamente após uma pausa de oito anos, a partir de 1972, quando o fim da ditadura já se aproxima, e toma fôlego a partir dos anos de 1980.

21 Ronald Balczuweit, *Le Soulier de satin* de Manoel de Oliveira, em Carolin Overhoff Ferreira (org.), *O Cinema Português através dos seus Filmes*, Porto: Campo das Letras, 2007, p. 190.

campo/contracampo cinematográfico e deslocando assim o corte para dentro do enquadramento:

> Assim, a superfície plana do ecrã marca, por um lado, o limite interior no qual o tema se materializa da ausência para a presença. No cinema de Oliveira, este ecrã mantém-se, ao mesmo tempo, como limite exterior que reflecte que o problema formal do drama (de leitura) claudeliano é constitutivo para o cinema. [...] A contradição entre a *omnivoyance*, a possibilidade de ver tudo, considerada uma especificidade do cinema desde os seus inícios, e a perspectiva implícita no sistema de óptica é assim dissolvida. Existe apenas um ponto de vista da câmara que, entretanto, não se deixa mais localizar: é aquele através do qual todos os aspectos do enquadramento são abolidos [...]. A câmara e o projector, e o seu olhar é projectivo e criativo, não reprodutivo. Em perfeita sintonia com as intenções de Claudel, a câmara é, por assim dizer, o olhar de Deus[22].

A última cena, aliás, renuncia a essa perspectiva divina e regressa ao olhar humano: a câmara que acabou de mostrar Rodrigue sendo vendido como escravo para uma freira recua para revelar o estúdio onde a cena foi filmada. Apesar de expressar o olhar divino de acordo com a visão claudeliana, desvenda, ultimamente, a dimensão humana e mediada dessa mesma visão.

Desse modo, o realizador consegue expressar através da câmara o paradoxo da existência humana que resulta dos desejos da existência material e das obrigações da existência espiritual, enquanto, no plano divino da salvação, pecado e culpa surgem como instrumentos. O filme não fala por acaso do limite da representação estética, seja na cenografia, seja na atuação dos atores ou nos planos. Tudo é exposto na sua teatralidade, porque o limite da representação é análogo aos limites da capacidade humana.

Devido à censura da ambição imperialista humana, existe uma visão negativa da expansão europeia que surge após os Descobrimentos das Américas e das conquistas no norte de África, incluindo ainda a perda da independência de Portugal para a Espanha. Para ultrapassar o paradoxo da existência humana, são apontados dois caminhos: Rodrigue e Dona Prouhèze serão recompensados fora da história pela sua abdi-

---

22 Idem, p. 187-188.

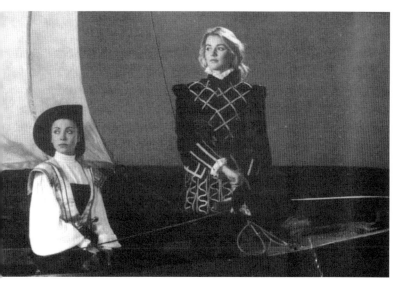

Cena de Le Soulier de satin *(1985), o maior longa-metragem de Manoel de Oliveira, com quase sete horas de duração.*

cação ao amor físico, enquanto Marie des Sept-Épées, a filha de Prouhèze que esta entregara a Rodrigue, se une ao rei da Áustria em um projeto religioso de combater os turcos muçulmanos, unindo assim o amor ao serviço de Deus.

Não obstante a perspectiva crítica em relação ao imperialismo europeu e a denúncia da relação entre descobrimentos, expansão e cobiça, é possível detectar um resíduo das ideias do Quinto Império, não só na peça de Claudel, mas também no filme de Oliveira. A afinidade consiste de forma inofensiva, por um lado, na visão cristã do mundo e na afirmação do paradoxo da existência humana. Por outro, na militante luta contra o Islã como forma de servir a Deus. A inclusão da cena sobre Portugal é ainda reveladora, no sentido de que sugere que o país é nesse momento vítima e não participa das aspirações mundanas e imperialistas dos outros países europeus.

"Non" ou a Vã Glória de Mandar

Cinco anos mais tarde, Portugal assume o papel principal no filme *"Non" ou a Vã Glória de Mandar*, e a perspectiva sobre a sua responsabilidade como nação imperialista muda profundamente. *"Non"* é uma das poucas produções cinematográficas portuguesas que falam sobre a Guerra Colonial (1961-1974) na África[23]: e, como afirma o seu realizador, provavelmente o filme mais crítico sobre a história e o imperialismo de Portugal: "NON consiste em pegar nos *Lusíadas* do avesso. É o momento em que se desarma a festa"[24]. Todavia, ao lembrar os Descobrimentos portugueses, o balanço do passado não é totalmente negativo.

O filme é estruturado através de sequências durante a Guerra Colonial, protagonizadas por um alferes/historiador, e *flashbacks* para episódios históricos de fracasso que desmistificam o desejo imperialista português de expansão na Península Ibérica e no norte de África. Dessa forma, da resistência de Viriato – chefe heroico dos lusitanos e progenitor da nação portuguesa – contra o império romano mostra-se apenas o seu assassinato; da batalha de Toro, através da qual Afonso V tentou conquistar o trono de Castela, vê-se uma sequência ridícula de recuperação da bandeira; do casamento do filho de dom João II com a herdeira do trono castelhano, Isabel, conta-se a morte do príncipe, que derruba novamente as ambições políticas do rei; da batalha de Alcácer-Quibir, onde desaparece dom Sebastião, mostra-se uma visão pouco gloriosa; e, fechando a viagem pela história, da morte do alferes/historiador cria-se a analogia com o 25 de Abril, dia da Revolução, que põe fim à história colonial.

Cada um desses episódios realça esteticamente o quanto os esforços nacionalistas eram grotescos e absurdos. Um exemplo seria a batalha de Alcácer-Quibir, onde os soldados de dom Sebastião caem como cones de boliche, porque o rei acredita tanto na sua missão divina que não ordena o sinal de ataque. Encontram-se inúmeros planos metafóricos que denunciam a devastação dos sonhos de um Portugal glorioso: o plano grande do povo quando olha para as cinzas de Viriato; na batalha de Toro, a tentativa do famoso Decepado, dom

---

23 Ver Carolin Overhoff Ferreira, Decolonizing the Mind? The Representation of the African Colonial War in Portuguese Cinema, *Studies in European Cinema*, London, v. 2, n. 3, p. 227-239, 2005.
24 Antoine de Baecque; Jacques Parsi, *Conversas com Manoel de Oliveira*, Porto: Campo das Letras, 1999, p. 188.

Duarte, de segurar a bandeira portuguesa com a boca após ter perdido as duas mãos durante o esforço; o olhar de dom João II para a bandeira portuguesa após a morte do filho etc.

Além dos episódios históricos, existe um ficcional, retirado dos próprios *Lusíadas* de Camões, o Canto IX, a "Ilha dos Amores". Esse canto descreve a recompensa dos descobridores pelos deuses. Apesar da afirmação de Oliveira, acima referida, segundo a qual a sua intenção era colocar *Os Lusíadas* de cabeça para baixo, essa parte do filme o desmente: a adaptação é uma versão idílica da descrição esplendorosa de Camões, mas permanece fiel ao seu espírito. Assim, o episódio não é só um contraponto às sucessivas derrotas, mas também uma afirmação da "dádiva" que os portugueses deram ao mundo e pela qual merecem reconhecimento divino.

Entretanto, no final de *"Non"*, quando o alferes morre no hospital depois de ter matado um africano e, refletindo sobre o seu ato, ter sido atingido também por uma bala, Oliveira derruba a mitologia sebastianista, como o faz também na cena sobre Alcácer-Quibir. Dom Sebastião, ao aparecer para o alferes, momentos antes da sua morte, serve como alegoria do império português, surgindo da neblina como profetizara Bandarra. Virando a espada, ele segura-a como se fosse uma cruz. O sangue que sai das suas mãos quando aperta a espada é o sangue que o alferes vomita no plano seguinte. É um momento de grande ambivalência: ao mesmo tempo em que dom Sebastião – ou seja, a ideologia de que Portugal foi eleito para liderar um império universal cristão – é acusado de automutilação e responsabilizado pela morte do alferes, subsiste ainda a simbologia cristã. A despeito de trazer a destruição, dom Sebastião é também agente do novo, da ressurreição da nação após a Revolução dos Cravos.

Tanto essa cena quanto o episódio sobre a glorificação dos Descobrimentos são paradoxais: em nenhum desses momentos Portugal deixa de ser singular e um povo eleito, permanecendo o povo de Cristo que se erguerá de novo. Embora o paradoxo da existência humana reapareça novamente, resultando das ambições desmedidas de alguns homens (Afonso V, João II e dom Sebastião), é ultrapassado pelos feitos a serviço de Deus, realizados pelos descobridores (Vasco da Gama).

A batalha de Alcácer-Quibir em "Non" ou a Vã Glória de Mandar *(1990).*

Em *"Non"*, Oliveira não reconhece a relação entre os Descobrimentos e a expansão portuguesa, contrariamente ao que faz em *Le Soulier de satin*, onde existe uma clara relação entre o descobrimento do Novo Mundo e os desejos gananciosos imperialistas.

Palavra e Utopia

Durante a década de 1990, nenhum filme de Oliveira debruça-se sobre os Descobrimentos ou a expansão portuguesa, apesar de todos os filmes realizados lidarem com a identidade nacional de uma forma ou outra, sendo *A Carta* (1999) talvez a única exceção. No ano quingentésimo do "Descobrimento" do Brasil, Oliveira participa dos eventos comemorativos com uma coprodução entre Portugal, França, Brasil e Espanha sem apresentar uma visão crítica da colonização, mas sim afirmativa, reconstruindo, através dos sermões e das cartas do padre António Vieira, a vida de uma das figuras religiosas mais célebres do mundo lusófono e da catequização brasileira. O filme é um tributo a um grande português muitas vezes difamado no seu próprio país, mas reconhecido mundo afora pela sua autoridade como orador e diplomata, e por ter sido partidário de uma colonização humanista e cristã.

Palavra e Utopia inicia com Vieira acusado pela Inquisição em 1663, construindo assim o religioso, desde a primeira cena, como vítima das manobras de poder, primeiro desta instituição e, mais tarde, de outros representantes do clero e do reino. Após essa sequência inicial, um *flashback* leva o espectador de volta ao Brasil de 1625, onde o jovem padre Vieira faz os seus votos de obediência, jurando também que se dedicará à salvação dos índios. Ao longo da narrativa, que passa a seguir a ordem cronológica dos eventos mais importantes da sua vida, Vieira é retratado como um defensor dos fracos e marginalizados: no Brasil dos índios e escravos africanos, e, depois, no contexto europeu, dos judeus ou novos cristãos. O filme destaca ainda o reconhecimento de Vieira por parte de soberanos que representam o bem, ou seja, o rei dom João IV, a rainha Cristina da Suécia, os clérigos em Roma e o papa.

Apesar da importância que a acusação pela Inquisição tem, no filme, para a construção da personagem, o filme oferece uma visão quase confusa do imaginário do Quinto Império desenvolvido por Vieira. Uma das cenas centrais de *Palavra e Utopia*, a acusação detalhada de heresia, é reveladora em relação ao retrato paradoxal das ideias vieirenses sobre o Quinto Império. Nessa cena um representante da Inquisição lê a acusação, reproduzindo corretamente as ideias centrais da profecia como podem ser lidas, por exemplo, em seu livro *História do Futuro*. Oliveira usa para a acusação um plano médio do Inquisidor em perfil que se encontra abaixo de um Cristo na Cruz em segundo plano. A cena termina com a condenação de Vieira e a resposta deste alegando que o libelo da Inquisição apenas referia o que se supunha que ele tenha dito, ou pensado dizer, de forma "universal e vaga", e que ele, Vieira, teria que responder em "mui larga escritura" para esclarecer melhor a sua profecia. O último plano da cena enquadra o Cristo na Cruz frontalmente. Para fortalecer as características positivas do herói do filme e a sua posição como vítima, Vieira é mostrado, logo a seguir, na sua cela, onde escreve uma carta em sua defesa. Nesta, ele acusa a Inquisição de opor-se à "conservação, perpetuação e exaltação do reino de Portugal" e de interpretar as suas ideias de forma errada. Entretanto, a instituição não apresentou na cena anterior uma visão falsificada da profecia: ela fez um resumo das ideias centrais, das quais discorda. Para o espectador que conhece a profecia, a resposta de Vieira é, na verdade, uma negação das suas próprias palavras; para aquele que não a conhece, a profecia de fato parece ser uma apresentação errônea por parte da Inquisição e deixa em aberto em que, de fato, consistia. Em ambosos casos, segue-se uma aprovação divina das palavras de defesa proferidas por Vieira. Essa interpretação oferece-se pelo menos através do plano do Cristo na Cruz, que dá a última "palavra" à condenação. A cena não sugere somente que a Inquisição não representa Cristo; Vieira possui em ambos os casos a razão, seja negando a versão do Quinto Império por parte da Inquisição, seja negando meramente a acusação.

Também não existe nenhuma crítica ao Quinto Império ao longo do filme, onde toda a obra de Vieira – sermões, cartas e profecia – é apresentada como sendo ainda um exemplo válido, um caminho construtivo de criar um convívio harmonioso entre as diferentes raças do mundo, sob a proteção de Portugal e daqueles que representam a verdadeira Igreja Católica (em oposição ao comportamento desacertado e impróprio da Inquisição e dos colonizadores). O fato de Vieira ter sido, como missionário, também agente da colonização não surge em momento algum; pelo contrário: a posição paternalista e luso-tropicalista é afirmada em algumas situações onde os escravos e índios aparecem como ouvintes atentos dos seus sermões.

De um modo geral, é sugerido que a expansão colonialista só se torna um erro quando não é exercida de acordo com uma visão humanista e verdadeiramente cristã, seguindo apenas interesses econômicos, como ocorre no caso dos nobres portugueses que o padre acusa de corrupção e exploração. A relação entre interesses religiosos e econômicos, bem como a relação entre catequização e colonização, palavra e ação, não são contempladas. O império da palavra não é suspeito, porque provém de inspiração divina.

Como é frequente em seus filmes, Oliveira não encena os sermões e cartas, mas lê os textos como partituras, porque "os livros na sua forma concreta de linguagem, ou seja, as qualidades formais do material da linguagem, em vez do enredo ou da história, constituem o verdadeiro objeto dos filmes"[25]. Dessa forma, o poder da palavra consiste não apenas no seu significado, mas também na sua beleza e sonoridade.

Em *Palavra e Utopia* interferem dois momentos na leitura da partitura: por um lado, a dimensão ideológica dos diálogos e cartas sobre o Quinto Império e, por outro, a extrema simplicidade da narrativa visual. Esteticamente, o filme concentra-se na representação de atividades relacionadas com a produção e recepção de textos: em atos de escrever, de ler e de orar, bem como de ouvir e de acusar. Dá uma voz às cartas, ideias e sermões do padre António Vieira através de uma *mise-en-scène* simples, onde predominam a composição ordenada nos enquadramentos, a falta de movimento da câmara, os planos demorados e o uso repetitivo de imagens e intertítulos para introduzir os diversos lugares. Ou seja, a maior parte das cenas mostra um dos três diferentes atores, que interpretam Vieira, ou pregando, ou lendo, ou escrevendo – do púlpito, nos seus diversos quartos, nas celas onde é encarcerado –, ou os seus diversos espectadores atentos – os representantes da Inquisição, os índios, os escravos africanos, os reis, as rainhas e os nobres.

Como em outras adaptações literárias, o filme torna-se novamente, como diria Balczuweit[26], numa função da leitura dos textos de Vieira que se iguala a uma orquestração. Tal orquestração é construída em cima de dois tipos de dialética, ambas consequências da montagem cinematográfica. Por um lado, a montagem dos atos de falar com os atos de ouvir, realçando a capacidade das palavras de disputarem – de forma racional – ideias, impressionarem um público, ou convencerem um adversário; por outro lado, a montagem dos atos de falar com planos de artefatos culturais – pinturas, esculturas e planos detalhados de igrejas – que contextualizam, afirmam ou contradizem a palavra falada.

Nesse segundo tipo de montagem a simbologia religiosa é assídua, particularmente no primeiro terço do filme, onde Oliveira corta diversas vezes, apontando para imagens de Cristo

---

25 R. Balczuweit, op. cit., p. 183.
26 Idem, p. 185.

na Cruz, depois de mostrar personagens que sofrem injustiças, como, por exemplo, um padre no Brasil no momento da invasão holandesa. Através de imagens que insinuam a presença divina e constroem a impressão de consentimento e proteção celestes das palavras e atos dessas personagens, salienta-se o lado mais místico da fé católica.

Palavra e Utopia é também um dos poucos filmes do realizador isento de um protagonista que se debate com o paradoxo da existência humana. Enquanto *Le Soulier de satin* e *"Non" ou a Vã Glória de Mandar* apresentam, no contexto do surgimento do imperialismo europeu moderno, personagens que exemplificam o paradoxo dos desejos mundanos, em *Palavra e Utopia* António Vieira acusa a Inquisição e os colonizadores de representarem esse paradoxo. As contradições do próprio padre, apontadas por diversos estudiosos, desvanecem[27]. Desse modo, o filme de Oliveira consagra novamente a obra do padre, fundamental para a construção do imaginário do povo português como povo eleito e povo de Cristo, do mesmo modo que *Os Lusíadas* consagraram os feitos dos descobrimentos.

Um Filme Falado

Filmado apenas três anos mais tarde, após o choque que o ataque terrorista de 11 de Setembro de 2001 em Nova York significou para o Ocidente, *Um Filme Falado* regressa à temática dos descobrimentos e do imperialismo, mas concentra-se, sobretudo, no conflito entre as culturas e religiões. Parecido com *"Non"*, nele uma historiadora portuguesa serve como guia pelo Mediterrâneo em um cruzeiro que deveria terminar em Bombaim, na Índia; porém, a viagem termina de forma trágica, para expressar preocupações do cineasta em relação às ameaças ao futuro da Europa.

A viagem toma o caminho que Vasco da Gama evitara, fazendo com que ele descobrisse a passagem marítima para a Índia e podendo, dessa forma, quebrar o monopólio de comércio com a Ásia, que a República de Veneza mantinha, sobre

---

[27] O lado humano de Vieira é apenas explorado através do retrato do seu envelhecimento.

as rotas que iniciavam no Mediterrâneo. Saindo de Lisboa na neblina e lembrando a promessa do retorno de dom Sebastião, a historiadora tenta explicar à sua pequena filha a elevação e a queda dos diferentes impérios e das culturas mediterrânicas, com paragens e visitas a Marselha, às ruínas de Pompeia, a Atenas, às pirâmides egípcias e a Istambul. O ambiente descontraído do passeio, do qual faz parte o encontro com o capitão do navio e as três mulheres famosas que ele recebe a cada noite em sua mesa, termina de forma brutal, quando a notícia de que um terrorista depositara uma bomba no navio interrompe a última ceia da qual a historiadora e a filha também faziam parte.

O encontro harmonioso entre as personagens alegóricas de diferentes países ocidentais – o capitão americano filho de imigrantes polacos, a mulher de negócios francesa, a atriz e cantora grega, a modelo italiana e a historiadora portuguesa com a filha –, em que cada um fala com a maior naturalidade a sua respectiva língua (com a exceção da portuguesa, que tem que falar inglês) chega assim ao seu fim, bem como a viagem marítima ao Oriente através do Mediterrâneo.

Não obstante a interrupção vir de um terrorista muçulmano, o paralelo com a punição divina da construção da torre de Babel é óbvia. O conteúdo das conversas sobre história e cultura europeia, a relação entre o mundo árabe e o ocidental, sobre as vidas das três mulheres famosas que, devido à dedicação aos negócios, à beleza ou ao mundo do espetáculo, não têm filhos, surge, assim, como equivalente da construção da famosa torre, realizada para os homens se vangloriarem em esquecimento de Deus. Hoje a punição não é divina, mas resulta do desagrado do mundo árabe com a ausência de valores do mundo ocidental.

Surpreendentemente, quem mais sofre com essa punição são a historiadora e sua filha. As portuguesas se tornam vítimas da bomba, enquanto os outros passageiros conseguem se salvar em barcos. A razão do atraso é simbólica: a filha, usando um vestido oriental que lhe dera a mãe, ganhara uma boneca árabe do capitão; quando todos abandonam o navio, ela corre à sua cabine com a intenção de salvar a boneca. O resultado é visto momentos mais tarde em um plano grande do rosto aterrorizado do capitão que vê as duas portuguesas no navio. No momento da explosão, Oliveira congela essa imagem e não deixa escapar o seu grito de pavor.

Ao longo do filme, historiadora e filha servem como contraponto às mulheres mundanas europeias: enquanto a menina simboliza a ingenuidade e pureza das crianças, a historiadora é uma mulher exemplar e a única mãe, comportando-se de forma séria e intelectual, sem flertar com o capitão americano como as outras. Através das suas protagonistas, Oliveira ressalta também a injusta marginalidade e insignificância de Portugal na Europa babilônica, perceptível quando ninguém entende português na mesa. Mas o final reverte essa posição: a criança assume o papel de protetora do mundo árabe (a boneca é uma mulher com véu) e a mãe procura protegê-la. Ambas representam assim valores cuja ausência no resto da Europa resulta, sugere o cineasta, no ataque terrorista. Só através do choque da perda desses valores é que o Ocidente talvez acorde dos seus sonhos egoístas de grandeza.

Tanto mãe como filha procuram entender os paradoxos dos conflitos entre os povos de um ponto de vista historiográfico. Porém, apesar de tão minimalista quanto em *Palavra e Utopia*, existe uma característica estética que sobressai em *Um Filme Falado* e que implica a ideia de que a história não pode ser vista, mesmo visitando os seus locais e as suas ruínas. Em Marselha, as duas protagonistas quase não notam uma placa no chão que explica a fundação da cidade pelos gregos, e Oliveira utiliza um plano próximo das suas saias em frente dessa placa para obstruir ainda mais a visão do lembrete. Existem vários planos metafóricos desse tipo através dos quais o cineasta adverte sobre a lacuna existente entre aquilo que vemos e a sua explicação. Outro exemplo é um plano-sequência de um livro que reconstrói a arquitetura de Pompeia quando se vira a página. Os personagens se esforçam na decodificação do mundo visual, apoiando-se ainda em mitos e lendas para encher as ruínas com vida, mas estes também não são fontes seguras de informação. As palavras têm aparentemente algum poder na recriação das pistas visuais do passado; porém, demonstram também limitações na capacidade de oferecer uma visão completa da história.

Existem algumas pistas visuais e orais que se repetem (por exemplo, os símbolos de proteção: um cachorro ou a estátua desaparecida de uma deusa), referências a conflitos entre culturas e religiões (em Istambul e Gizé), evocações de sabedoria (profetas, deusas ou outras figuras mitológicas como Moisés, Atena ou Hagia Sofia), mas nenhuma delas consegue oferecer uma imagem coerente do passado. Ao contrário de *Le Soulier de satin*, a câmara de *Um Filme Falado* não revela uma visão geral, divina; ela apresenta principalmente fragmentos dos resíduos das civilizações, fazendo com que personagens e espectadores se questionem sobre o seu significado.

Não obstante essas dúvidas sobre a possibilidade de aproximar-se da história, o filme é afirmativo em um ponto: a necessidade de redescobrir a importância de Portugal devido aos valores humanistas que representa, tanto através das suas personagens, como através dos seus feitos históricos. Mesmo que a análise das razões do conflito contemporâneo entre mundo muçulmano e Ocidente – a falta de valores em uma Europa decadente que se deixa comandar pelos Estados Unidos –, e a sua representação alegórica e metafórica sejam persuasivas, a cultura muçulmana – fundamental não só na construção da identidade portuguesa, como também na da Europa inteira – permanece o "outro" da identidade europeia. O simbolismo de a menina querer proteger a boneca é tão paternalista quanto a salvação dos índios e escravos negros em *Palavra e Utopia*.

Como nos filmes anteriores, Portugal ocupa novamente um papel singular que incide na missão salvadora do mundo, mesmo que (novamente) seja através do sacrifício das personagens que representam o país. A analogia entre a viagem da historiadora e a viagem de Vasco da Gama – que aparece retratada de forma esplendorosa em uma pintura na sala de jantar do navio – enfatiza o contraste entre os Descobrimentos e os tempos atuais, sugerindo que a de outrora era contrária aos interesses egoístas do mundo ocidental contemporâneo. Como em *"Non"* e em *Le Soulier de satin*, e contrastando com *O Quinto Império*, a visão do Portugal contemporâneo e da expansão portuguesa durante os Descobrimentos é afirmativa, carecendo de uma visão crítica das ambições comerciais que impulsionaram a procura de uma passagem marítima para a Ásia. Astuto na análise do conflito contemporâneo, *Um Filme Falado* aponta, paradoxalmente, como salvação da Torre de Babel ocidental, valores conservadores e paternalistas portugueses.

O Quinto Império

O filme *O Quinto Império: Ontem como Hoje* (2004), que adapta a peça de teatro *El-Rei Sebastião* de José Régio, volta a uma discussão das ideologias políticas históricas, oferecendo uma visão ambivalente em relação às ambições imperialistas do Ocidente e à sua inspiração religiosa. Para isso, recua no tempo para o século XVI; porém, a alteração do título não só sublinha a continuação e a atualidade do imaginário do Quinto Império, mas faz dele também um sinônimo contemporâneo do sebastianismo.

A peça de Régio e a adaptação de Manoel de Oliveira concentram-se em uma única noite na qual o rei decide sobre a invasão de Marrocos, que terá como objetivos a luta contra os muçulmanos, espalhar o catolicismo na África e trazer glória imortal para Portugal. A ironia é, como se sabe, que dom Sebastião desaparecerá na batalha de Alcácer-Quibir e inaugurará, assim, o mito de um reino cristão na terra sob o domínio de Portugal.

Ao contrário de *"Non"*, desta vez Oliveira não retrata Sebastião como um déspota maníaco, mas, de acordo com a peça de Régio, é a corte e o povo que o consideram excêntrico e confuso, senão enlouquecido. A decisão final de Sebastião de levar o seu exército para Marrocos, mesmo que o país não tenha os meios financeiros e não deseje o empreendimento, não é a escolha de um louco. O rei é uma figura trágica que opta pela iniciativa irrealista levado por diversas razões: além de ter sido ensinado a olhar para a África em termos de conquista, ele também foi incentivado a considerar-se o "desejado", uma figura de salvação e sucessor dos grandes reis portugueses. A incapacidade de distinguir entre um sonho irrealista e a realidade, confusão instalada por causa do encorajamento messiânico que recebe, faz parte da sua herança, tanto quanto a ideia autodestrutiva do sacrifício.

Contrapondo-se ao retrato de um salvador venerável ou de um alucinado deplorável, o filme, em acordo com a peça, enfatiza, embora em um ambiente sonâmbulo, que Sebastião está consciente de que se tornará o herói imortal de uma ideologia incoerente, perpetuada pelos tutores religiosos, pelos nobres da corte e pelos seus criados. A personagem de Simão, o sapateiro, inspirado no profeta Bandarra, é especialmente interessante, porque este lhe revela, por um lado, a relação entre fantasia e ideologia e, por outro, convence-o a aceitar o seu fardo, ou seja, tentar a expansão e sacrificar-se. A questão do fardo é bastante ambivalente. A pergunta que o fará refletir se tem que obedecer à sua missão de ser desejado e se lutar contra os infiéis significa cumprir um papel atribuído por Deus na verdade não é respondida. Porém, em uma cena em que os reis anteriores perguntam a Sebastião o que ele pretende fazer, Afonso v questiona o Quinto Império e lhe diz que deve transcendê-lo. Nesse momento, uma imagem de Cristo vira para a câmara e olha diretamente para o espectador.

Não obstante as críticas constantes, uma parte da corte é também responsável pela decisão, devido à sua submissão ao rei e aos mitos nacionais. Enquanto o Hamlet de Shakespeare é trágico por encontrar-se no limiar da era da razão e não conseguir livrar-se dos valores tradicionais da vingança, o Sebastião – tanto o de Régio quanto o de Oliveira – é trágico por não conseguir escapar aos sonhos da nação. De fato, Sebastião não deseja realizar um projeto impossível; ele simplesmente não tem escolha entre ser ou não ser sacrificado.

Como em *Le Soulier de satin*, igualmente baseado em uma peça de teatro, Oliveira utiliza o artifício teatral da câmara fixa para a qual os atores atuam de forma frontal. Mas, em comparação com o filme realizado quase vinte anos mais cedo, *O Quinto Império* carece da artificialidade proposta e opta por uma representação mais realista, apoiada ainda na recriação detalhada do século xvi no figurino e na utilização dos locais originais no Convento da Ordem de Cristo, em Tomar, cujo esplendoroso estilo manuelino, com os seus exuberantes elementos marítimos e representações dos descobrimentos, aparece em diversos planos.

De acordo com a ambivalência da peça de José Régio, que deixa em aberto se algumas das conversas ocorrem de fato ou se são expressões do subconsciente (seja de sonhos ou de delírios) de dom Sebastião, ou seja, se ele é um escolhido de Deus ou não, Oliveira cria uma atmosfera fantasmagórica através da iluminação que oscila entre luz e sombras. A *mise-en-scène* consegue, desse modo, dar uma voz ao texto de Régio, porque paga tributo à viagem do autor para dentro da alma atormentada do rei. Apesar da sofisticação da luz, o filme é – como a maioria das obras dos últimos anos do realizador – de um minimalismo formal (a referida frontalidade dos planos, os poucos cortes, a concentração em um espaço só etc.) que, por sua vez, introduz um lado racional no ambiente irreal.

Enquanto Manoel de Oliveira destaca em *Palavra e Utopia* a sua apreciação de Vieira e da sua profecia do Quinto Império como projeto pacífico e ecumênico, *O Quinto Império*, realizado apenas quatro anos mais tarde, apresenta uma perspectiva crítica; ou seja, indica, através do título, que os delírios de grandeza são guerreiros e levam à ação. Isto se deve provavelmente, como em *Um Filme Falado*, às reflexões do cineasta após o ataque de 11 de setembro e subsequente invasão do Iraque. A leitura, tanto a da peça teatral quanto a da ideologia de expansão, aponta para os tempos atuais nos quais o conflito entre as culturas e/ou religiões (cristã e islã) atinge proporções extremas e globais. No entanto, na cena com os reis que antecederam Sebastião são destacados novamente os Descobrimentos como feitos grandiosos de Portugal.

Em comparação com os outros cinco filmes sobre a expansão europeia, *O Quinto Império* é o mais denso, não só em termos de local, tempo e luz, mas, sobretudo, em relação à visão ambivalente, senão negativa, sobre os motivos da política de expansão. Oliveira nunca criticara e mostrara de forma tão clara as razões irracionais (perpetuação de um passado glorioso, desejo de prestígio eterno, sonhos de grandeza que vão além da realidade econômica de um país, instrumentalização da religião) responsáveis pela invasão de um país muçulmano. Certamente de acordo com as intenções do realizador, durante a apresentação do filme em Veneza alguns críticos associavam dom Sebastião a George W. Bush. O próprio Manoel de

Oliveira anotou que Bush tinha uma inclinação sebastianista quando expressava o seu desejo de espalhar a democracia e a liberdade no mundo a partir de um ponto de vista parecido com o do Quinto Império[28]. Mas, no que diz respeito a Sebastião, resta uma dúvida: se ele não seria um enviado de Deus para transcender o Quinto Império à imagem de Cristo.

Cristóvão Colombo – O Enigma

Aos 98 anos, Manoel de Oliveira realiza o seu último filme – por enquanto – sobre a expansão portuguesa. Em *Cristóvão Colombo – O Enigma*, o interesse concentra-se unicamente nos Descobrimentos, sobretudo nos do navegador conhecido como Colombo, e deixa de lado referências ao sebastianismo ou ao Quinto Império. A identidade portuguesa e a história do país voltam para o primeiro plano em todo o seu esplendor, de acordo com a inspiração do filme: o livro do médico Manuel Luciano da Silva e da sua mulher, Silvia Jorge da Silva, que reúne provas de que o navegador genovês era, na verdade, português.

O filme consiste em duas partes: uma protagonizada pelo jovem Manuel Luciano, que parte para os Estados Unidos com o seu irmão, embarcando em um navio, em Lisboa, em 1946. Planos com referências aos Descobrimentos e ao rei João I fazem com que a emigração portuguesa apareça como uma continuação das viagens dos navegadores dos séculos xiv e xv. O filme mostra detalhadamente a chegada dos irmãos aos Estados Unidos, sugerindo uma mistura de deslumbramento com a tecnologia, solidariedade por parte de outros patrícios e alguma decepção com o tratamento na imigração, tudo sob a densa neblina que dá ao país da liberdade uma aparência fantasmagórica. Esteticamente parece uma homenagem ao cinema americano, tanto ao mudo quanto aos filmes dos anos 1930. Depois de exercer medicina em Massachusetts, Manuel regressa a Portugal para casar-se com Silvia em 1960. A lua de mel, que os leva para o Alentejo, é ao mesmo tempo o início das investigações de Manuel da Silva sobre a verdadeira identidade de

---

28 Ver Randal Johnson, *Manoel de Oliveira*, Urbana: University of Illinois Press, 2007, p. 131.

Colombo. Durante a viagem de lua de mel, o casal visita uma igreja em Cuba (onde o pesquisador desconfia que Colombo tenha nascido), o museu do castelo de Beja (para ver o túmulo do provável progenitor, João Gonçalves Zarco) e a Escola de Sagres do príncipe dom Henrique (de onde começaram os Descobrimentos).

A segunda parte do filme avança no tempo para a atualidade em que se seguem as investigações, com Manoel de Oliveira e a sua esposa Maria Isabel nos papéis de Manuel e Silvia. Eles visitam o monumento a Colombo em Nova York, passeiam com um barco próximo à estátua da liberdade, viajam até o Dighton Rock State Park e tomam, finalmente, um avião para Porto Santo, no arquipélago da Madeira, para visitar a casa de Colombo.

Ao longo da narrativa, os personagens são acompanhados por um anjo, uma jovem mulher vestida com as cores de Portugal, verde e vermelho, e com uma espada na mão. Este anjo é citado na visita à igreja de Cuba, de onde desaparecera, como sendo o anjo custódio do reino ou anjo protetor do rei de Portugal, e em Nova York, onde se encontra um anjo no monumento a Colombo.

A primeira parte procura traçar a biografia do pesquisador Manuel da Silva e introduzir os seus estudos, ao mesmo tempo em que pondera a emigração para os Estados Unidos, bem como as esperanças que o país suscita como país de ilimitadas possibilidades. A segunda parte aprofunda os argumentos a favor da identidade portuguesa de Colombo, ao mesmo tempo em que oferece mais reflexões, em nível visual e nos diálogos, sobre os Estados Unidos e o fato de que não está cumprindo a sua promessa como país da liberdade e do acolhimento dos exilados. Para isso, Oliveira mostra, por exemplo, de forma metafórica, a bandeira americana balançando ao vento, em primeiro plano, e a estátua da liberdade em segundo, como se o símbolo nacional tomasse o espaço da promessa da estátua. Olhando para esta, Silvia canta e Manuel diz o soneto *The New Colossus* de Emma Lazarus, inscrito na *Miss Liberty*, para comentar, em seguida, que os versos eram mais desejados do que alcançados. Silvia comenta ainda que a poeta, nascida em Nova York, era uma judia sefardi.

No que diz respeito a esse questionamento da hegemonia americana, *Cristóvão Colombo* é uma continuação aparentemente suave de *Um Filme Falado* e d' *O Quinto Império*; contudo, na verdade, oferece uma perspetiva nova e surpreendente. Compartilhando com *"Non"* a evocação e glorificação dos Descobrimentos, desta vez Oliveira atribui a Portugal e às suas viagens marítimas não só uma dimensão divina através do anjo protetor, que dá ao filme um apadrinhamento celestial (como já acontecera em *Palavra e Utopia* pelas imagens de Cristo na Cruz); a integração de Colombo na lista dos grandes navegadores portugueses na visita ao Dighton Rock State Park significa também que Portugal foi responsável pelo Descobrimento do Novo Mundo, não só do sul, mas também do norte da América.

Existe uma cena que implica, de forma poética, a responsabilidade direta de Portugal pela existência e criação dos Estados Unidos. Quando Silvia e Manuel terminam a sua visita à Escola de Sagres, o berço das explorações marítimas portuguesas, eles citam, após um plano do olhar frontal do anjo para a câmara, o primeiro e famoso verso d'*Os Lusíadas*: "As armas e os Barões assinalados / Que da Ocidental praia Lusitana / Por mares nunca de antes navegados / Passaram ainda além da Taprobana, / Em perigos e guerras esforçados / Mais do que prometia a força humana, / E entre gente remota edificaram / Novo Reino, que tanto sublimara"[29].

Segue um plano do mar atlântico como se pudesse olhar diretamente para a América, o "novo reino" do canto. O verso é recitado como o juramento de casamento que precede a viagem de lua de mel, traçando uma analogia simbólica entre o casal da Silva e o casamento dos portugueses com o mar e com a missão dos Descobrimentos.

Embora o objetivo principal do protagonista e do filme seja a argumentação a favor de uma identidade portuguesa de Colombo e a sugestão de uma relação próxima entre os Estados Unidos e Portugal, se nota também uma preocupação com a desvalorização da história dos Descobrimentos em Portugal,

---

29 Luís de Camões, *Os Lusíadas*, Lisboa: CentraLivros, 1997, p. 7.

tanto na visita em Sagres, como em Porto Santo, e a já referida avaliação das promessas do Novo Mundo americano. Ou seja, o filme não só procura integrar Colombo na história portuguesa, mas também tenciona recuperar a memória dos grandes feitos portugueses, dos quais fazem parte os Descobrimentos e a construção dos Estados Unidos por meio da imigração.

Nenhum outro filme de Manoel de Oliveira é ao mesmo tempo tão despretensioso e patriota. Não há paradoxo maior do que a simplicidade e beleza da narrativa visual e a força da ideia de que Portugal é uma nação grandiosa e singular por ter dado *todo* o Novo Mundo ao mundo. Outra ideia curiosa reside na sugestão de que, por isso, o fracasso dos sonhos relacionados com a promessa de liberdade nos Estados Unidos é associado ao fracasso dos sonhos da expansão portuguesa citada *n'Os Lusíadas*.

CONCLUSÃO

Entre 1985 e 2007 Manoel de Oliveira realiza a sua circum--navegação pessoal do relacionamento entre os Descobrimentos e a identidade portuguesa. Com vista à Comunidade Europeia embarca, em *Le Soulier de satin*, para uma crítica perspicaz ao imperialismo histórico do primeiro século da expansão europeia, em um momento em que Portugal perdera qualquer tipo de protagonismo. Pouco depois muda o curso e atravessa os séculos à procura dos fracassos da própria nação e do sebastianismo em *"Non"*. Só depois de uma década embarca de novo para descobrir António Vieira, consagrando-lhe em *Palavra e Utopia* a obra que inclui a profecia do Quinto Império. Após o vai e vem comemorativo entre Portugal e Brasil, lembra da rota europeia para a Ásia e cruza o Mediterrâneo à procura de explicações para o maior susto do mundo ocidental nos últimos tempos, o ataque às Torres Gêmeas em Nova York. Outra vez desencantado com o imperialismo europeu, encontra no apontar das antigas rotas portuguesas uma terapia de choque para o desfecho de *Um Filme Falado*. No regresso às terras portuguesas, um texto de José Régio lhe demonstra que quaisquer tentativas de expansão com motivos políticos, passadas e futuras, são abomináveis sonhos nacionalistas. Logo em seguida, Oliveira abandona as velhas rotas portuguesas de expansão – para a América do Sul hispânica, para o Brasil, a Ásia e o norte da África – e encontra um caminho ainda não navegado: a viagem em *Cristóvão Colombo* vai rumo à América do Norte. A última descoberta, a de que Colombo era português e de que todas as viagens marítimas de Descobrimento foram realizadas por portugueses, faz, finalmente, esquecer os caminhos errantes de expansão na ideia unificadora da excepcionalidade de Portugal.

Manoel de Oliveira é um cineasta da dúvida e das inquietações sobre a existência humana. O mundo nos seus filmes não é perfeito, o que reflete, como sugere Fausto Cruchinho, o seu profundo humanismo cristão: "a sua tão conhecida perversidade não é senão um desejo insensato de melhor compreender o mundo tal qual Deus o criou"[30]. No seu diálogo com os grandes mitos que têm vindo a fundamentar o imaginário português como povo eleito, ele procura desmascarar os motivos da sacralização das tentativas de expansão imperialista e religiosa, portuguesa, europeia e norte-americana. Mas embora apresente às vezes uma visão próxima do pós-colonialismo, esta nunca deixa de ser portuguesa e cristã. Por isso, as suas embarcações no imaginário nacional acabam sempre por ser descobrimentos do paradoxo: não só do paradoxo da existência humana, mas também da paradoxal, mas inquestionável missão e diferença do povo português. À procura da desmistificação, o cineasta mistifica novamente a identidade portuguesa, porque as descobertas das rotas marítimas não podem ser, na sua concepção, de outra origem do que divina. Como "cineasta de Cristo", não encontra outra solução para além de reafirmar, na tradição de Camões e de António Vieira, se não a grandeza, pelo menos a singularidade de Portugal.

---

[30] Fausto Cruchinho, *O Desejo Amoroso em* Os Canibais *de Manoel de Oliveira*, Porto: Mimesis, 2003, p. 9.

Fantasias Sebásticas de Manoel de Oliveira

Anamaria Filizola*

> *Não se aprende, senhor, na fantasia, [...]*
> LUÍS DE CAMÕES, *Os Lusíadas*, Canto X, est. 153

> *E se a História é uma lição de física social no dinamismo dos elementos que a compõem, é também, na análise dos caracteres e dos motivos morais que a constituem, a mais completa lição de psicologia positiva. Um carácter bem estudado vale por um mundo visto.*
> OLIVEIRA MARTINS, *Os Filhos de D. João I*

Dois filmes de Manoel de Oliveira trazem à tela dom Sebastião: *"Non" ou a Vã Glória de Mandar* (1990) e *O Quinto Império* (2004). Mais do que discutir os filmes nas suas especificidades cinematográficas, interessam-me essas duas figurações do rei e as relações estabelecidas com a tradição literária: nomeadamente com *Os Lusíadas* – de onde é inspirado o título da primeira película, juntamente com um trecho de um sermão do padre Vieira sobre o *non*, também referido no segundo filme, que é baseado na peça *El-Rei Sebastião* (1949), de José Régio – e com a *Mensagem* (1934), de Fernando Pessoa, cujos ecos se fazem ouvir nos dois filmes[1]. Minha reflexão

---

* Departamento de Linguística, Letras Clássicas e Vernáculas da Universidade Federal do Paraná (UFPR), Curitiba, Brasil.
1 D. Sebastião, o Quinto Império, o sebastianismo, Portugal como destino e outras derivações, associados entre si ou não, estão presentes em inúmeros trabalhos literários e não literários. Basta consultar a *Sebástica* – bibliografia geral sobre D. Sebastião, de Vitor A. de Oliveira para se ter a noção do grande volume de produção em que aparecem esses assuntos conjugados à temática sebástica. Fica claro que a minha escolha incide nas relações mais óbvias, ou manifestas. Daí a restrição da escolha de apenas quatro referências, embora pudesse incluir *Jornada de África*, de Manuel Alegre, romance publicado dez anos antes do *Non*, dado que a ideia de espelhar a guerra colonial na jornada de África do rei Sebastião lá está presente.

será sobre o *"Non"*, especificamente, com alguma referência a
O Quinto Império.

1990: *"NON"*

Em entrevista sobre *"Non" ou a Vã Glória de Mandar*[2], Manoel de Oliveira declara que começou a pensar na sua realização em 1976. Embora não explicite as razões, a entrevista traz os implícitos de tal vontade ou determinação, pois vividos os primeiros entusiasmos do 25 de Abril, os intelectuais começam a repensar a Revolução dos Cravos e o seu significado numa perspectiva histórica de longa duração. E é interessante notar que a figura do rei Sebastião é convocada por muitos literatos depois dessa data: Natália Correia (1977), Agustina Bessa-Luís (1980), José Saramago (1980), Amadeu Lopes Sabino (1985), Manuel Alegre (1987), Almeida Faria (1990)[3] são alguns dos nomes que podem ser aqui mencionados, para ficarmos só na prosa de ficção e no teatro no período compreendido entre a Revolução dos Cravos e a realização do filme. É a esta série de produções sebásticas que a obra de Oliveira se filia, como um complemento que faltava: a imagem em movimento, a fala, tal como no teatro, mas com os recursos fílmicos, desnecessário dizer, cujo diferencial básico é a possibilidade de se voltar às imagens e às falas, sempre idênticas a si próprias[4].

A jornada de África que põe fim à dinastia de Avis, notável pelas navegações, descobrimentos e colonização, espelha-se invertidamente na descolonização de Portugal em 1975, consequência quase natural do fim da ditadura salazarista cujos últimos anos foram marcados pela Guerra Colonial. O 25 de Abril dos Capitães põe fim à sofrida guerra, mas também ao Império, de que só resta então Macau, com data marcada para

---

2 A entrevista consta do DVD editado por Madragoa Filmes em 2001.
3 Refiro-me a *O Desejado*; *O Mosteiro*; *O que Farei com este Livro?*; *O Iluminado*, da coletânea *O Retrato de Rubens*; *Jornada de África*; e *O Conquistador*, respectivamente.
4 Lançado em 1977, há o filme *Os Demónios de Alcácer-Quibir*, de José Fonseca e Costa, em que a referência à jornada de África metaforiza a disparidade entre a utopia e o real cotidiano pós 25 de Abril, mas que não tive a oportunidade de ver.

reintegração à China. Por outro lado, o anseio pelo término da ditadura é homólogo à expectação em torno da figura do rei Sebastião, seja antes de nascer, seja depois da batalha.

Podemos pensar, para usar a terminologia de Nietzsche[5], que Alcácer-Quibir estabelece uma descontinuidade numa concepção de história que pode ser pensada como monumental. *Os Lusíadas* exemplificam bem a ideia: a história que o poeta oferece ao jovem monarca é a daqueles homens "valerosos" de quem ele deveria se orgulhar de ser rei; e para que no futuro suas façanhas também fossem igualmente celebradas, ele deveria tomar as rédeas do reino, ou seja, administrar e dar continuidade aos bons sucessos, não desmerecer o passado. O poema queria ser como que um espelho de príncipe, pois enseja um aprendizado pela história para esse rei imaturo e fantasioso, beato e casto:

> Ouvi: que não vereis com vãs façanhas,
> Fantásticas, fingidas, mentirosas,
> Louvar os vossos, como nas estranhas
> Musas, de engrandecer-se desejosas:
> As verdadeiras vossas são tamanhas,
> Que excedem as sonhadas, fabulosas,
> Que excedem Rodamonte e o vão Rugeiro,
> E Orlando, inda que fora verdadeiro[6].

A terrível derrota, que mata a flor do reino depauperado para a realização dos desejos do rei, mostra que a lição foi em vão, que o espelho só agradou quando refletiu vaidades e lisonjas. Temos então muitas vozes que veem a batalha como uma expiação de erros, de atos insensatos e – por que não? – de pecados[7]. E temos o começo de uma história crítica, a dos perdedores, feita por aqueles que identificam no passado a causa dos males do presente.

---

5 Friedrich Nietzsche, Consideração Intempestiva sobre a Utilidade e os Inconvenientes da História para a Vida, *Escritos sobre História*, tradução, apresentação e notas de Noéli Correia de Melo Sobrinho, Rio de Janeiro: Ed. puc-Rio; São Paulo: Loyola, 2005, p. 67-178.
6 Luís de Camões, *Os Lusíadas*, ed. e org. por Emanuel Paulo Ramos, Porto: Porto, 1982, canto I, est. 11.
7 Cf. Camilo Castelo Branco, *O Senhor do Paço de Ninães*, 1867.

A epígrafe do filme, "Terrível palavra é um NON", retirada do "Sermão da Terceira Quarta-Feira da Quaresma, pregado [pelo padre Vieira] na Capela Real, no Ano de 1670", funciona como um mote da história narrada, sendo retomada ao longo do filme. O *non* significa o difícil aprendizado pela negativa: o fracasso, a destruição, a derrota, em contraste com a efemeridade da alegria e com a celebração da vitória. Embora o filme demonstre a tese com clareza, Manoel de Oliveira também a explicita na entrevista, da qual destaco três aspectos, os quais retomarei no decorrer deste trabalho: a declaração de uma fidelidade ao texto histórico em detrimento de uma imaginação criativa (e faz alusão especificamente às fontes romanas que se referem ao respeito que os invasores sentiam por Viriato), a menção aos *Lusíadas* como um poema repleto de *nons* e a concepção da História como ensinamento.

A prédica vieirense, de modo geral, pode ilustrar a convergência de um pensamento que une a história sagrada com a história factual em que se coaduna a ideia da derrota ou fracasso como expiação de erros pregressos. É interessante notar que Oliveira, na entrevista, chama a atenção para o fato de estarem *Os Lusíadas* replenos de *nons*, dando ênfase a uma História crítica em detrimento de uma monumental.

Escolho a hipótese de que o fio condutor do enredo do filme é literário: primeiro *Os Lusíadas*, épica celebratória mas didática: se a viagem do Gama é o resultado de uma somatória de experiências e feitos, nem todos esses feitos são vitoriosos, nem todas as experiências são celebráveis, daí a importância da História como mestra de um povo, os lusitanos, e, principalmente, de um rei, o orgulhoso, insolente, fanático e visionário dom Sebastião, a quem o poema é dedicado; e a *Mensagem*, épica a contrapelo, poema escrito à beira-mágoa, cerca de quatrocentos anos depois dos versos camonianos, a evocar personagens das duas primeiras dinastias, à excessão do lendário Ulisses, de Viriato, e do padre Vieira. O filme, na sua qualidade artística, estaria ao lado da literatura. Eu diria que, para a sua realização, o trabalho do historiador é coadjuvante, confirmador ou averiguativo do significado poético em relação ao discurso da História, no sentido que lhe atribui Manoel de Oliveira, de atestado de veracidade que lhe enseje a autoridade pedagógica. Não por acaso, o filme é dedicado aos netos do realizador.

O enredo pode ser assim resumido: uma companhia de soldados portugueses viaja em um comboio de caminhões em algum lugar da África lusitana, durante a Guerra Colonial. Em um dos veículos estabelece-se um diálogo, entre os subalternos e o alferes, cujo tema é o sentido de estarem ali, longe de casa, na África, a lutar contra os negros por interesses que alguns dos homens consideram longínquos ou alheios, e outros justificam como sendo patrióticos. O alferes dirige a conversa para a formação do império, ilustrada por alguns episódios da história de Portugal: a defesa do território luso por Viriato contra os romanos; a batalha de Toro, contra os castelhanos, perdida por dom Afonso V e vencida por seu filho, o príncipe dom João; a continuidade do sonho da união ibérica por via matrimonial, através do agora rei dom João II, que casa seu filho, o infante dom Afonso, com uma das filhas dos reis católicos, mas sofre a morte prematura e inesperada do infante, vítima de uma queda de cavalo, fato que introduz mais um *non* na sequência das vitoriosas conquistas dos mares; o episódio da Ilha dos Amores como prêmio aos feitos "valerosos" dos portugueses na descoberta dos emblemáticos caminhos das Índias. E, por fim, a batalha de Alcácer-Quibir, o maior de todos os *nons*.

O filme alterna o monótono deslocamento do comboio – sob o sol e para o que parece ser o coração da África, no tempo em que acontece a narrativa do alferes – com *inserts* para cenas de época daqueles episódios. Enquanto a viagem do comboio merece um tratamento fílmico realista no que respeita ao tempo, espaço e personagens, os episódios históricos, embora concebidos com cuidadosa reconstituição de época, principalmente na composição dos personagens, figurino e cenário, resultam numa representação mais teatral. Tal procedimento tem um efeito bastante interessante: é como se o passado mais distante não pudesse ser recuperado senão de uma forma metafórica, de uma aproximação do que foi.

É necessário lembrar, e ressaltar, que os personagens dos episódios históricos, com raras exceções, são vividos por outros atores que não aqueles que vivem o grupo dos militares na África, ao passo que no episódio sebástico esses mesmos atores desempenham papéis principais, o que, na economia do filme, indissocia Alcácer-Quibir e a Guerra Colonial: jornadas da África.

1974: A LIÇÃO DO ALFERES

Os soldados formam um grupo de cinco personagens: dois cabos, dois furriéis e o alferes. O mais simples dos cabos sente falta da família que deixou na aldeia; a guerra é uma interrupção na sua vida: nada lhe ficou em suspenso para ser retomado quando voltar. Para ele, a pátria é a aldeia e a guerra é uma separação indesejada dos entes queridos, do torrão natal. Ele cumpre ordens. Os furriéis têm uma noção mais política da guerra. Um deles acha que está ali para lutar, que estar em África é defender a pátria, que os portugueses fizeram, das tribos africanas que habitavam os territórios conquistados, uma nação. Outro relativiza o patriotismo dizendo que os negros foram explorados e maltratados, que a sua revolta é justificada. Um relativiza a consideração para com os africanos dizendo que há outros interesses políticos, estrangeiros, em causa, que há que defender os interesses portugueses na África. O alferes aparenta um pouco mais de idade e tem uma visão historicista da Guerra Colonial. Cursava a licenciatura de História quando convocado para a tropa. O seu discurso esclarece e informa os homens, interpreta e julga os acontecimentos, mas sem paixão, de um ponto equidistante, que lhe é outorgado pela autoridade do discurso da história, entendida no sentido de uma filosofia da história com um significado e uma direção, sem ser teleológica. Assim, a Guerra Colonial é colocada numa sucessão de fatos ocorridos num período de longa duração, alguns dos quais o alferes seleciona como exemplares do seu pensamento em relação à conversa entre os soldados. Mas é importante destacar que o discurso do alferes várias vezes menciona a vontade e a intervenção dos deuses, numa citação tácita à trama dos *Lusíadas* e também da *Mensagem*, em que os deuses aparecem como metáfora da uma transcendência da mera vontade humana; ou como metáfora do poder da vontade individual a interferir nos destinos dos indivíduos, de uma coletividade ou nação, ou mesmo civilização. No caso da história de Portugal, essas três dimensões são identificáveis em diferentes momentos.

VIRIATO: DE TRIBOS A NAÇÕES

Na trama do filme, a figura de Viriato é evocada quando um dos cabos diz ser a aldeia a pátria. O alferes então narra que Viriato defende a aldeia contra os romanos, une tribos ibéricas na luta contra os poderosos invasores, que temem a sua valentia. Os lusitanos não conseguem evitar o domínio romano, assim como Viriato é traído e assassinado por nativos, o que parece uma contradição.

N´*Os Lusíadas*, como é sabido, Viriato, sem ser nomeado, aparece no começo da narrativa do Gama ao rei de Melinde (Canto III, est. 22) para ter sua fama ressaltada como indomável. Depois de descrever a Europa, o capitão localiza o reino lusitano "onde a terra se acaba e o mar começa" e o singulariza:

> Esta é a ditosa pátria minha amada,
> […]
>
> D`esta o pastor nasceu que no seu nome
> Se vê que de homem forte os feitos teve;
> Cuja fama ninguém virá que dome,
> Pois a grande de Roma não se atreve, […]

Na *Mensagem*[8], Viriato nomeia o Segundo Castelo, poema em que o eu lírico apostrofa o pastor:

> Se a alma que sente e faz conhece
> Só porque lembra o que esqueceu,
> Vivemos, raça, porque houvesse
> Memória em nós do instincto teu.

---

8   Fernando Pessoa, *Mensagem: À Memória do Presidente-Rei Sidónio Pais/ Quinto Império/ Cancioneiro*, 3. ed., Rio de Janeiro: Nova Fronteira, 1981, p. 23-24.

Nação porque reincarnaste,
Povo porque ressuscitou
Ou tu, ou o de que eras a haste –
Assim se Portugal formou.

Teu ser é como aquella fria
Luz que precede a madrugada,
E é já o ir a haver o dia
Na antemanhã, confuso nada.

Pessoa atribui a Viriato a imagem da "antemanhã, confuso nada", de quem a pátria é reincarnação, ou o povo é a sua ressureição. Há o gesto, a fama, a memória de um começo que não se confunde com origem: podemos parafrasear Machado de Assis e dizer que Viriato representa, tanto para Camões (implícito na sua concisão) como para Pessoa (pelas imagens que usa) um instinto de nacionalidade: prepara a nação que virá com a manhã.

Posterior à *Mensagem*, mas pertencente à série literária, há a narrativa de Aquilino Ribeiro, de 1952, " Viriato, Nosso Avô"[9], baseada nas narrativas romanas sobre o pastor e que as contextualiza no que seria então a áspera geografia ambicionada pelos invasores e defendida pelos pastores saqueadores. "Viriato é a Lusitânia personificada", afirma Aquilino.

Como se chamava, antes da imposição das vírias, esse homem que deu água pela barba aos pretores e cônsules de Roma? […]O homem desenganado e resoluto que a tribo julgou digno das vírias, chamasse-se como se chamasse, a partir da imposição não teve outro nome: viriato. Viriato quer dizer, portanto, investido com as vírias, como um monarca pela graça de Deus.

No discurso do alferes que se segue às imagens dos lusitanos comandados por Viriato pondo a correr os romanos, do covarde assassinato e do corpo sobre uma enorme pira que arderá, esse primeiro *non* é explicado como sendo o resultado de um anacronismo: a união das tribos não transcende para a ideia de nação, ainda não é o momento disso acontecer, o gesto

---

9 *Príncipes de Portugal, suas Grandezas e Misérias*, Lisboa: Livros do Brasil, [s.d.], p. 9-32.

de Viriato ainda é um "confuso nada" e por isso, e/ou apesar disso, recebe o *non*.

Mas o *non* tem a sobreposição da morte por traição, a alta pira que o queimará com glória. Os seus feitos, ainda que não tenham resultado na desejada expulsão dos romanos, prevalecem. Se pensarmos que é o cabo que dá ensejo ao exemplo, a lição é: *a derrota não anula os feitos positivos e estes a suplantam*.

DOM AFONSO V E A BATALHA DE TORO

O segundo episódio comentado pelo alferes é a tentativa de dom Afonso V de expandir o reino para os lados de Castela.

Dele diz Camões, depois de contar as vitórias em África:

> Porém depois, tocado de ambição
> E glória de mandar, amara e bela,
> Vai cometer Fernando de Aragão,
> Sobre o potente reino de Castela

Esse não é dos reis da plêiade de Pessoa. O filme explora a "glória de mandar, amara e bela". A narrativa do alferes não poupa o rei – cuja figura fica mal perante o gesto de dom Duarte de Almeida, o Decepado, que mesmo sem as mãos defende o estandarte português –, mas não se preocupa em descrever um quadro mais amplo, como o faz Oliveira Martins[10], que o situa, sempre desfavoravelmente, entre os excelentes tio e regente, o infante dom Pedro, e o filho, infante dom João, seu sucessor, Príncipe Perfeito chamado. Mas a batalha em si também pode ser descrita como "amara e bela", pois o campo comandado pelo rei sai perdedor, enquanto aquele liderado pelo infante é vitorioso: há perdas e ganhos, e o resultado, que pode parecer um impasse, é comemorado como vitória pelos portugueses. O mais interessante de tudo é o aprendizado do príncipe herdeiro, que aproveita bem a lição: união ibérica sim, mas sem guerras.

10 Joaquim Pedro de Oliveira Martins, *História de Portugal*, 21. ed., Lisboa: Guimarães, 2004, p. 145-149.

Há que considerar o episódio do Decepado, todavia, ausente tanto n'*Os Lusíadas* como na *História de Portugal*, de Oliveira Martins. Ao Gama não interessa contar fatos que se afastem da história que justifique e explique a presença dos portugueses em Melinde. No caso de Oliveira Martins, fica mais evidente que o alvo é esse rei, a quem faltou valor e tenacidade e sobejou insensatez e ambição, má figura numa galeria em que surge ao lado do ínclito tio e tutor e do filho.

O episódio se presta como exemplo de cumprimento de dever às últimas consequências, pois tendo as mãos decepadas, Duarte de Almeida ainda abocanha o pendão, que é então levado pelos castelhanos para depois ser valorosamente resgatado pelo escudeiro Gonçalo Pires. No entanto, tanto empenho e sofrimento em nada resulta. Como conclui João Ameal: "Proezas belas, mas inúteis para modificar o desfecho"[11]. Não deixa de haver um certo paralelo, ainda que invertido, com o fim trágico de Viriato: a atitude de Duarte de Almeida tem um valor em si, independentemente do desenrolar e desfecho da batalha. Além do que, a desmedida de ter tido as duas mãos decepadas, uma após a outra, torna a cena tétrica, pelo menos para nós leitores das crônicas ou espectadores. No filme, a câmera acompanha a queda das mãos no solo. Daí à exortação da defesa de valores cívicos é um caminho curto: não interessa o rei gordo, peludo e insensato; acima dele está a pátria.

É um bom ensinamento para os cabos e os furriéis. Ou para qualquer soldado em missão compulsória.

A UNIÃO IBÉRICA EM TEMPOS DE PAZ

Sob o reinado de dom João II celebra-se a paz com Castela, paz que é selada com o casamento do príncipe português, dom Afonso, com a infanta dom Isabel, de Castela. No filme, o bispo que celebra o casamento faz um longo sermão em que refere a paz entre os dois reinos, acordada em 1479, firmando assim a monarquia ibérica universal, "para serviço de Deus e

---

[11] *História de Portugal. Das Origens até 1940*, 4. ed. Porto: Livraria Tavares Martins, 1958, p. 216.

da santa fé católica". Onze anos depois, "para maior firmeza e segurança, foi concordado" que os infantes se casassem. Mas o casamento dura pouco mais de sete meses, pois o infante morre prematuramente, vítima de uma queda do cavalo. A narrativa do alferes atenta para mais este *non*: "Parecia castigo dos deuses contra um casamento de interesses em lugar de amor". Um dos furriéis questiona se não seria punição por amarem-se muito. Continua o alferes: "Ou vigança dos deuses contra ambições que não estavam predestinadas a Portugal".

A romântica hipótese do furriel, que evoca a camoniana interpretação do assassinato de Inês de Castro, não é contestada pelo alferes, que se lhe soma a da vingança dos deuses. No entanto, na economia do filme, é como se a ambição da "glória de mandar, amara e bela" ainda estivesse sendo punida, pois o sonho da união luso-castelhano-aragonesa nunca estivera tão próximo de se realizar.

AS DÁDIVAS

Depois do luto inconsolável de dom João II, da frustração da união ibérica pela via matrimonial, seguem-se as viagens ultramarinas, período marcado pelas *dádivas* dos portugueses ao mundo. No discurso do alferes, mais importante que o poder, que é efêmero e atende a interesses de poucos, é o que permanece de contribuição para a humanidade, como a cultura dos gregos, que sobrevive à decadência do seu império. As dádivas portuguesas começam com os navegadores de mares como Gama, Colombo, Cabral e Magalhães e abrangem os dos ares, como Gago Coutinho: eis o melhor da história, literalmente, o contato com outras civilizações como troca, como conquistas compartilháveis, como o mar-oceano, e não como tomada, seja de territórios seja de gentes. Assim o expressa Pessoa no "Mar Portuguez":

> Deus quere, o homem sonha, a obra nasce.
> Deus quiz que a terra fosse toda uma,
> Que o mar unisse, já não separasse.
> Sagrou-te, e foste desvendando a espuma,

E a orla branca foi de ilha em continente.
Clareou, correndo, até ao fim do mundo,
E viu-se a terra inteira, de repente,
Surgir, redonda, do azul profundo.

Quem te sagrou creou-te portuguez.
Do mar e nós em ti nos deu signal.
Cumpriu-se o Mar, e o Imperio se desfez.
Senhor, falta cumprir-se Portugal! [12]

Esta parece ser a questão crucial: depois de os barões assinalados, argonautas de uma nova épica, terem cumprido o destino de Portugal, positivamente marcado pelas *dádivas* ao mundo, agora unido pelo mar-oceano, aqueles soldados que formam o comboio, selva adentro, para lutar contra os negros colonizados, que papel desempenham nessa longa história? Para Pessoa, o Império se desfez, depois haveria de se cumprir Portugal. E se de fato já se cumprira o Império, o que estavam ali fazendo aqueles homens do comboio selva adentro? É o que os subalternos se perguntam e cuja resposta esperam que o alferes lhes dê.

O episódio escolhido para simbolizar essa missão cumprida se encontra *fora* da História, mas está no poema: trata-se do prêmio recebido pelos portugueses dos deuses: o descanso na Ilha dos Amores, preparada por Cupido a mando de Vênus. Surgida dentre um nevoeiro, a Ilha se oferece aos valentes marinheiros, fatigados depois de cumprirem com o que estava previsto e destinado à pátria, como um banquete, para o corpo e o espírito, de abundância de frutos e amor das ninfas. Os *putti* flecham a todos, Tétis mostra, ao Gama, Vênus, que desce sentada numa concha segura por três cisnes. A Máquina do Mundo, presente no discurso do alferes, não aparece na representação fílmica da sua narrativa.

Eis *Os Lusíadas* referidos na sua talvez mais original passagem: deuses e homens juntos, num momento de suspensão da História, Idade de Ferro, para um retorno, ainda que efêmero, à Idade de Ouro. Parece-me que igualmente para Camões, na altura em que escreveu os seus versos, cumprira-se

---

12 Op. cit. p. 33.

o Mar e os deuses recompensaram os barões assinalados. E para cumprir-se Portugal, o inexperiente e arrogante rei, "tenro e novo ramo florecente", deveria voltar os seus olhos para o poema, onde veria "um novo exemplo/De amor dos pátrios feitos valerosos"[13].

O DESEJADO, O ENCOBERTO

Depois do encontro entre os deuses e os homens na venturosa ilha, no filme segue-se o último episódio histórico evocado, a batalha de Alcácer-Quibir, o mais fatal de todos os *nons*, narrada desde os seus preparativos. De alguma forma, no excurso final e melancólico do poeta, há a previsão de algum desastre, tantos são os conselhos dados ao rei; mas esse *non* não pode explorá-lo Camões, que não é profeta, somente homem de "honesto estudo, com longa experiência misturado".

Dom Sebastião é um signo dúbio, "temor da maura lança", "capitão de Deus", destinado a cumprir Portugal. Desejoso de mais Império, o rei se lança a uma viagem sem volta. Decorridos mais de três séculos, Pessoa, sim, pôde prever o passado:

> Levando a bordo El-Rei D. Sebastião,
> E erguendo, como um nome, alto o pendão
> Do Império,
> Foi-se a última nau, ao sol aziago
> Erma, e entre choros de ancia e presago
> Myssterio[14].

O filme trabalha com muitos dos biografemas do rei, presentes ora na narrativa do alferes aos seus subalternos, ora nos diálogos entre os fidalgos que acompanham dom Sebastião ao Marrocos. Em algumas cenas da batalha há a narrativa em *off* do alferes.

Na primeira cena em que o rei aparece no acampamento, ainda em Lisboa, ele já demonstra comportamento nervoso e impiedoso, ameaçando com punições dois homens que se

---
13 L. de Camões, op. cit., canto I, est. 7 e 9.
14 F. Pessoa, op. cit., p. 43.

divertem com suas espadas. Um grupo que assiste comenta o gesto do monarca e acrescenta outras informações sobre Lisboa nesses dias que antecederam à partida da grande esquadra: festas, luxo. Nesse grupo, os homens são representados pelos mesmos atores que interpretam os papéis do alferes, furriéis e cabos. À parte, dois outros nobres conversam sobre os gestos desmedidos do rei e um diz que ele está louco, ao que o outro retruca dizendo que deveria ser preso; o primeiro então responde perguntando: "Havemos de prender o nosso rei?"

Esse diálogo, com algumas diferenças, está no final da peça de José Régio, *El-rei Sebastião*, que é retomada por Manoel de Oliveira no filme. Temos aqui a loucura do rei que fará o reino ir-se com a breca, e a impotência dos súditos em dissuadi-lo de seguir com os planos.

Na conversa do alferes com os seus subordinados, surge a referência ao Quinto Império e o alferes o associa a Vieira e o explica como sendo um império de um só rei e um só papa, universal. Na cena do acampamento, a vontade do rei é explicada em termos de religiosidade e desmedido desejo de poder: Marrocos seria a primeira etapa, a segunda seria vencer os turcos, tomar Jerusalém e ser papa…

As cenas da batalha são, na maior parte, em grande plano. E o rei aparece como hipnotizado pela visão dos homens formados, tal como uma criança frente a um brinquedo novo. A todos os terços leva uma palavra de incentivo e ordena que esperem o seu comando. Um cavaleiro, a galope, com um crucifixo erguido, invoca a proteção de Cristo e de Nossa Senhora. Os árabes começam a atacar enquanto dom Sebastião continua parado, sem dar a ordem de ataque que todos aguardam. Até que o capitão dos arcabuzeiros de Tânger, Alexandre Moreira, desce do cavalo e, puxando uma perna coxa, avança, dando exemplo ao rei. O seu papel é desempenhado pelo ator que também interpreta o alferes, o qual também será dom João de Portugal em outro momento da batalha já avançada[15].

---

15 O historiador Queiroz Velloso, em seu *D. Sebastião*, narra que o capitão teria dito então: "Sejam todos testemunhas como me apeio a morrer, porque hoje não é dia de outra coisa" (p. 381). Igualmente D. João de Portugal dirá outra frase célebre e repetida, inclusive no filme. "Cristóvão de Távora pediu-lhe, então, *que se rendesse, pois não havia outro remédio*. A esta súplica acrescentou D. João de Portugal: *Que pode haver aqui que fazer senão morrermos todos?*

O campo vai se cobrindo de mortos e feridos. A narrativa do alferes conta que a partir de certo momento o rei não é mais visto e que o cadáver apresentado pelos árabes como sendo o dele não está reconhecível.

As cenas de Alcácer-Quibir se alternam com as da companhia que, no fim da tarde, descansa numa base em meio à selva. Ali recebe o alferes ordens de combate à guerrilha dos negros, o que acontece no dia seguinte.

No campo da batalha dos três reis, em meio a mortos e feridos, no crepúsculo desse aziago dia, levanta-se um guerreiro de aspecto venerando, tal qual o Velho do Restelo, e, cambaleante, anda pelo campo e, com voz cava, diz o trecho do "Sermão da Terceira Quarta-Feira da Quaresma":

> Terrível palavra é um *Non*. Não tem direito, nem avesso; por qualquer lado que o tomeis, sempre soa e diz o mesmo. Lede-o do princípio para o fim, ou do fim para o princípio, sempre é *Non*. Quando a vara de Moisés se converteu naquela serpente tão feroz, que fugia dela por que o não mordesse, disse-lhe Deus que a tornasse ao revés, e logo perdeu a figura, a ferocidade e a peçonha. O *Non* não é assim: por qualquer parte que o tomeis, sempre é serpente, sempre morde, sempre fere, sempre leva o veneno consigo. Mata a esperança, que é o último remédio que deixou a natureza a todos os males. Não há corretivo que o modere, nem arte que o abrande, nem lisonja que o adoce. Por mais que confeiteis um não, sempre amarga, por mais que o enfeiteis, sempre é feio, por mais que o doureis, sempre é de ferro. Em nenhuma solfa o podeis pôr que não seja malsoante, áspero e duro. Quereis saber qual é a dureza de um não? A mais dura coisa que tem a vida é chegar a pedir; e depois de chegar a pedir, ouvir um não: vede o que será?[16]

A associação com o Velho do Restelo é interessante, pois que sua voz se levanta contra a "[…] glória de mandar![…] a vã cobiça / Desta vaidade a que chamamos fama!"[17]. É uma voz contra as viagens e tudo a que o alferes aponta como sendo a dádiva dos portugueses ao mundo, mas que se amolda à

D. Sebastião redarguiu: *Morrer, sim, mas devagar*" (p. 391). Em Queiroz Velloso, *D. Sebastião: 1554-1578*, 3. ed., Lisboa: Empresa Nacional de Publicidade, 1943.
16 António Vieira, *Sermões*, org. Alcir Pécora, São Paulo: Hedra, 2001, p. 250.
17 L. de Camões, *Os Lusíadas*, canto IV, est. 94, p. 188.

crítica ao comportamento do rei. E então suas palavras perdem o tom reacionário para adquirirem um sentido literal sobre a vaidade e o desejo individual de fama.

Por outro lado, trazer as palavras de Vieira, que será sebastianista, para o momento da derrocada do rei, da sua dinastia, do reino, é colocar o "imperador da língua portuguesa" ainda dentro da dinastia de Avis – tal como fez Pessoa, que inclui Vieira no seu poema e silencia a dinastia de Bragança, tal como faz o alferes na sua narrativa que é o filme de Manoel de Oliveira.

A batalha no filme tem um caráter expiatório: da insensatez do rei, da devassidão do reino. É um rei arrogante, devoto e fanático que vai à batalha, que não dá a voz de comando ansiosamente aguardada pelo seu exército. Mas essa cena emblemática que condensa personagens, falas e tempos não é a última do filme.

O combate dos homens do alferes também se dá em plena luz do dia, sob sol inclemente, não no deserto, mas numa selva em que o inimigo não se deixa ver com clareza. Tal como no 4 de agosto, há mortos e feridos, e entre estes o alferes. Os homens são levados de helicóptero para um hospital de campanha onde são tratados. A cena se passa numa enfermaria; um dos soldados tem uma perna decepada, outro tem a cabeça totalmente envolta em bandagens, com apenas um dos olhos exposto; o alferes tem diversos ferimentos, toma uma transfusão e uma dose de morfina e, delirando, vê, por entre brumas, dom Sebastião, vestido de armadura, subir uma escada. O rei olha para a câmera/alferes, puxa da espada, que é de lâmina estreita, ergue-a com a ponta para cima e depois vira a mesma ponta para o chão e, segurando a arma com as duas mãos bem cerradas e com os braços perpendiculares à lâmina evocando os braços de uma cruz, aperta os gumes com as duas mãos, que se cortam e sangram. A câmera focaliza a ponta da espada por onde pinga o sangue. Corte para o frasco de sangue do alferes. Por um momento o sangue que pinga na espada dá ao espectador a impressão de que é o sangue da transfusão que salvará o alferes; mas não, ele morre.

O sacrifício da jornada de África, como expiação de erros do passado e do presente, não ensina o futuro. A Guerra Colonial

Os soldados portugueses de "Non" ou a Vã Glória de Mandar *(1990).*

é um segundo holocausto, mas duplamente mais terrível, pois acontece como um retorno infeliz de ambições desmedidas e atraso no processo histórico da descolonização.

No entanto, quando o médico vai relatar a morte do alferes no seu prontuário, a data é a de 25 de abril de 1974, o que embaralha mais uma vez os signos: a História não se repete, não para, mas também não volta atrás: a morte é inexorável e os mortos morreram em vão nessa guerra sem vitoriosos.

O sangue do rei pode não ter sido em vão se colocado imediatamente antes do 25 de Abril. Ao ser ferido, o alferes diz: "A guerra é isto!" A visão de dom Sebastião sangrando as mãos na própria espada é uma imagem de autossacrifício. Também ele deu a sua vida numa guerra perdida, recebeu um terrível *non*, mas não teve tempo de aprender a lição.

Como o rei, Portugal não aprendeu a lição – parece ser esta a mensagem de Manoel de Oliveira. "Não se aprende, senhor, na fantasia", diz Camões. "A verdade é algo secreto e inexplicável", delira o alferes. No filme, é a própria lição que é obscura.

Palavra e Utopia:
A Imagem de Vieira

Annie Gisele Fernandes*

No ano em que se comemora o primeiro centenário de nascimento do cineasta Manoel de Oliveira, celebra-se, também, o quarto centenário de padre António Vieira (1608-1697); conjuntura oportuna e conveniente, portanto, para tratar do filme *Palavra e Utopia* (2000), que, de modo tão perspicaz e sensível – como é habitual ao cineasta português –, capta e oferece ao espectador a imagem do padre Vieira: pregador, político, movido pelo propósito de cumprir no verdadeiro sentido o lema cristão do "Ide e anunciai o Evangelho a todos os povos". Quando, no "Sermão da Sexagésima" (1655), padre Vieira escreveu:

> O pregador há de saber pregar com fama e sem fama. Mais diz o Apóstolo. Há de pregar com fama e com infâmia. Pregar o pregador para ser afamado, isso é o mundo; mas infamado, e pregar o que convém, ainda que seja com descrédito de sua fama, isso é ser pregador de Jesus Cristo.
> [...].
> *Semeadores* do Evangelho, eis aqui o que devemos pretender nos nossos sermões, não que os homens saiam contentes de nós, senão

---

* Departamento de Letras Clássicas e Vernáculas da Faculdade de Filosofia, Letras e Ciências Humanas da Universidade de São Paulo (FFLCH-USP), Brasil.

que saiam muito descontentes de si; não que lhes pareçam bem os nossos conceitos, mas que lhes pareçam mal os seus costumes, as suas vidas, os seus passatempos, as suas ambições, e enfim, todos os seus pecados. Contanto que se descontentem de si, descontentem-se embora de nós. [...] Se eu contentara aos homens, não seria servo de Deus. [...],[1]

reiterou o seu modelo de pregador, de mundo, de homem, que se definem em função de seu papel, de seu autêntico ser, de sua verdade. Ao padre Vieira, desejado e escolhido (como pregador da Capela Real, como homem de fé para ir em missão diplomática pela Europa, como jesuíta recebido pelo Sumo Pontífice, como pregador da rainha Cristina da Suécia) ou indesejado e perseguido (no Brasil e em Portugal, por governadores de capitanias do Nordeste, por pares, pela Inquisição), a missão jesuíta soou sempre a mesma: defendeu os escravos, os índios, os judeus, condenou a exploração expiatória e a ambição desmedida e fez de cada um dos seus sermões a prova clara do fundamento teológico que o guiava. Para ele, como para grande parte dos pregadores católicos de seu tempo, o sermão "se constitui como uma ação verbal de descoberta e atualização dos sinais divinos ocultos na ação do mundo, com vistas à produção de um movimento de correção moral no auditório dos fiéis"[2].

António José Saraiva afirma que "o esforço do pregador exegeta [...] deve convergir tanto para as coisas como para as palavras"[3]. Isso se compreende se se atentar para o fato de que o exegeta Vieira foi intérprete que em todas as circunstâncias considerou os acontecimentos coetâneos como atualização da Escritura, que interpretou e comentou o Texto Sagrado interpretando e comentando a conjuntura político-social em que se viu inserido.

Se a condição humana é limitada pelo nascer/morrer, se a vida é limitada pelo terreno e pelo eterno (seja o Paraíso, seja o Inferno), se os atos dos homens determinam a conjuntura em que se dará o eterno, se Deus projeta-se constantemente no universo por ele criado, conclui-se, então, que a existência

1 Respectivamente p. 51 e 52 do volume 1 de António Vieira, Sermão da Sexagésima, *Sermões*, organização de Alcir Pécora, São Paulo: Hedra, 2003, 2 v.
2 A. Pécora, Sermões: O Modelo Sacramental, em A. Vieira, op. cit., v. 1, p. 13.
3 *O Discurso Engenhoso*, São Paulo: Perspectiva, 1980, p. 79.

terrena, assim como tudo o que nela se passa, é absolutamente complexa, pois tudo está inter-relacionado. Por isso, importam, ao pregador Vieira, os "costumes", as "vidas", os "passatempos", as "ambições", os "pecados" dos homens aos quais prega o Evangelho – e importam nos limites da individualidade e da coletividade, nos limites do "aqui e agora" e da sua progressão histórica, porque um(a) leva à outra, porque a Verdade do Evangelho, que em suma é a Verdade Divina, mostra-se, faz-se presente em todas as circunstâncias.

Trata-se de expressão da concepção tomista, como manifesta na *Suma Teológica* (1266-1273) de São Tomás de Aquino, que propõe que, em harmonia com a Fé, pode-se restaurar a autonomia da natureza e da razão. O homem comum, por ele mesmo, não consegue perceber que os fatos, as ações, *existem* na sua realidade e são enunciação e presença de Deus nela; é necessário ao pregador fazer essa mediação, mostrar ao homem o que há de mal em sua conduta e levá-lo à salvação. Desse modo, vida real e vida política são indissociáveis da vida de fé. Esta passagem do "Sermão do Santíssimo Sacramento" é exemplo evidente disso:

> Sim; que os Templos do Santíssimo Sacramento são os mais fortes muros, são as mais inexpugnáveis fortalezas das Cidades e dos Reinos. Edifique-se, leve-se por diante esta fábrica que ela será os mais fortes muros de Lisboa; ela será a mais inexpugnável fortaleza de Portugal. E acabará de conhecer o Político a razão de Estado de Deus, que quando se expõe a cair nas mãos de seus inimigos, é para mais nos defender dos nossos; e para fundar sobre suas injúrias o edifício de suas glórias, aprendendo e confessando na política deste altíssimo conselho de Cristo, a verdade secretíssima e sacratíssima daquele *Vere: Vere est cibus: Vere est potus* [verdadeiramente: verdadeiramente (a minha carne) é comida: verdadeiramente (o meu sangue) é bebida][4]

Da citação desse excerto do padre Vieira se pode recorrer às considerações de um dos maiores estudiosos da obra do jesuíta português. No já citado artigo "Sermão: O Modelo Sacramental", Alcir Pécora assevera que:

---

[4] A. Vieira, op. cit., v. 1, p., 96.

A primeira teologia é a política. Os testemunhos que a divindade dá de si não dissolvem as práticas do mundo; antes, reafirmam a possibilidade de compor progressivamente o mundo e a cristandade. O mistério da manifestação divina encoberta nas espécies terrenas não apenas *orienta* para Deus, como obriga a considerar que, para alcançá-lo, há um percurso real no interior dessas espécies a ser cumprido[5].

A imagem do pregador que, a despeito de ser querido ou afamado, tem de pregar a Verdade divina, "tem de ser pregador de Jesus Cristo", é constante e reiteradamente coerente na vida pública de Vieira. Durante todo o tempo em que foi pregador, e também nos momentos em que foi proibido de fazê-lo – em público, oralmente, ou por escrito –, o que se viu foi um padre exercendo a sua função de intermediador entre Deus e os homens, não se afastando de seu propósito, mesmo nas tantas vezes em que foi intimidado ou ameaçado. Teólogo estudioso e consciencioso de sua missão, defendeu a fé católica, a doutrina jesuítica, a constituição do Estado católico português – estendendo-se ao Brasil essa ideia.

Em *Palavra e Utopia* há uma passagem que claramente demonstra a formação de teólogo de Vieira: ao ser julgado e preso pela Inquisição pelo que escreveu e declarou sobre as Trovas de Bandarra, sobre o Quinto Império e sobre a ressurreição de dom João IV, reclama em suas reflexões de ser julgado por canônicos e não por teólogos – sobretudo porque aqueles, no intuito de cumprir as regras eclesiásticas e os dogmas da Igreja, não entendem o verdadeiro sentido do que discute, posto que o faz sob a perspectiva da ciência: da religião e da natureza de Deus.

A película de Manoel de Oliveira apresenta desde o início aquela preocupação de padre Vieira – a qual marcou sua vida e sua obra. Em um recorte que vai mais ou menos de 1625 a 1697, período em que decorreu sua vida pública, o cineasta prima por dar a ver um jesuíta desejoso de aprender a língua dos índios para melhor catequizá-los; por dar a ver um jesuíta atento ao que chama de *mercancia diabólica* para aludir aos muitos – quase milhares – escravos que chegavam ao Brasil

---

5 A. Pécora, op. cit., v. 1, p. 14.

diariamente; por dar a ver um jesuíta que discutia o modo como índios e negros eram tratados pelos brancos – haja vista os vários documentos que redigiu sobre o assunto – e insistia em que, sem os índios, não se poderia manter o Brasil – em *Palavra e Utopia* afirma-se: "todos deveríamos sustentar-nos com nossas próprias mãos, porque é melhor sustentar-se de suor próprio que do sangue alheio".

Na esteira desse tema, recorra-se ao "Sermão de Santo Antônio (aos Peixes)", pregado em São Luís do Maranhão em 1654, para tratar do estado de corrupção e exploração no mundo, nomeadamente na cidade maranhense. Nesse sermão integralmente alegórico, padre Vieira pregou, a exemplo de Santo Antônio, aos peixes – homens de seu tempo, de diversas posições e funções sociais –, alertando-os para a situação em que se encontravam:

> Já que assim o experimentais com tanto dano vosso, importa que daqui por diante sejais mais Repúblicos, e zelosos do bem comum, e que este prevaleça contra o apetite particular de cada um, para que não suceda, que assim como hoje vemos a muitos de vós tão diminuídos, vos venhais a consumir de todo. Não vos bastam tantos inimigos de fora, e tantos perseguidores tão astutos e pertinazes, quantos são os pescadores, que nem de dia nem de noite deixam de vos pôr em cerco e fazer guerra por tantos modos? Não vedes que contra vós se emalham e entralham as redes; contra vós se tecem as nassas, contra vós se torcem as linhas, contra vós se dobram e farpam os anzóis, contra vós as fisgas e os arpões? Não vedes que contra vós até as canas são lanças e as cortiças armas ofensivas? Não vos basta, pois, que tenhais tantos e tão armados inimigos de fora, senão também vós de vossas portas adentro haveis de ser mais cruéis, perseguindo-vos com uma guerra mais que civil, e comendo-vos uns aos outros? Cesse, cesse já, irmãos peixes e tenha fim algum dia esta tão perniciosa discórdia: e pois vos chamei e sois irmãos, lembrai-vos das obrigações deste nome. Não estáveis vós muito quietos, muito pacíficos e muito amigos todos, grandes e pequenos, quando vos pregava Santo António? Pois continuai assim e serei felizes. Dir-me-eis (como também dizem os homens) que não tendes outro modo de vos sustentar. E de que se sustentam entre vós muitos, que não comem os outros? O mar é muito largo, muito fértil, muito abundante, e só com o que bota às praias pode sustentar grande parte dos que vivem dentro nele.

Comerem-se uns animais aos outros é voracidade e sevícia, e não estatuto da Natureza. [...][6]

Os biógrafos de António Vieira não deixam de notar com veemência o seu papel intervencionista e a quantidade de desafetos que angariou durante sua vida de pregador – seja em Portugal, seja no Brasil, seja na Europa. No seu país de origem, contaram-se entre os seus desafetos jesuítas, inquisidores e o rei dom Afonso VI. Em *Palavra e Utopia*, Manoel de Oliveira é enfático em dá-lo a ver, seja na cena em que é retirado do púlpito, seja na cena em que estudantes e pessoas do povo queimam um boneco de pano que o caricaturiza (uma efígie) nas manifestações populares de Coimbra para restaurar a Inquisição, seja nas cenas em que inquisidores o proíbem de pregar e o encerram no cárcere, seja nas cenas em que é manifesta a antipatia do rei dom Afonso VI por Vieira – que, logo após a deposição do rei, é libertado do cárcere (1668) e, em seguida, prega em 12 de junho na Igreja de São Roque (Lisboa). No Brasil, padre Vieira teve tantos desafetos devido aos sermões em defesa dos escravos, dos índios, do trabalho não exploratório que daqui foi expulso algumas vezes, bem como proibido, na Bahia, de entrar no palácio da Capitania. Na Europa, nomeadamente em Roma, teve a proteção do Sumo Pontífice, seja porque João Paulo Oliva propõe a ele ser seu sucessor como pregador do papa e tornar-se Assistente de Portugal em Roma, seja porque o papa o isentou do processo inquisitorial – aspectos patentes na película em discussão. Em Portugal, protegeram-no, como é sabido, o rei dom João IV e o rei dom Pedro II, que pede o seu regresso a Portugal depois da sua permanência em Roma por aproximadamente cinco anos (1669-1674).

Também em *Palavra e Utopia* é evidente que, a despeito dessa proteção, as eminências do Estado de Fé e do Estado laico enfrentaram problemas com as intervenções de padre Vieira, sobretudo por ele insistir na defesa dos judeus – atitude que assumiu enfaticamente em Portugal, desde 1643, quando redigiu a "Proposta" a dom João IV apontando a importância

---

6 A. Vieira, op. cit., v. 1, p. 330.

Lima Duarte como padre Vieira em Palavra e Utopia *(2000).*

dos judeus mercadores para a economia daquele país, reiterando que os judeus "ajuda[ra]m a fazer conquistas [materiais] e ajuda[ra]m os príncipes católicos a aumentar a fé no mundo".

Na película de Manoel de Oliveira, nas cenas em que se apresenta a estada de Vieira em Roma, assiste-se a duas pregações: uma em que são citados excertos do "Sermão de Santo Antônio", e outra em que se cita o "Sermão da Quinta Terça-Feira da Quaresma", que Vieira pregou em italiano à rainha Cristina da Suécia, em 1673. Tendo produzido o efeito desejado de satisfazer à inteligência e perspicácia da rainha (Manoel de Oliveira nos dá a ver Vieira, em oração íntima, requestando aquela qualidade ao seu sermão e a si como sermonista), é possível destacar daquele sermão este excerto:

> Vós, espíritos sublimes, que voais ao mais alto, obrai como se Deus não tivera olhos, que isto é o Heroico. Vós, almas que aspirais à perfeição, obrai só para os olhos de Deus, que isto é o perfeito. E vós, os que vos contentais com menos, guardai-vos de obrar coisa alguma para os olhos dos homens, que isto é o seguro[7].

7 Idem, v. 2, p. 186.

No que respeita ao "Sermão de Santo Antônio", pregou-o Vieira na Igreja dos Portugueses (provavelmente em 1670) "na ocasião em que o Marquês de Minas, Embaixador Extraordinário do Príncipe nosso Senhor fez a Embaixada de Obediência à Santidade de Clemente x". Destaca-se, do sermão, a seguinte passagem (parte dela aproveitada em *Palavra e Utopia*):

Quis Cristo que o preço da sepultura dos peregrinos fosse o esmalte das Armas dos Portugueses, para que entendêssemos que o brasão de nascer Português era obrigação de morrer peregrino: com as armas nos obrigou Cristo a peregrinar, e com a sepultura nos empenhou a morrer. Mas se nos deu o brasão que nos havia de levar da pátria, também nos deu a terra que nos havia de cobrir fora dela. Nascer pequeno e morrer grande, é chegar a ser homem. Por isso nos deu Deus tão pouca terra para o nascimento, e tantas para a sepultura. Para nascer, pouca terra; para morrer toda a terra: para nascer, Portugal: para morrer, o mundo. Perguntai a vossos avós quantos saíram e quão poucos tornaram? Mas estes são os ossos de que mais se deve prezar vosso sangue.

Funda-se esta pensão de sair da pátria na obrigação de ser luz do mundo. Como pudera Santo Antônio ser luz de França e de Itália se não saíra de Portugal?[8]

O propósito é claro: exaltar o santo português que nasceu em Lisboa e morreu em Pádua, na Itália; porém, exaltando-o, propõe-se exaltar também a pátria, o Portugal eleito por Deus – de tal modo que muitos dos seus sinais se fazem presentes no brasão de Armas daquele país – e o Portugal destinado a cumprir a missão de dilatar a Fé, o catolicismo, no mundo – por isso, tantos "saíram e quão poucos tornaram". Nesse fragmento poder-se-ia ler também uma referência de Vieira a si mesmo, como o pregador que teve de deixar a Pátria para ser luz do mundo, a exemplo de Santo Antônio? Parece que sim, sobretudo se se considerar a cena em que a inteligência e a genialidade de Vieira são reconhecidas pelos cardeais que acompanham a rainha Cristina da Suécia enquanto o sermonista prega o "Sermão da Quinta Terça-Feira da Quaresma": segundo eles, não se podia entender como Deus havia privado a Itália durante tanto tempo de um gênio como o de

---

8 Idem, v. 1, p. 285-286.

padre Vieira. Pode ratificar essa hipótese a cena seguinte àquela, na qual Manoel de Oliveira nos dá a ver António Vieira escrevendo a dom Rodrigo de Meneses para informar a maneira como foi recebido em Roma pelo Padre Superior e pelos cardeais: reitera que foi esperado por volta de duas milhas fora de Roma e lamenta nunca ter tido coisa semelhante em Portugal. Aquela hipótese ainda pode ser ratificada por outro sermão – também "Sermão de Santo Antônio" e igualmente pensado, muito provavelmente em 1671, para ser pregado na Igreja dos Portugueses em Roma, mas impedido de o ser por enfermidade do autor. Nele, Vieira manifesta descontentamento com a pátria que gera homens de grande valor, moral, intelectual, político, mas não somente não reconhece tais qualidades como também não suporta viver com elas, buscando destruir tais homens – como ocorreu com o próprio Vieira, seja quando foi perseguido, julgado e preso pela Inquisição, no período de 1649 a 1675, data em que um breve pontifício o absolve e o isenta do processo inquisitorial (suspenso em Portugal pelo papa no ano anterior), seja pelas vezes em que foi impedido de ter voz ativa e passiva. Leia-se esse desabafo nesta passagem, que, aludindo a Santo Antônio, expressa igualmente a situação de Vieira:

> De tal modo há de luzir a vossa luz diante dos homens, que vejam eles as vossas boas obras, e glorifiquem a Deus. Isto é o que diz Cristo a Santo Antônio. E isto não o podia fazer um Português, entre portugueses. A primeira coisa que se lhe encarrega nestas palavras, é que há de luzir a sua luz: *Sic luceat lux vestra*: e luzir Português entre Portugueses, e muito menos luzir com a sua luz, é coisa muito dificultosa na nossa terra. Com luz alheia vi eu lá luzir alguns; mas com a própria, *lux vestra*, nem Santo Antônio, quanto mais os outros[9].

Resta, ainda, mencionar alguns aspectos importantes da vida de Vieira evocados por Manoel de Oliveira em *Palavra e Utopia*: a publicação do primeiro tomo dos *Sermões* (1679), a primeira tese sobre a obra de Vieira elaborada na Universidade do México (1683) e a relação de estreita proximidade com o Brasil, país de que foi nomeado Visitador no triênio 1689-1691.

9 Idem, v. 2, p. 427.

A sensibilidade de Manoel de Oliveira é inconteste, é sabido – não o fosse, não estaria ele entre os melhores cineastas da atualidade. As imagens de *Palavra e Utopia* são carregadas de sentido fluido, que se expande para muitas significações. Cite-se, como exemplo, a imagem do ir e vir das águas em mar aberto, do marulhar do mar, do choque das águas com a madeira na encosta. Evocariam elas as 35 vezes que o padre Vieira embarcou? Evocariam o destino marítimo de Portugal? Evocariam dois países – Brasil e Portugal – irmanados pela língua, pela cultura e separados pelo imenso oceano? Evocariam elas a ideia de que a um só tempo as águas separam os continentes mas igualmente os une? Parece que todas as hipóteses são possíveis, uma vez que (e posto que aludem à vida e à obra de António Vieira) o padre preocupou-se e ocupou-se de todas essas questões.

Reiterando que a película trata "[d]A Vida e [d]a Obra do Padre Vieira", Manoel de Oliveira dá ao espectador a imagem clara desse jesuíta que de modo muito intenso desenvolveu a missão evangelizadora, especulando não somente sobre os problemas terrenos, temporais, mas também sobre o Ser de Deus – como se reportou anteriormente ao tratar da formação, como teólogo, de Vieira – e preocupando-se eminentemente com a conversão dos evangelizados. Os fragmentos de sermões resgatados ao longo de *Palavra e Utopia* dão a medida da agudeza e do engenho do padre – características que ao longo deste breve ensaio se procurou pôr em evidência, ainda que não se tenha tratado miudamente delas.

Ao analisar a "pragmática do mistério" nos sermões, Alcir Pécora afirma que "a tópica do mistério não é matéria de teologia especulativa apenas, mas de aplicação dos argumentos teológicos ao apostolado: o que acima de tudo conta é a sua disponibilidade para a ação eficaz de conversão"[10]. O elemento mistério é aspecto essencial na elaboração dos sermões de padre Vieira, sobretudo porque eles "entretêm os sentidos e a inteligência"[11]. É assim que Vieira deve ser lido e entendido; é assim (permita-se aqui o tom pessoal) que aprendi a lê-lo – e a amá-lo com a inteligência – nos idos anos de 1992, com

---

10   Sermões: A Pragmática do Mistério, em A. Vieira, op. cit., v. 2, p. 14.
11   Idem, p. 14.

o professor Alcir Pécora; e é assim, com os sentidos e com a inteligência (a despeito de que se queira lê-lo utopicamente, como o título pode sugerir), que Manoel de Oliveira parece tê-lo lido e entendido em *Palavra e Utopia*.

Um Filme Falado:
Portugal entre o Atlântico e o Mediterrâneo[*]

Aparecida de Fátima Bueno[**]

Que cilada que os ventos nos armaram!
A que foi que tão longe nos trouxeram?[1]

CAMILO PESSANHA

A importância da expansão ultramarina na cultura portuguesa, particularmente, e, de modo geral, na europeia, é fato inconteste. Aliás, demandar outros mares além do Mediterrâneo foi condição *sine qua non* para o desenvolvimento econômico do continente, sobretudo a partir das dificuldades advindas da presença muçulmana nos principais pontos da rota comercial com o Oriente.

Portugal, pioneiro na descoberta de uma nova rota que garantiu acesso ao comércio das especiarias e outros bens, então fundamentais para a economia europeia, tem papel de relevo, nos séculos XV e XVI, na redefinição da cartografia mundial. A história do país ficaria marcada de maneira indelével por esse período expansionista. Após a sua derrocada, que tem como marco simbólico o desaparecimento do rei dom Sebastião em Alcácer-Quibir, a cultura portuguesa não mais seria a mesma.

---

[*] Este trabalho foi apresentado no Congresso Internacional "Portugal e o Mediterrâneo", organizado por Maria Luísa Cusati.
[**] Departamento de Letras Clássicas e Vernáculas da Faculdade de Filosofia, Letras e Ciências Humanas da Universidade de São Paulo (FFLCH-USP), Brasil.
[1] Em São Gabriel, *Clepsidra*, Lisboa: Relógio D'Água, 1995, p.106.

De *Os Lusíadas* (1572) de Camões a *Mensagem* (1934) de Fernando Pessoa, inúmeros poetas e escritores evocariam o período da expansão ultramarina lusitana como um passado áureo que deveria ser retomado. Mesmo não sendo unânime essa evocação – e apenas lembramos aqui duas obras e momentos bastante distintos, Antero de Quental e sua conferência "Causas da Decadência dos Povos Peninsulares nos Últimos Três Séculos" (1871) e *O Ano da Morte de Ricardo Reis* (1984) de José Saramago, o primeiro ao considerar as conquistas longínquas como uma das causas da decadência de seu país[2], o segundo, concluindo o romance em que dialoga com dois grandes mitos da literatura portuguesa, Camões e Pessoa, com a frase "Aqui, onde o mar se acabou e a terra espera"[3], sinalizando que aquele período áureo é definitivamente pretérito – mesmo assim, a presença desse *mar sem fim português*[4] na cultura do país é quase sempre onipresente; basta pensarmos no Oceanário de Lisboa, construído para a Exposição Universal de 1998.

Entretanto, se é, sobretudo, o oceano Atlântico que é evocado desde que Camões define Portugal como "onde a terra se acaba e o mar começa" (Canto 3, estância 20, de *Os Lusíadas*)[5], Manoel de Oliveira, em *Um Filme Falado*, de 2003, refaz a rota para a Índia não mais pelo Atlântico, mas pelo Mediterrâneo. Obviamente, não é apenas o passado ultramarino português que está sendo objeto de reflexão no filme de Oliveira. São o passado e o presente europeus que estão em causa, e sua relação com o Oriente.

O filme inicia com a partida de um navio de Lisboa rumo à Índia, numa manhã de nevoeiro. Entre os passageiros que observam a vista da cidade, encontram-se as protagonistas, mãe e filha. A legenda inicial indica a época e quem são essas personagens: "Em julho de 2001 uma menina acompanhada de

---

2 Antero de Quental, Causas da Decadência dos Povos Peninsulares, *Prosas Sócio--políticas*, Lisboa: Imprensa Nacional-Casa da Moeda, 1982, p. 255-296.
3 José Saramago, *O Ano da Morte de Ricardo Reis*, Lisboa: Caminho, 1984, p. 415.
4 Fernando Pessoa, *Mensagem*, Rio de Janeiro: Nova Aguilar, 1986, p. 79. Refiro--me aos versos do poema intitulado "Padrão", o terceiro de "Mar Portuguez": "Que o mar com fim será grego ou romano: / O mar sem fim é portuguez".
5 Luís de Camões, *Os Lusíadas*, Rio de Janeiro: Biblioteca do Exército, 1980, p. 200.

sua mãe, distinta professora de História, atravessa milênios de civilização ao encontro do pai".

Rosa Maria, a mãe, interpretada pela atriz Leonor Silveira, começa a explicar à filha Maria Joana (Filipa de Almeida) o que representam os monumentos que se veem do navio: o Monumento dos Descobrimentos (1960), construído para comemorar o quinto centenário da morte do infante dom Henrique, e a Torre de Belém, construção manuelina (1515-1521), erigida, por sua vez, para comemorar o feito de Vasco da Gama, e que vai ficar eternizada na cultura do país como o espaço de onde partiam as naus que iam em busca das rotas do comércio e consequentes descobertas; ambos monumentos, de fato, marcos da expansão ultramarina portuguesa.

De saída, ficamos a saber, pelos nomes evocados através desses marcos – o infante dom Henrique, Vasco da Gama – que é a esse passado que se faz menção, a cujo início, auspicioso no século xv, se seguiu o trágico desfecho, no século seguinte, com a malfadada jornada de África. O nome de dom Sebastião surge na sequência dessas informações, a partir de uma associação que Rosa Maria faz entre as condições meteorológicas do dia e a lenda que anuncia a volta do rei, numa manhã de nevoeiro.

Logo no começo do filme, através das explicações que a mãe dá à filha, vemos que desse passado restou apenas o mito, simbolizado na emblemática figura de dom Sebastião e seu esperado/desejado retorno, numa manhã encoberta de nevoeiro. E para que fique bem claro que é desse passado que se fala, assim que o navio entra pelo Mediterrâneo a primeira explicação que Rosa Maria dá a Joana é a respeito da cidade de Ceuta, antiga possessão de Portugal, há 500 anos, lembrança da época em que os portugueses combatiam os mouros na missão de expandir a fé e o Império. A resposta que a mãe dá à pergunta da filha – "Ainda é nossa?" – gera uma associação que a menina estabelece entre a revolução que pôs fim a essa posse e a Revolução dos Cravos, confusão rapidamente desfeita pela mãe: esta última é muito mais recente e trata-se de "outra história". De fato, podemos pensar que não é bem de uma outra história que se trata. Se a perda de Ceuta, séculos atrás, apenas anacronicamente poderia se relacionar com a Revolução dos Cravos, por outro lado, esta última está associada ao fim do império colonial africano português, selado definitivamente no último quartel do século XX. Ou seja, a referência a Ceuta evoca tanto a posse como o fim do passado colonial lusitano na África.

Entretanto, se a história que o filme traz ao primeiro plano reflete a respeito do passado imperial português, não é apenas o seu redimensionamento na cultura contemporânea que está em foco no filme de Manoel de Oliveira. Os marcos dessa cultura são evocados à medida que o navio para nos portos do trajeto e novos personagens, de diversas nacionalidades, entram em cena e passam a interagir. A partir daí, tanto o passado como o presente da cultura europeia vêm para o primeiro plano dos debates.

É no primeiro porto da paragem, em Marselha, que é retomado e explicado o motivo da viagem de Rosa Maria e sua filha, como também seu destino final: ambas vão a Bombaim, onde se encontra o pai de Joana, piloto da aviação civil. É também nessa cidade que são evocados antigos argonautas, rememorados numa placa fixada no chão, comemorativa da expansão dos gregos pela Europa, a partir da fundação de Marselha, de onde, como consta na placa, espalharam a civilização pelo restante mundo ocidental. É ainda nesse espaço, numa conversa a princípio informal entre a mãe e um vendedor de peixes, que um dos problemas da contemporaneidade surge no primeiro plano da discussão: a dependência do petróleo que move a sociedade contemporânea e os cuidados preventivos a serem tomados, em caso de guerra, para diminuir os efeitos da falta de acesso a esse combustível, cuja ausência imobiliza o mundo atual.

A referência a uma possível guerra opondo a Europa e o Oriente Próximo, e o que representa para a sociedade contemporânea a ameaça de ficar refém do petróleo, como outrora fora refém dos produtos importados, sobretudo da Ásia, mostram que, apesar dos mais de quinhentos anos entre a crise que gerou a necessidade de descobrir novas rotas de comércio e os tempos atuais, é ainda sob o signo da tensão que a relação entre esses dois espaços culturais se estabelece. Se, como já foi dito, a crise anterior foi fundamental para a redefinição da cartografia mundial e para o desenvolvimento científico e econômico do mundo em que vivemos, por outro a persistência da tensão revela que, quando se trata de divergências culturais e religiosas, parece quase impossível chegar-se a uma situação de harmonia ou mesmo de equilíbrio.

O porto seguinte é Nápoles, e as marcas culturais se sucedem: agora é o império romano que se relembra. É sua herança grega, simbolizada na figura de Ulisses, herói cantado por Homero. A referência a dois grandes poetas do mundo antigo, Homero e Virgílio, revela as proximidades entre as culturas grega e latina. Mais do que isso, a evocação dos dois poetas deixa claro que é, sobretudo, do espaço da épica que se trata. É essa a faceta da história da civilização ocidental, com seu percurso expansionista e sua relação com outras culturas mais distantes, que está, sem dúvida alguma, no primeiro plano do filme de Manoel de Oliveira.

Numa visita às ruínas da cidade de Pompeia, arrasada pelo Vesúvio no primeiro século da era cristã, mais um elemento vem lembrar de que matéria-prima se compõe o painel histórico-cultural traçado em *Um Filme Falado*. Rosa Maria diz a Joana que há quem explique a destruição da cidade como castigo divino, em resposta à vida devassa que lá se levava. Mesmo após a explicação racional – a tragédia ocorrera por causa de um cataclismo –, o que sobressai é a indagação de Joana: "Foi castigo do céu?"

Na cidade e porto seguintes, Atenas, acrescenta-se novos dados a esse mosaico cultural. O contato com um padre ortodoxo relembra as dissidências dentro do cristianismo; já a visita à Acrópole evoca um culto de tradição tão milenar como o judaísmo – ou outras religiões que floresceram no Oriente. Por sua vez, a referência à ausência da estátua de Atena evoca o mito de sua luta e vitória sobre Poseidon – simbolizando a superioridade da Sabedoria, representada pela deusa, sobre o poderio dos mares. A gigantesca estátua de Atena, posta antigamente no alto do Pártenon, como memória dessa vitória, desvela que, mais que força bruta, o conhecimento, a inteligência e a consequente sabedoria foram os elementos necessários para vencer a barreira dos oceanos. Todavia, a estátua é lembrada por sua ausência, já que foi levada a Constantinopla, em torno do século v, e posteriormente desapareceu.

A parada seguinte é em Istambul. Entretanto, a referência a Constantinopla, antigo nome da cidade antes da dominação otomana, remete mais uma vez à história dos conflitos entre a Europa e o Oriente Próximo, entre o mundo cristão e o muçulmano. A mais importante visita turística em Istambul é justamente a Santa Sofia, antiga catedral ortodoxa (532-537), depois convertida em mesquita (1453), e, após o fim do império otomano, com a transformação da Turquia em República, convertida em museu desde 1935. A antiga catedral acaba sendo quase uma síntese desses conflitos, lugar atualmente destituído de estatuto sagrado e transformado num espaço laico de visitação. Durante a visita, um guia explica o significado do nome: não se trata de referência a uma santa chamada Sofia: o nome da antiga catedral remete à sabedoria divina.

Tanto na visita a Atenas como em Istambul, os principais símbolos referidos ou vistos nesses espaços, a estátua de Atena e a catedral de Santa Sofia, projetam o desejo humano de associar um valor como o da sabedoria ao espaço do sagrado, do divino. Entretanto, as indagações da menina desvelam a incongruência da história dos homens, que não encontram em si esse valor.

É justamente na visita a Santa Sofia que Rosa Maria precisa explicar à filha os conflitos entre o mundo muçulmano e o cristão: por que andaram em luta e se ainda andam. A mãe, equivocadamente, diz que não, que esses conflitos ocorreram na Idade Média. Precisa então esclarecer sobre as divisões do tempo na história do mundo. Mesmo assim, Joana ainda pergunta: "Em que Idade Média estamos agora?"

É dessas indagações, aparentemente ingênuas e infantis, de Joana, que Manoel de Oliveira se vale para aproximar o passado do tempo presente, e colocar em xeque os conceitos que estão sendo abordados em *Um Filme Falado*. O aspecto excessivamente didático que o filme tem em seu início – uma professora de história explicando, em tom professoral, à filha pequena o significado dos espaços percorridos – ganha nova dimensão à medida que as observações feitas por Joana põem em evidência as inconsistências do discurso racional e de fundo iluminista de sua mãe, que, de fato, reproduz, com a voz da autoridade que lhe cabe por seu perfil profissional – distinta professora de história –, uma certa imagem "civilizada" que o mundo ocidental e contemporâneo quer de si próprio.

Essas indagações ganham um sentido mais irônico e profundo no espaço seguinte em que o navio ancora: Porto Said, no Egito. A visita então segue passos ainda mais antigos de nossos antepassados culturais: o sítio arqueológico onde se encontram as Pirâmides e a Esfinge de Gisé. É então que mais uma palavra é adicionada ao vocabulário de Joana, quando a mãe lhe explica que aquelas ruínas são o que restou de uma antiga civilização. Precisando esclarecer logo em seguida o significado da palavra nova: "Civilização é o que os homens vão criando e desenvolvendo através do tempo e de sua inteligência".

A seguir, alguns conflitos dessa antiga civilização vêm para o primeiro plano: a história dos judeus cativos no Egito, e do trabalho escravo necessário para a construção das pirâmides. A menina então pergunta: "Era por isso que eram civilizados?" A resposta dada pela mãe é também um balanço das incoerências da história humana: "A história da civilização é feita dessas contradições. O homem não é perfeito e comete erros".

Moisés, Napoleão, a construção do canal de Suez são algumas referências evocadas que contextualizam várias fases e fatos de nossa história ocorridos naquele espaço. É então que um outro português entra em cena, para uma rápida participação: o ator Luís Miguel Cintra, que se apresenta identificando-se como ele mesmo e passa a dialogar com a mãe e a filha. Rosa Maria considera que a construção do canal de Suez é uma formidável marca do estágio de desenvolvimento de nossa cultura, já que essa obra da engenharia tornou possível a viagem direta de navio ao Oriente. Já o ator evoca a viagem de Vasco da Gama à Índia como um feito não menos extraordinário, afinal, como lembra, no século xv essa viagem levava um ano para ser feita. A isso, Rosa Maria antepõe o fato de Suez ter sido aberto por "braço de homem".

Mais uma vez, o que está sendo discutido é a importância da inteligência e a capacidade do homem para domar os obstáculos da natureza. Por mais precárias que nos possam parecer as navegações feitas com a tecnologia existente nos séculos xv e xvi, graças aos avanços científicos alcançados naquele período, com a invenção e modernização de alguns

Leonor Silveira e Filipa de Almeida: mãe e filha em Um Filme Falado *(2003).*

instrumentos, entre eles a bússola e o astrolábio, é que foram possíveis viagens como a de Vasco da Gama e de Cristóvão Colombo, mesmo que citemos apenas dois dos grandes nomes da história da expansão ultramarina europeia.

Assim que o navio prossegue, os principais personagens já estão incorporados ao grupo e é então que teremos a primeira cena interna no navio, a primeira que não é exclusivamente da perspectiva de Rosa Maria e da filha. Localizada na sala de jantar do navio, acompanhamos o capitão, um americano de ascendência polonesa, interpretado por John Malkovich, recebendo em sua mesa três mulheres, de três nacionalidades distintas, que embarcaram cada qual no porto correspondente à sua origem: Delfina/Catherine Deneuve, uma grande executiva, subiu a bordo em Marselha; Francesca/Stefania Sandrelli, ex-modelo conhecida internacionalmente, aderiu ao grupo em Nápoles; e Helena/Irene Papas, cantora e atriz, incorporou-se ao grupo dos passageiros na parada na Grécia.

A princípio, a conversa entre eles gira em torno das apresentações pessoais cada um fala sobre sua trajetória afetiva e profissional. A peculiaridade dessa conversação é que todos se expressam em sua própria língua materna, inglês, francês, italiano e grego, como se não houvesse barreiras linguísticas. A partir dessa constatação, feita por Delfina, a conversa muda de tom, e as reflexões políticas começam a aflorar. Inicialmente, as críticas são dirigidas à União Europeia e, como a presença na mesa é predominantemente feminina, Delfina também indaga como seria o mundo se fosse dirigido pela prudente mão de uma mulher. A conversa volta a girar, então, em torno da linguagem. Helena se ressente do fato de a Grécia ter sido o berço da civilização e de estar, atualmente, em processo de declínio, e de o grego ser uma língua restrita apenas ao país, ao contrário do inglês, que colonizou o mundo. É também dela o primeiro questionamento sobre o mundo árabe: os árabes foram importantes difusores da cultura grega, mas lamenta o fato de que, por causa do fanatismo, tenham sido eles os responsáveis por destruir parte de acervos culturais importantes para a humanidade. A relação Ocidente/Oriente vem, então, definitivamente para o primeiro plano, e a discussão sobre a falta de convergência entre os dois universos culturais ocupa o centro das indagações.

O filme volta a focar mãe e filha. O Mediterrâneo ficou para trás. O mar que se navega agora é o Vermelho, e já faz parte do mundo árabe. Isso leva Rosa Maria a explicar à menina quem são os árabes e, para isso, remete ao Antigo Testamento e à história bíblica da origem dos ismaelitas, marcada, desde o início, por disputas fraternas. A ideia de que as nações se constroem a partir de guerras, e de que a natureza do homem é marcada por esse aspecto belicoso, complementa as informações dadas a Maria Joana. A aproximação do porto de Aden, próxima parada do navio, faz com que a professora relembre o fato de Portugal, inúmeras vezes, ter tentado, sem sucesso, invadir esse ponto estratégico para as naus portuguesas a caminho da Índia.

De volta ao navio, outra cena de jantar. Agora Rosa Maria e Maria Joana são convidadas a fazer parte do grupo de mulheres que acompanha o capitão. Ele aproveita para presentear a menina com uma boneca árabe, vestida à moda muçulmana, que comprou em Aden. A questão da comunicação entre os povos volta para o centro dos debates, já que, naquele grupo, apenas o capitão compreende um pouco do português, por

John Malkovich, Catherine Deneuve, Stefania Sandrelli e Irene Papas (de costas) em Um Filme Falado *(2003).*

ter morado alguns anos no Brasil. A conversação então terá que ser feita em inglês, língua comum a todos os presentes. Mais uma vez é Helena que faz uma comparação entre as duas importantes culturas do passado, a grega na Antiguidade e a portuguesa, no início da Idade Moderna, e o estado atual em que se encntram. Novamente aponta para o fato de o grego ser uma língua restrita ao território de seu país, sendo embora grande a sua importância na formação das diversas línguas indo-europeias, enquanto o português é ainda falado em todos os continentes, em função de seu passado colonial.

Os acontecimentos então se precipitam, com a descoberta de uma bomba colocada no navio, na última parada, e a necessidade de evacuação imediata. A cena final, com a imagem congelada do capitão estupefato acompanhando a explosão à distância, marca o encerramento de uma trajetória pela história de nossa cultura e civilização, iniciada em Lisboa e interrompida abruptamente na entrada do mundo árabe.

De fato, a proposta de *Um Filme Falado* é fazer um balanço do estado atual de nossa civilização, tendo como ponto de partida a época em que Portugal foi senhor dos mares. Manoel de Oliveira traça um paralelo entre os conflitos de outrora e os da contemporaneidade, e os mostra não tão distantes assim uns dos outros. No final do filme, não é apenas a imagem estática do capitão, com os ruídos da explosão do navio ao fundo, que permanece. São os próprios espectadores que ficam paralisados enquanto os créditos aparecem na tela. Os diversos conceitos que são colocados em xeque nas conversas entre os personagens de *Um Filme Falado*, "Civilização", "Sabedoria", "Desenvolvimento", mostram que os avanços tecnológicos não são suficientes para apaziguar um mundo imerso em constante conflito e desequilíbrio.

Na segunda parte de *Mensagem*, intitulada "Mar Portuguez", no poema de abertura, um dos que dedica ao infante dom Henrique, o poeta Fernando Pessoa diz:

> Deus quere, o homem sonha, a obra nasce.
> Deus quiz que a terra fosse toda uma,
> Que o mar unisse, já não separasse.
> Sagrou-te, e foste desvendando a espuma,
>
> E a orla branca foi de ilha em continente,
> Clareou, correndo, até ao fim do mundo,
> E viu-se a terra inteira, de repente,
> Surgir, redonda, do azul profundo.
>
> Quem te sagrou creou-te portuguez.
> Do mar e nós em ti nos deu signal.
> Cumpriu-se o Mar, e o Império se desfez.
> Senhor, falta cumprir-se Portugal![6]

Se a expansão ultramarina foi fundamental para a história da comunicação entre os povos – permitindo que o "mar unisse, já não separasse"–, o que o filme de Manoel de Oliveira parece encenar é um oceano que mais divide que une. A viagem inconclusa do navio mostra uma navegação que não pôde chegar a seu termo. E, se não são os deuses que armam essa cilada, como nos poemas épicos de outrora, tudo indica que é uma surda luta entre crenças que impede uma verdadeira comunicação entre os homens. Como nas antigas cruzadas, as armas parecem ser mais fáceis de serem empunhadas que um

6 F. Pessoa, op. cit., p.78.

efetivo diálogo entre as diferenças. O capitão e os espectadores, que pasmados escutam a destruição do navio, representam o estado de estupefação de nossa cultura que, soberana e prepotente, continua sem conseguir entender as que dela se diferenciam. Talvez nos reste apenas um consolo: também essas outras culturas não nos entendem. De fato, estamos muito longe do utópico sonho – cantado, entre outros, por Fernando Pessoa – de que "a terra fosse toda uma".

Ontem como Hoje:
É a Hora!

Ana Maria Domingues de Oliveira*

Há, ao longo da história da arte portuguesa, uma longa tradição de obras que têm como tema o rei dom Sebastião e a insana aventura a que se lançou no norte da África e que culminou com seu desaparecimento e a consequente perda da soberania nacional de Portugal durante sessenta anos.

Ainda durante o século xx tal tradição se manteve, invadindo até mesmo o século seguinte e o cinema. Uma das mais recentes abordagens de tal tema é o filme *O Quinto Império: Ontem como Hoje*, de Manoel de Oliveira, lançado em 2004.

Antes, porém, de abordar diretamente essa película do maior realizador do cinema português, gostaria de rememorar duas outras obras que têm dom Sebastião como tema e que também surgiram no século xx.

Começo por 1934, quando, num concurso promovido pelo Secretariado de Propaganda Nacional da ditadura salazarista, que tinha a finalidade de premiar o melhor livro de poesia de sentido nacionalista, Fernando Pessoa inscreveu-se com aquele que seria o seu único livro em língua portuguesa

---

* Departamento de Literatura da Faculdade de Ciências e Letras da Universidade Estadual Paulista (Unesp), Assis, Brasil.

publicado em vida: *Mensagem*[1]. Alcançou apenas o segundo lugar. O primeiro lugar coube a *Romaria*, do padre Vasco Reis. Para *Mensagem*, foi criado, de improviso, por António Ferro, um prêmio de segunda categoria, por ter um menor número de páginas. Pessoa não compareceu à entrega do prêmio.

Em *Mensagem*, o que se constrói é a noção de um Portugal predestinado por Deus a governar o mundo. De acordo com essa visão, Pessoa relê a história do país de um ponto de vista providencialista, buscando enxergar em todos os acontecimentos a interferência de um Deus que sempre sinaliza o lugar de comando destinado a Portugal, diante das demais nações do mundo.

Maria da Glória Bordini, em artigo de 1994, observa as características de *Mensagem* de maneira contundente:

> A obra, portanto, cumpre uma trajetória de modernidade às avessas, como se a sociedade portuguesa não conseguisse ver o seu futuro senão como a volta de seu passado, implicando uma noção de tempo mítico, ritual, de aspiração ao eterno retorno da idade do ouro. Por outro lado, destaca também o individualismo característico das sociedades burguesas modernas, entregando a responsabilidade de restituição da grandeza passada sempre a figuras de autoridade, todas singularizadas como protetoras do povo e lamentadas por já não estarem presentes. A pátria, nesse sentido, é tratada como uma entidade feminina passiva, a clamar por um homem forte que a fecunde de novo[2].

A figura de dom Sebastião, segundo essa perspectiva, encarnaria esse ideal da figura de autoridade que viria restaurar a glória perdida de Portugal, colocando-o à frente de um império mundial.

Em coerência com essa visão providencialista da história de Portugal, as personagens históricas mais relevantes são aquelas que conseguiram manter-se inconscientes das razões de seus atos, de modo a serem operadas como marionetes da vontade divina. O poema "Terceiro: o Conde D. Henrique" é exemplar dessa concepção de história:

---

1 Lisboa: Parceria António Maria Pereira, 1934.
2 *Mensagem*: Lírica e História, *Discursos*, Coimbra, n.7, p. 50, maio 1994.

Todo começo é involuntário.
Deus é o agente,
O herói a si assiste, vário
E inconsciente.

À espada em tuas mãos achada
Teu olhar desce.
"Que farei eu com esta espada?"

Ergueste-a, e fez-se.

Há, no poema, todo um léxico que gira em torno dessa ideia de herói inconsciente: o começo é involuntário, ou seja, não depende de nenhuma vontade humana. O conde dom Henrique assiste a si mesmo, inconsciente de seus atos. A própria espada do herói é achada em suas mãos; portanto, não foi buscada e tomada por ele; que, atônito, nada faz além de perguntar-se o que fazer com aquela espada e, na ignorância da razão de seus atos, erguê-la. Até mesmo a flexão seguinte do verbo indica a não ação do herói: a espada "fez-se". E que ação pode decorrer de uma espada, como instrumento de morte que é, ainda mais governada por si mesma, a não ser levar a morte a quem se coloque diante dela?

Nesse sentido, o dom Sebastião de Fernando Pessoa é aquele, entre os heróis portugueses, que melhor encarna a noção de predestinação e inconsciência, como se pode observar no poema "Quinta: D. Sebastião, Rei de Portugal":

Louco, sim, louco, porque quis grandeza
Qual a Sorte a não dá.
Não coube em mim minha certeza;
Por isso onde o areal está
Ficou meu ser que houve, não o que há.

Minha loucura, outros que me a tomem
Com o que nela ia.
Sem a loucura que é o homem
Mais que a besta sadia,
Cadáver adiado que procria?

O adjetivo que qualifica desde o início dom Sebastião é "louco", ou seja, alguém que não tem o controle de seus próprios pensamentos e ações, que age inconscientemente. Ao desfrutar dessa condição, coloca-se numa posição ideal para ser usado como instrumento por Deus, de modo a cumprir a predestinação divina. Seu exemplo, portanto, deve ser seguido por todos, para atingir o objetivo divino: "Minha loucura, outros que me a tomem / Com o que nela ia". A loucura é também a garantia da continuidade da existência após a morte: "*Por isso* onde o areal está / Ficou meu ser que houve, não o que há" (grifo meu). Ou seja, é exatamente em virtude da loucura que este dom Sebastião pode até se deixar morrer no areal, pois sua existência para além da morte fica garantida pela loucura.

Mensagem seria então, segundo essa concepção de história, uma obra que se colocaria numa posição ideologicamente conservadora e, portanto, palatável à face colonialista da ditadura de Salazar, defendendo a noção de um Quinto Império Português como o cumprimento de uma determinação divina que pode ser enxergada ao longo de toda a história de Portugal.

Uma das provas de como *Mensagem* foi uma obra conveniente para a ditadura salazarista é a segunda edição do livro, que viria apenas em 1941, seis anos depois da morte de seu autor, que, entretanto, deixara já um exemplar da primeira edição com as correções necessárias. O órgão responsável por essa segunda edição foi a Agência Geral das Colônias, organismo criado como parte da Direção Geral dos Serviços Centrais do Ministério das Colônias, em 1932. À Agência competiam serviços de procuradoria, propaganda e divulgação dos interesses coloniais portugueses. Possuía quatro divisões de serviços, a saber: Divisão de Procuradoria, Divisão de Informações, Divisão de Propaganda e Divisão de Publicações e Biblioteca. Esta última divisão era responsável por coleções como a da *Biblioteca Colonial Portuguesa, Pelo Império, Clássicos da Expansão*, entre outras. Não é preciso usar de muita interpretação para enxergar nos nomes das coleções a vontade expansionista e colonialista de Salazar. A presença de *Mensagem* nesse contexto editorial, portanto, reafirmaria a sólida feição colonialista da obra.

Quinze anos depois de *Mensagem*, em 1949, portanto, José Régio publica a peça *El-Rei Sebastião*[3], com o subtítulo "Peça

---

3   Coimbra: Atlântida, 1949.

espectacular em três actos", contando de um ponto de vista tríplice – segundo suas próprias declarações – a história desse desventurado último rei da dinastia de Avis. Numa carta para Eugênio Lisboa, falando sobre a peça, Régio afirma:

> Sem intenções polémicas (pelo menos conscientemente), sem sebastianismo ou antissebastianismo, quis ver o Rei Sebastião de vários planos; ou quis ver seus vários graus. Talvez os "vários planos" do El-Rei Sebastião da peça possam ser reduzidos a três:
>
> - plano físio-psicológico;
> - plano místico;
> - plano mítico
>
> Quando, por exemplo, um Sebastião real (que eu trato com bastante crueza) cai morto aos pés de um Sebastião irreal que o abraça – quer dizer que se afirma o seu grau mítico (já, aqui, me calha melhor o termo grau) sobre ou contra, o seu grau físio-psicológico. O Sebastião físio-psicológico não me interessaria [...] (como rei, só poderia ser um mau rei) se não me interessasse o Sebastião místico, e se este não evolucionasse, não por sua responsabilidade mas pela de várias circunstâncias concorrentes, no sentido do mito: O Encoberto, o Desejado, o Esperado de Sempre... [4]

Na peça, tudo se passa numa mesma sala, onde dom Sebastião debate com seus conselheiros, com seus truões, com a rainha dona Catarina e com Simão Gomes, o Sapateiro Santo, a sua crença na relevância da incursão que pretendia fazer ao norte da África. A peça termina antes que tal viagem se concretize, num momento em que nobres e soldados julgam que dom Sebastião está enlouquecendo.

Publicada sob a ditadura salazarista, embora desfrutando ainda da relativa abertura do pós-guerra, a peça de Régio cria um dom Sebastião introspectivo, atormentado por seus sonhos de grandeza e pela incompreensão desses sonhos por parte dos que o cercam. É esse dom Sebastião de Régio que servirá, então, como base para o roteiro que fará Manoel de

---

[4] Carta inédita a Eugénio Lisboa, disponível no *dossier* de imprensa pela Madragoa Filmes, no endereço <http://www.madragoafilmes.pt/oquintoimperio/dossier%20de%20imprensa%20o%20quinto%20imperio.doc>. Acesso em: 1 jul. 2008.

Oliveira, para, em 2004, setenta anos após a polêmica premiação de *Mensagem*, realizar o filme *O Quinto Império: Ontem como Hoje*. O filme, na verdade, é praticamente a versão para cinema do texto teatral, seguido quase que *ipsis litteris* pelo roteiro que o próprio diretor fez.

Trata-se de um filme escuro, de poucos movimentos, com algumas locações em monumentos historicamente importantes de Portugal, como o Mosteiro da Batalha, o de Alcobaça e o Convento de Cristo, em Tomar. A famosa janela manuelina do convento, aliás, serve de fundo para os créditos iniciais do filme, envolta numa luz misteriosa, semelhante à das noites de lua cheia. É a grade dessa mesma janela que se projetará sobre os atores do filme, em muitos momentos, como uma espécie de prisão impalpável, já que grande parte do filme se passa na sala do coro baixo do Convento, em cuja face externa está, justamente, a janela manuelina.

Com exceção de algumas cenas iniciais, em que dom Sebastião vai visitar os túmulos de alguns reis que o antecederam e que lhe servem de referência de grandeza de ideais, quase todas as cenas do filme se passam nessa mesma sala. Como já disse, o cômodo tem ao fundo as grades da janela manuelina, às vezes à mostra e às vezes encoberta por uma cortina que representa a cena da aparição de Cristo a dom Afonso Henriques na batalha de Ourique.

Na sala está, **durante** quase todo o tempo, dom Sebastião. Passam por ali também moços de câmara, conselheiros, truões, a rainha dona Catarina e Simão Gomes, o Sapateiro Santo, como na peça de Régio.

Há um momento, entretanto, que não aparece no texto de Régio: é o sonho de **dom Sebastião**, em que as estátuas dos reis portugueses que o **antecederam** (e que, na criação de Oliveira, decoram a sala) **criam vida** e vêm discutir com ele a questão do Quinto Império. Nesse momento, até a pintura que representa dom Afonso Henriques em Ourique[5], nas cortinas, cria vida e move a cabeça e os olhos. Com exceção

---

5 Há uma curiosa semelhança desse Dom Afonso Henriques com Jesus Cristo, o que confunde até mesmo Eurico de Barros, em artigo publicado no *Diário de Notícias* em 11 de setembro de 2004 (dia seguinte ao da estreia do filme no Festival de Veneza).

dessa cena, todo o restante do filme é fiel ao texto teatral de Régio.

Assim, o filme tem planos bastante estáticos, com a sala do rei assemelhando-se a um palco de teatro, criando no espectador a ilusão de que a quarta parede não existe. Quando, entretanto, a câmera se volta para o lado em que estaria a plateia, no teatro, vê-se a quarta parede, que, afinal, existe: trata-se da escada em dupla diagonal que leva da sala do coro baixo à Capela do Convento de Cristo.

Há constantemente um jogo de ilusões e aparências, sobrepondo palácio e prisão, loucura e sanidade, verdade e representação, reforçado pela direção segura e astuta de Manoel de Oliveira.

A propósito da estaticidade do filme, assim manifestou-se Luiz Carlos Oliveira Jr., com propriedade, na revista de cinema *Contracampo*:

> Soará um tanto óbvio, mas lá vai: *O Quinto Império* é um filme falado. Para Manoel de Oliveira, mais um. O texto teatral de José Régio que o inspirou está lá, palavra por palavra. E o que há de especial nessa relação que ele constrói com a palavra é sua consciência de que esta mobiliza uma duração e um movimento. A palavra em seus filmes não estimula um movimento, ela é o movimento em si. Assim como as imagens semifixas que muitas vezes perduram por minutos no filme, a palavra não cria a impressão de tempo, mas ocupa um tempo. A única verdadeira ação dos personagens de *O Quinto Império* é falar[6].

O filme foi exibido pela primeira vez, sem participar da competição, no Festival de Veneza, no ano em que Manoel de Oliveira recebeu o Leão de Ouro pelo conjunto de sua obra cinematográfica.

Parte do público ali presente, talvez pela proximidade da data em que se completavam os três anos da derrubada das Torres Gêmeas do *World Trade Center*[7], viu na figura do ambicioso,

---

[6] Disponível em <http://www.contracampo.com.br/64/quintoimperio.htm>. Acesso em: 1 jul. 2008.

[7] O filme foi exibido em 10 de setembro de 2004, data bastante significativa para alimentar as associações do dom Sebastião de Oliveira ao presidente americano George W. Bush.

puritano e quase insano dom Sebastião – levado às telas por Ricardo Trepa, neto de Manoel de Oliveira – uma representação de George W. Bush, presidente dos Estados Unidos.

Até mesmo as declarações do diretor reforçavam esse paralelo. Na "Nota de Intenções" que integra o *dossier* de imprensa da página oficial do filme na internet[8], afirma Manoel de Oliveira:

> Esta obcecação histórica e utópica do Quinto Império, parece voltar a ser realidade. Aliás, já ensaiada pela ONU e agora com profunda convicção se processa com a União Europeia. Entretanto, está o mundo submetido hoje a uma espécie de retorno à Idade Média sob um implacável terrorismo que vitima inocentes, e que perturba tanto os E.U.A. como a Europa, visando derrubar a civilização ocidental. Esta espécie de retorno a uma luta atávica e incoerente, que é também de certo modo um retorno ao mítico *Quinto Império*, e ao *desejado* e *encoberto*. Este conjunto de circunstâncias ligam-se miticamente ao *Quinto Império*, situação já ensaiada, ainda que falhada, pelo Imperador Carlos v, avô do Rei Sebastião (grifos do autor).

Como se pode notar por essas declarações de intenção, há uma clara associação entre os ataques ditos terroristas do islamismo fundamentalista e a ação americana e europeia nos países islâmicos. Assim, tal associação está expressa já desde o subtítulo da película: "ontem como hoje". Nesse contexto, os planos de dom Sebastião para a África seriam similares aos de Bush e seus aliados em relação aos países árabes:

> Já conheceis o meu projecto: passar à África, despossar Mulei Moluco da Berbéria, expulsar os turcos, ganhar para nós vastíssimos territórios, levar a Cristandade a essas bárbaras paragens! Pelo socorro que me pede Cid-Abdelcrim, fiel ao xerife* Mulei Mafamede, uma oportunidade milagrosa se me apresenta de levar a cabo este grande desenho. Só duas altas ambições me incitam a porfiar nele: espalhar a Cristandade! honrar e ampliar o Reino que me deu Deus o encargo de reger![9]

---

8 *Contracampo*, op. cit.
* No Islã, este título é empregado como denominação honorífica de soberanos importantes descendentes de Maomé ou para um muçulmano que já tenha feito pelo menos três visitas ao templo de Meca (N. da E.).
9 José Régio, op. cit., p. 73-74.

Fica evidente, na citação acima, que é reproduzida literalmente no filme, a sobreposição dos interesses religiosos ("levar a Cristandade a essas bárbaras paragens") e políticos ("ganhar para nós vastíssimos territórios"). Como afirma mesmo Manoel de Oliveira, em sua "Nota de Intenções", vivemos uma "espécie de retorno à Idade Média".

Fazer a correspondência entre este dom Sebastião de Régio, em sua recriação por Manoel de Oliveira, e Bush é uma constante nos autores que já escreveram sobre o filme, como o mesmo crítico Luiz Carlos Oliveira Jr., que assim se expressou:

> O protagonista é um jovem rei de Portugal que, tomado que está por um impulso bélico megalômano e insano, que ele defende através de discursos patrióticos/progressistas (diante do que, de fato, fica impossível não pensar em Bush Jr.), dispensa os conselheiros, rechaça os prazeres da carne e começa a assustar a todos com suas propostas inverossímeis[10].

Embora a "Nota de Intenções" de Manoel de Oliveira não expresse de forma contundente tal aproximação, foi essa a leitura que muitos dos espectadores fizeram da figura insana do dom Sebastião do diretor português. Essa será, talvez, a forma mais imediata de interpretar a decisão de filmar a peça de Régio no início do século XXI, logo após o início da fase mais intensa das hostilidades entre o Islã e o mundo ocidental na contemporaneidade.

O tratamento dado ao tema de dom Sebastião por Manoel de Oliveira, já no início deste século, pode ser lido, portanto, como uma crítica aos ideais bélicos e megalomaníacos do presidente americano, numa tomada de posição que seria contrária ao autoritarismo e ao impulso expansionista americanos. Trata-se, pois, de um aproveitamento bastante oportuno da peça de José Régio por Manoel de Oliveira, num contexto que favorece a leitura do filme como uma crítica aos nossos tristes tempos.

Através de seu filme estático, escuro, seu "filme falado", Manoel de Oliveira recupera um texto relevante e pouco conhecido de José Régio, o que em si já seria uma grande qualidade do filme. Ao recriar a peça no cinema no início do

---

10 *Contracampo*, op. cit.

Dom Sebastião (Ricardo Trepa) e os seus conselheiros (José Manuel Mendes, Ruy de Carvalho e Luís Lima Barreto) em O Quinto Império *(2004).*

século XXI, entretanto, o cineasta acaba atribuindo-lhe um significado extra, compreensível apenas em nossos turbulentos tempos, em que assistimos ao fortalecimento de visões fundamentalistas e expansionistas, mais uma vez encobrindo, com a capa da religiosidade, interesses que sempre serão financeiros.

O dom Sebastião de Manoel de Oliveira, portanto, assumiria um sentido oposto ao de Fernando Pessoa. Na obra do poeta, o retorno do malfadado rei português vai representar a esperança de que o Quinto Império possa se efetivar, estando assim Portugal no governo do mundo. No filme de Manoel de Oliveira, ao contrário, a figura de dom Sebastião e seus sonhos de conquista ajudam-nos a melhor compreender o impulso bélico e megalomaníaco que move as peças do xadrez em que vivemos. O cinema de Manoel de Oliveira mais uma vez, então, impulsiona a reflexão sobre nossos tempos.

Plano 4

A Dialética do Bem e do Mal

A Divina Comédia
ou do Olhar "Tragirônico" sobre a Condição Humana

Andrea Santurbano*

> Meu corpo, ó meu hospício de alienados!
> Abre-te aos meus desejos enjaulados,
> Deixa-os despedaçar a minha vida
>
> JOSÉ RÉGIO, *Poemas de Deus e do Diabo*

> O filme *A Divina Comédia* é uma "reflexão histórica" muito particular que não tem ligação direta com *A Divina Comédia* de Dante.
>
> No entanto, indiretamente, poderiam estabelecer-se relações no que toca à ideia do Bem e do Mal, do Pecado e da Santidade, ainda que, no filme, o Inferno, o Purgatório e o Paraíso pertençam a este mundo aqui. O título foi escolhido, sobretudo, pela sua conotação irônica.
>
> MANOEL DE OLIVEIRA[1]

INTRODUÇÃO

O próprio Manoel de Oliveira sintetiza assim a gênese do seu filme[2], esclarecendo a falsa referência sugerida pelo título. Em volta da dialética bem/mal ele constrói uma obra-citação, epítome paradigmática do pensamento ocidental oriundo da tradição moral judaico-cristã. Nesse longa-metragem convergem dois grandes clássicos da literatura, *Crime e Castigo* (1866) e *Os Irmãos Karamazov* (1879-1880), de Fiódor Dostoiévski, romances em que a expiação do mal se configura, sobretudo, como

---

* Departamento de Língua e Literatura Estrangeiras do Centro de Comunicação e Expressão daUniversidade Federal de Santa Catarina (UFSC), Florianópolis, Brasil.
1 Nota sobre *A Divina Comédia*, em Manoel de Oliveira et al., *Régio, Oliveira e o Cinema*, Vila do Conde: Câmara Municipal e Cineclube de Vila do Conde, 1994, p. 49.
2 Apresentado na Mostra de Cinema de Veneza em 1991.

dilacerante drama íntimo. Há, ainda, o personagem do Anticristo, tirado direitamente de Friedrich Nietzsche. Interagem com esta componente filosófico-literária algumas figuras históricas e simbólicas da *Bíblia* do Antigo e Novo Testamento: Adão e Eva, Jesus, Lázaro, Maria, Marta e o Fariseu. As fontes utilizadas por Oliveira não acabam em si, mas representam, como já dito, chaves gnosiológicas de um inteiro sistema cultural:

[O filme] joga mas não se limita aos autores. Joga na medida em que esses autores e textos são representativos, o que é diferente... Representativos de quê? Representativos do mundo ocidental do qual fazemos parte. São extremamente representativos do ocidente e como referência são muito actuais. Não é por ser o *Crime e Castigo* do Dostoievski, mas por ser a representação dum esquema humano histórico ocidental[3].

AS FONTES LITERÁRIAS

O filme, entretanto, chega a ser também o testemunho de uma extraordinária relação artístico-intelectual mantida pelo mestre lusitano com um dos maiores e desconsiderados escritores e intelectuais do século XX em Portugal: José Régio. Além do realce atribuído ao personagem do Profeta, transposto da tragicomédia regiana em três atos, *A Salvação do Mundo* (1954), a presença "tutelar" do autor de *Poemas de Deus e do Diabo* paira acima de todo o filme, constituindo-se como um dos eixos dialéticos do aparato interdiscursivo. Aliás, muitas das temáticas presentes no inteiro *corpus* fílmico de Oliveira se encontram relacionadas com a interação cultural e intelectual com José Régio, a partir da problemática religiosa. Assim como o escritor, o cineasta também é um crente heterodoxo, para seguir a definição de João Marques. Ou, melhor dizendo, católicos heterodoxos, mais interessados (e, até, atormentados, sobretudo no caso de Régio) pelo mistério teleológico e pela cognoscibilidade divina frente ao livre-arbítrio do homem, do que pelo corolário litúrgico e supersticioso da crença em si.

3 M. de Oliveira, Entrevista com A. Roma Torres, Saguenail, R. Guimarães, *A Grande Ilusão*, Porto, n. 7, p. 44, mar. 1989.

Mais ainda, é o simbolismo religioso a instigar neles profundos questionamentos, na medida em que a tradição judaico-cristã marca de forma indelével a ética do mundo ocidental. Significativamente, *A Divina Comédia* se abre com a representação do episódio do pecado original de Adão e Eva no jardim do Éden, após, contudo, o público ter sido preventivamente informado por uma placa de que tudo se passa numa "casa de alienados". Nesse microcosmo, a partir do enquadramento, até didascálico, de uma serpente, as supracitadas figuras paradigmáticas começam a encenar a eterna controvérsia que gira em torno do sentido cristão da culpa e do pecado. A esse propósito, a primeira cena adâmica[4] é logo chocante, pois dura pouco a caução da inocência. Ainda por cima, deve ser levado em consideração que o discurso da sexualidade é sempre tratado por Oliveira sem gratuidade e exibicionismo, mas com sardônica e provocante malícia. O diretor é sutil, irreverente e irônico ao construir tensões sexuais em seus filmes: nunca mostra cenas de nu, porque a verdadeira carga emotiva da sedução é mais forte quando persiste na mente do espectador e não se exaure nas imagens. Em *A Divina Comédia*, tem-se a ocasião de remontar ao lábil equilíbrio que separa o pecaminoso do natural na esfera religiosa. A primeira grande questão afrontada, então, diz respeito ao moralismo católico que faz as contas com o irresoluto – a não ser por via insatisfatoriamente dogmática –, dilema entre a razão e o instinto, o espírito e a carne. O Filósofo, ou Anticristo nietzscheniano, não tarda, logo, a questionar o assunto do "maravilhoso corpo de mulher" durante o convívio da "última ceia", segunda cena marcante e referencial do filme. Mas, assim como a controversa figura da *Benilde* regiana (também adaptada para o cinema por Oliveira, em 1974), Eva é fulgurada no caminho para Damasco, e se torna outra pessoa: de agora em diante será Santa Teresa, empenhada na luta estrênua com as fraquezas da carne, que desencadeará o desespero de Adão, antes seduzido e depois repudiado[5].

---

4 Trata-se da primeira cena de nu frontal e integral na cinematografia de Oliveira.
5 "Foste tu que me tentaste!", diz-lhe Adão numa cena posterior à "conversão". E ela responde: "Não, foi a serpente".

A galeria de figuras bíblicas se completa com a esquizofrenia de outros "alienados" a interpretarem Jesus Cristo, Maria, Lázaro, o Fariseu e Marta. Esta última é a pianista Maria João Pires, que entra num jogo dissimulador com sua identidade ortônima, respeitando uma característica linha conceitual da cinematografia oliveiriana, como se verá melhor mais adiante.

Contudo, é a literatura a atuar o papel mais importante no filme. Literatura que é mãe de todas as artes, segundo Oliveira, e que se torna grande, de acordo com Régio, quando seus conteúdos, mesmo aqueles que partem de um caso individual, podem ser universalizados. Assim, os personagens arquetípicos dostoievskianos, Sonia e Raskolnikov de *Crime e Castigo*, e Ivan e Alioscha Karamazov de *Os Irmãos Karamazov*, são escolhidos pelo seu extraordinário prisma psicológico. Trágicos e tenazes, míseros e soberbos, neles cristalizam-se as aporias sobre ética religiosa e individualismo laico e, até, super-humano, que presidem a todo o metadiscurso de *A Divina Comédia*. Oliveira é considerado comumente um cineasta muito "literário", pela forma e conteúdo de suas obras, mas talvez sem prestar a devida atenção à atuação crítica com que ele constrói esse mosaico referencial. Por exemplo, o cineasta aponta a influência notável de Dostoiévski na fase em que a geração da *Presença* tentava achar novos caminhos para o romance português da primeira metade do século xx, que renovassem os moldes decadentes, simbolistas e realistas. Ele afirma:

> Elói, como o *Jogo da Cabra Cega*, resguardadas as suas qualidades próprias, lançava um aspecto psicológico, inédito no romance português, sob a provável influência de certas características das novelas e romances russos, eu penso especialmente em *Memórias do Subsolo* e *Crime e Castigo* de Dostoiévski[6].

Então começa a delinear-se melhor como o escritor russo pode interagir com José Régio, não apenas por uma arbitrariedade autoral. Vale lembrar que *Elói* (1932), romance de estreia de João Gaspar Simões, representou uma bem conseguida tentativa de romance psicológico-introspectivo, ao qual

---

6 M. de Oliveira, Introdução, em J. Régio, *Colin-Maillard*, Paris: Métailié, 2000, p. 10.

seguiu, em 1934, *Jogo da Cabra Cega*, de José Régio, também romance de estreia. Neste último livro, já são abordadas todas as "obsessões" intelectuais do autor de Vila do Conde. A busca de um senso moral e espiritual absolutos se debate dramaticamente entre a aspiração a uma liberdade individual sem inibições e os compromissos éticos da comunidade civil e religiosa de origem. Sendo que a razão da irredutibilidade dos dois aspectos reside na percepção de que a vontade de puro individualismo pode chegar, muitas vezes, a coincidir com o mal. Nesse sentido, é interessante lembrar que, pela escabrosidade de algumas situações e pelos questionamentos que podiam abalar a moralidade do recém-nascido Estado Novo salazarista, o livro foi censurado e sequestrado três meses após a publicação. Temas e motivos, evidentemente, beiram arquétipos dostoievskianos e o próprio Régio não deixa de reconhecer ao escritor russo grandes méritos, assim como afirmado num dos seus últimos artigos jornalísticos: "Dostoievski nos ensinou genialmente, com incomparável profundeza, como o Bem e o Mal se emaranham tantas vezes no homem – e todavia Dostoievski escolheu entre Bem e Mal"[7]. Com efeito, a "obsessão" dostoievskiana gira em torno do dogma religioso da vida eterna, que vem a desencadear uma série de questões próximas a Régio: isto é, se Deus não existe e além da vida não há nada, tudo é permitido na terra? Qual vem a ser o limite, o filtro moral se, na falta de um Ser supremo, a única responsável de qualquer ação passa a ser a própria consciência?

Em *Jogo da Cabra Cega*, ainda, é possível individuar a influência de um outro autor, André Gide, que permite complementar o aparato intertextual das obras fílmico-literárias de Oliveira. Gide desenvolve uma contínua reflexão em torno do discurso moral, com relação às influências de instinto e razão na ação humana, nomeadamente em romances como *L'Immoraliste* (O Imoralista) (1902) e *La Symphonie pastorale* (A Sinfonia Pastoral) (1919), demorando em indagações psicológicas que chamavam em causa as suas próprias dúvidas existenciais. O escritor francês encontrou na filosofia de Nietzsche a expressão de alguns dos seus pensamentos, sempre

---

[7] J. Régio, Sem título, *A Capital*, Lisboa, n. 63, p. 2, 24 abr. 1968, suplemento Arte e Literatura.

recusando, como lhe fora proposto por Paul Claudel, a conversão ao catolicismo como filtro moral. Ora, por um lado, Claudel é autor adaptado por Manoel de Oliveira em *Le Soulier de satin* (1985), além de apresentar muitas afinidades com o teatro espiritual-religioso de Régio. Por outro lado, nas palavras finais de Gertrude, personagem protagonista de *La symphonie pastorale*, que, depois de ter readquirido a visão, se dirige ao pastor apaixonado por ela, pode-se ver o mesmo êxito da Eva/ Santa Teresa do filme: "isto, que eu vi primeiramente, é a nossa culpa, o nosso pecado"[8]. Gertrude morre imaculada, após ter vislumbrado a luz da revelação: um final análogo encontra-se na *Benilde* de Régio.

Ainda no âmbito das intersecções temáticas com o fundador da *Presença*, em *A Divina Comédia* merece ser aprofundada a figura do Profeta, eixo central do filme junto com os personagens dostoievskianos. Ele sustenta uma incessante controvérsia com o Filósofo: um declara ser depositário do Quinto Evangelho, livro fechado que traz sempre consigo; outro recusa o cristianismo afirmando que Deus está morto. Até que o Filósofo apropria-se do livro, esquecido por um instante num sofá, e o abre com viva curiosidade, encontrando apenas páginas em branco. Convém, de novo, demorar por um instante e ressaltar o extraordinário curto-circuito entre fontes aparentemente discordantes. Na verdade, Régio é um autor instigado, seduzido por Nietzsche, ainda que não possa parar nas mesmas conclusões; e o Profeta do Quinto Evangelho não é seu porta-voz, mas apenas uma das vozes que coexistem no universo régiano. Vozes que, assim como os personagens de Dostoiévski, travam uma luta incessante com as suas dúvidas, fraquezas e desejos nos imbricados labirintos da liberdade individual. Em suma, Oliveira coloca José Régio entre os mais importantes autores da literatura europeia.

O Profeta, como foi dito, vem de *A Salvação do Mundo*, peça que, por sua vez, apresenta muitas afinidades narrativas e temáticas com o segundo romance de Régio, *O Príncipe com Orelhas de Burro* (1942), alegoria da aprendizagem de um jovem sábio, definida pelo próprio autor como "história para

---

8 André Gide, *La Symphonie pastorale*, Paris: Gallimard-Folio, 1972, p. 145.

crianças grandes". De certa forma, embora posta num contexto metafórico mais atualizado, *A Salvação* leva adiante as amargas reflexões acerca do poder político e da estrutura ética e social da comunidade humana, já contidas nesse segundo romance. O reino de Traslândia (cujo significado de "terra além" já o conota num sentido transnacional e, portanto, simbolicamente universal) funciona como ambientação para as duas histórias, enquanto o terraço do palácio real, palco dos comícios públicos dos soberanos, representa o elo ideal entre elas. O príncipe Leonel, protagonista da narrativa, pronuncia desse terraço um discurso-confissão diante de seu povo, antes de morrer e depois de ter atingido a luz da verdadeira sabedoria da dupla revelação: isto é, da sua aprendizagem e da sua imperfeição (as orelhas de burro). Do mesmo lugar, que ciclicamente serve agora de ponto de partida, começa o seu percurso formativo Pedro de Traslândia. Inicia assim *A Salvação do Mundo*, peça de conteúdos mais retóricos e em parte melífluos com respeito à sobriedade alegórica da "história para crianças grandes". Na tragicomédia teatral, a atualização temática torna-se extrínseca no oportunismo político e nos sofismas ideológicos exprimidos pelos três representantes partidários (os chefes do Partido Democrático, Aristocrático e Extremista). O arquétipo do soberano justo parece aqui ressoar o paradoxo de que a forma de governo mais compatível com a natureza humana seria aquela autoritária, mas que nenhuma pessoa iluminada aceitaria governar assim. Tirando as conotações políticas, a *katastrophē* nas duas obras regianas verifica-se naquela espécie de descida nos ínferos do dia a dia (situação manifestada também em *Jogo da Cabra Cega*), empreendida pelos protagonistas à procura duma verdade que não seja mais apenas retórica. Segundo afirma Oliveira ao apresentar *A Divina Comédia*, paraíso, purgatório e inferno pertencem a esta terra, e, até, podem ser consubstanciais à esfera individual de um homem só. Colocando-se de novo em sintonia com a ideologia regiana, o cineasta reflete sobre as raízes éticas e sobre o problema do livre-arbítrio do catolicismo:

o católico tem todo o caminho aberto ao pecado, pois é livre de o praticar. E até o pratica abundantemente.

E porque desde Adão e Eva o homem sempre foi grande pecador, Cristo veio ao mundo para nos redimir do pecado, não para nos impedir de o praticar. Neste ponto deixou-nos livres como dantes[9].

Talvez não seja inútil lembrar brevemente a origem da figura do Profeta, assim como se apresenta na obra teatral. O rei Pedro de Traslândia, desiludido, atormentado e enfim esmagado pelo seu papel, queria suicidar-se, mas desiste do seu propósito por intervenção de um conspirador do povo, que, ironia do destino, encontrava-se escondido no palácio mesmo para matá-lo. Acompanhado por este último, o rei, disfarçado em trajes civis, vai até uma taberna popular (que pode comparar-se com aquela de Zizi Gorda em *O Príncipe com Orelhas de Burro*), tencionando conhecer o universo vulgar e pluralista dos seus súbditos. Nessa galeria de personagens humildes, caprichosos, contraditórios, de bom-senso, ou, em outros termos, portadores de uma humanidade de consistência "concreta", Pedro de Traslândia conhece a estranha figura do Profeta, que é a mais complexa e problemática de toda a peça. Ele apresenta-se como décimo-terceiro apóstolo de Jesus Cristo e testemunha da ressurreição dele ao longo dos sucessivos quarenta dias passados na terra; continua afirmando ter recebido dele a revelação absoluta e definitiva, guardada num livro que traz sempre consigo sem nunca o mostrar a ninguém. Este livro é, segundo o Profeta, o quinto Evangelho. A abertura do volume revela uma verdade simples e deslumbrante: a (re)negação do verbo, do primeiro postulado bíblico do Evangelho de João[10]; ou, por melhor dizer, a recuperação do significado imanente e absoluto do verbo antes da corrupção operada pelo homem. As páginas do livro, de fato, estão todas em branco. Diz o Profeta em *A Salvação do Mundo*: "Para que servem as palavras, as ideias, as doutrinas, senão para exasperarem os homens uns contra os outros? / [...] Não é sempre a letra que

---

9 M. de Oliveira, Pecar por Não Pecar, *Régio, Oliveira e o Cinema*, p. 51. Veja-se também *JL* – Jornal de Letras, Artes e Ideias, n. 525, 28 jul. 1992.
10 "No início era o verbo". É importante lembrar que com a citação deste trecho bíblico começa o filme de Manoel de Oliveira, *Acto da Primavera* (1963), que marcou a volta do cineasta ao longa-metragem depois de vinte anos.

vem matar o espírito?"[11]. Pedro de Traslândia leva consigo ao palácio alguns dos representantes dessa "nova" humanidade conhecida, entre os quais o Profeta, para que eles enfrentem os expoentes políticos da corte: quer dizer, a sabedoria popular *versus* a vacuidade verbal do poder. É uma ulterior ocasião oferecida ao Profeta para que ele possa reafirmar a verdade do seu Evangelho, mesmo no final da peça:

> O Livro está em branco. [...]. Vedes que o Livro está em branco?! [...]. Enchestes os vossos livros de letras; as letras mataram o espírito! Viveis soterrados em fórmulas. Negastes a Deus, para vos adorardes a vós próprios. Mas o vosso trono é madeira podre, e a vossa divindade não dura mais que um dia! Morrei por uma vez, mortos!, e ressuscitai! O livro que vos trago está em branco, porque só pode ser cheio com Espírito e Verdade. Nada mais vos tenho a dizer por hoje[12].

A salvação humana aqui indicada, portanto, leva a recusar as instituições doutrinárias, quer políticas, quer religiosas ou morais, passando pelo viés de uma verdadeira espiritualidade. Mas aí vem Manoel de Oliveira que, não por acaso, escolhe o Anticristo como contraponto ao Profeta, comentando numa entrevista: "As palavras corrompem o espírito, a matéria corrompe o espírito. Infelizmente, não podemos ter o espírito sem a matéria. Nós não podemos ser um espírito puro"[13]. Então, já começa a surgir uma pergunta que será retomada mais adiante: qual o destino da condição humana?

O ESPAÇO FÍLMICO

Voltando à especificidade da obra cinematográfica, o mosaico transpositivo apoia-se em um denso mecanismo verbal, que se serve sistematicamente de recursos intertextuais e metanarrativos. O filme é baseado quase integralmente nos diálogos a

---

11 J. Régio, *A Salvação do Mundo*, Lisboa: Edição do Teatro Municipal de São Luiz, nov. 1971, p. 124 e 125.
12 Idem, p. 190.
13 M. de Oliveira, Une Conception mentale du cinéma (Entrevista de Jean Gili), *Positif*, n. 375-376, mai. 1992, p. 79.

dois e na focalização cênica em pares de personagens: Adão e Eva, o Profeta e o Filósofo, Sonia e Raskolnikov, Marta e Maria, Jesus e Lázaro, Aliocha e Ivan Karamazov. Só de vez em quando esse esquema é quebrado, como quando o Filósofo se encontra com Adão e, depois, com Eva. Os episódios citados se entrelaçam: Raskolnikov pede a Sonia que leia o excerto da ressurreição de Lázaro do Quarto Evangelho, que representa o cume da predicação de Jesus Cristo, enquanto os alienados que se creem Lázaro e Jesus encenam tal ressurreição na presença de Marta. Sem, contudo, esquecer que o Profeta já tem dado virtualmente continuação a essa parábola, revelando o Quinto Evangelho. Nesses jogos de contraponto, uma importância decisiva reveste o tratamento do elemento espacial nas modalidades da realização. O amplo recurso ao instrumento da ironia, utilizado por Oliveira, resulta também da forte simbologia atribuída aos espaços cênicos. *A Divina Comédia* é, de fato, um filme-limite, claustrofóbico, todo rodado em internos e planos fixos. Podem-se tirar poucas exceções, dentre as quais a sequência da chegada de motocicleta de Ivan Karamazov (a única fora da cerca da casa), a cena inicial do pecado original no jardim e Raskolnikov, que, no mesmo jardim, se ajoelha para conseguir a expiação rogada por Sonia. Mas esses episódios, ao indicarem uma relação simbólica dos protagonistas com o mundo externo, reforçam a alienação deles. Nisso está precisamente a ironia (onde reside afinal a loucura, dentro ou fora?): está, por exemplo, no guarda-chuva aberto pelo Filósofo e pelo Profeta para se protegerem de uma chuva que não existe, numa postura de fastio e fechamento perante o mundo real?

O ponto de vista, ainda, é sempre interno. Os personagens que dialogam atuam sempre numa perspectiva teatral em presença dos outros, relegados ao fundo, determinando uma multiplicação de visões; isto é, o público se encontra duplicado: há o público extradiegético, dos espectadores virtuais, e o intradiegético, dos espectadores-atores. Emblemáticas, nesta perspectiva, são as sequências, inicial e final, de Adão e Eva e de Maria João Pires que toca o piano, onde os personagens se reagrupam e assistem de trás de uma janela: de dentro para fora, no primeiro caso, de fora para dentro, no segundo. Ou,

Maria de Medeiros (Sónia) e Miguel Guilherme (Raskolnikov) em A Divina Comédia *(1991).*

ainda, há a cena de Sonia e Raskolnikov, que se passa no salão, cujo enquadramento se encontra fechado simetricamente por um sofá onde se sentam, atenciosos, outros protagonistas. Naturalmente, aqui também há exceções, como no caso da última ceia.

Tal demarcação em prevalência binária das situações e dos diálogos, assim como a ambientação doméstica, lembra outro filme de Manoel de Oliveira: *O Passado e o Presente* (1971). Neste, porém, o proliferar dos espaços conciliava-se com aquele dos pontos de vista e a ideia de movimento era sugerida pelas contínuas deslocações da câmara. Na fixidez de *A Divina Comédia*, ao invés, é a estrutura verbal a criar um movimento virtual no espaço literário de referência. A adaptação de excertos de diferentes obras "visualiza" na cena um contínuo movimento do *corpus* intertextual: é assim que Régio pode idealmente dialogar com Nietzsche, que, por sua vez, pode coexistir ao lado do único escritor do qual dizia ter conseguido apreender noções de psicologia, quer dizer, Dostoiévski. A evolução do cinema oliveiriano, vinte anos depois do regresso à ficção e às adaptações literárias, encontra aqui a sua revolução. Em *O Passado e o Presente*, os personagens ficcionais, representativos de toda uma sociedade burguesa, debatiam-se num *décor* realista, mas multifacetado (até se poderia dizer "volúvel", como os tiques psicológicos dos personagens), à procura de uma via de fuga; já em *A Divina Comédia*, a dimensão espaçotemporal imobiliza-se na arquitetura monovolumétrica de um eterno presente, deixando interagir, em representação de um inteiro sistema de pensamento, personagens históricos e literários de diversas épocas. A comparação com o texto literário adaptado desestabiliza-se, de acordo com a análise de João Bénard da Costa:

> Não há tempo e o espaço que há é ilusão de espaço. Estamos de *outro lado da visão*.
> De *O Passado e o Presente* até à *Divina Comédia*, a busca desse *outro lado da visão* foi das mais incessantes procuras de Oliveira. Foi relativamente fácil segui-lo, quando esse *outro lado* tinha o contorno de um texto literário, ou seja, quando a ficção romanesca ou teatral eram o contracampo de visão cinematográfica.
> [...] Em *A Divina Comédia* [...] não existe a caução da ficção literária. Quer os personagens se assumam como personagens históricos (Cristo, Lázaro, Marta, Maria), quer se apresentem como personagens de ficção (Raskolnikov, Sonia, os Irmãos Karamazov, o Anticristo, o Profeta da "Salvação do Mundo" de Régio), nunca qualquer *sinal* os declara nessa situação. Oliveira jamais encena "a época" [...] ou jamais diferencia o texto citado do texto recitado[14].

Toda *A Divina Comédia* é uma ilusão ou, se quisermos, um jogo de espelhos. No sulco, aliás, da dialética presente em boa parte dos filmes oliveirianos: a da contínua tensão entre realidade e ficção e da explicitação do mecanismo teatral. Não é aqui o caso, todavia, de voltar ao paradoxo e, ao mesmo tempo, à provocação estética colocada por Manoel de Oliveira ao longo, sobretudo, dos anos de 1980, de que o cinema seria um processo audiovisual de fixação do teatro. É suficiente lembrar que as estratégias fílmicas do mestre lusitano visam sempre o envolvimento consciente do espectador: ele é chamado, sendo-lhe cobrada uma interação crítica e uma visão pessoal que possam acompanhar as reflexões proporcionadas pela representação proposta. Ao contrário, a filmagem em campo/con-

---

14 A Divina Comédia, *Cinemateca Portuguesa*, 3 out. 2001, p. 156. Grifo do autor.

tracampo e/ou na câmara subjetiva, por exemplo, configura-se como uma clivagem indébita do campo visual-informativo, enquanto a opção de Oliveira é a de filmar da maneira a mais distante, objetiva e, sobretudo, *conjunta* possível. Não apenas abolindo o campo/contracampo (isto é, o movimento dado pela montagem), mas também limitando os movimentos da câmara (isto é, o movimento dado pela não montagem): "O que me interessa é isto: sempre que a câmara mexe, revela que há alguém por trás dela; quando está parada passa por neutra. Eu esforço-me por apagar a minha presença, usando justamente o plano fixo"[15].

Ainda, Oliveira acaba desvendando muitas vezes o truque cinematográfico: em *Benilde ou a Virgem-Mãe* mostra os bastidores do estúdio, em *Mon cas* (1986) o espaço da sala, em *Os Canibais* (1988) o público presente no *set* cinematográfico. A teatralidade como mostra visível do artifício, em suma, é para exteriorizar um processo consciente e antitético a um ilusório realismo. Em *A Divina Comédia*, antes do aparecimento inesperado da claquete final, isso já se evidencia na cena de Santa Teresa que se joga da janela, assediada sexualmente pelo Filósofo. De fato, depois da queda de uma altura considerável, ela não se machuca: se levanta e se afasta. Cumpre-se, dessa forma, uma infração do mimetismo da narração, evidencia-se a virtualidade do cinema. Cabe ressaltar que também se jogam da janela (acabando, nesse caso, "realisticamente" por morrer) Firmino em *O Passado e o Presente* e Margarida em *Os Canibais*. No entanto, a janela em *A Divina Comédia* parece se relacionar, mais do que com esses episódios, com a simbologia já presente em *Benilde ou a Virgem-Mãe*: a da infração, como ponto de fuga, ao espaço fechado da casa. Com efeito, neste último filme, o improviso sopro de vento que levanta as cortinas quebra a sacralidade da casa[16], assim como em *A Divina Comédia* o gesto da mulher quebra, por um instante, o espaço alienante dos internados.

---

15 M. de Oliveira apud Elisa Frugnoli, O Século de Oliveira, *Camões – Revista de Letras e Culturas Lusófonas*, Lisboa, n. 12-13, p. 78, jan.-jun. 2001. Manoel de Oliveira.
16 Cena autocitada em *O Espelho Mágico* (2005).

Mário Viegas (o filósofo) e Luís Miguel Cintra (o profeta) em A Divina Comédia *(1991)*.

CONCLUSÃO...

A referência a todas essas soluções teóricas e estéticas resulta particularmente importante na medida em que ressalta o "jogo" autoral dessa "comédia". "Comédia" muito humana, aliás, que só por um irônico disfarce é definida "divina". Se não aparecesse a claquete no final, como já foi referido, tudo poderia ser circunscrito numa divertida loucura. Mas Marta/Maria João Pires se abate no piano depois de sua última exibição, os *loucos* se dispersam depois de terem assistido, em grupo, por detrás de uma janela, e o espectador fica só depois da revelação da ficção, perdido e deslumbrado nesse hiato final. E agora? Quem são, na verdade, os *loucos*? Logo no início do filme, o Filósofo declara solenemente que "pensar na felicidade neste mundo é brincadeira, é verdadeira loucura". Parece um ditado de sabedoria, ou de extremo pessimismo; seja como for, o enunciador não deveria, só por isso, se encontrar numa casa de alienados. A não ser que nela – hipótese que já surgiu – esteja se abrigando para escapar do mundo externo. O único indivíduo são deveria ser, a princípio, o diretor da casa. Ele assiste, muito profissionalmente compenetrado, ao

Manoel de Oliveira e a pianista Maria João Pires na rodagem de A Divina Comédia *(1991).*

intenso diálogo entre Alioscha e Ivan Karamazov e à leitura do manuscrito do "Grande Inquisidor". Mas afirma em seguida – e não parece mais brincadeira – não acreditar em nada, nem em Deus nem sequer nos homens. Acaba se enforcando. Os *loucos*, então, graças à sua *loucura* mítica e literária, têm um motivo para viver e acreditar em alguma coisa; o diretor não. Manoel de Oliveira veste por um instante esses trajes. A versão oficial é que, para substituir o ator Ruy Furtado, falecido durante as rodagens do filme, o cineasta não quis, por respeito, chamar nenhum outro ator. É de se acreditar, porém, que o papel do diretor do manicômio, trágico e trocista ao mesmo tempo, só podia caber a Manoel de Oliveira.

A Divina Comédia, então, surge como síntese emblemática de tantos motivos que propulsionam a arte inquieta de Manoel de Oliveira: dentre todos, a incansável busca gnosiológica sobre a natureza humana. Sempre misturando tragédia e ironia, essa arte é um convite a desmascarar aquela ilusão de liberdade que preside aos atos do homem, para que ele se possa tornar livre, sobretudo, de si mesmo, sabendo enfrentar todas as consequências. Afinal de contas, reafirmando o postulado de Oliveira, inferno, purgatório e paraíso pertencem a esta terra: o bem e o mal são consubstanciais ao homem. E nisso há a lição de José Régio:

[...] acrescentou Pedro. – Não sei onde a menina Angelina esconde as asas; mas é um anjo que desceu à terra!
    – Não torne a falar assim! – disse Angelina – Ainda acabo por me aborrecer. E olhe que está muito enganado, se julga que sou como diz. O senhor Pedro ainda não me conhece. [...] Não sei se alguma vez chegará a conhecer-me. Eu não sou simples. Queria ser boa mas não sou boa...
    [...]
    – Este quintal é o Paraíso! – disse Pedro [...] – Pelo menos, um pedaço do Paraíso terreal.
    – Não andará por aí a Serpente...? – murmurou o Dr. Lage[17].

BIBLIOGRAFIA CONSULTADA

BADIOU, Alain. *L'Art du cinéma*, Paris, n. 21-22-23, p. 119-122, 1998.
RÉGIO, José. *Jogo da Cabra Cega*. Porto: Brasília Editora, 1982.
RICHARD, Fréderic. *La Divine comédie*: impuissance de la parole. *Positif*, Paris, n. 375-376, p. 77-78, mai. 1992.

---

17 J. Régio, *Vidas São Vidas* (*A Velha Casa*, v. v), Porto: Brasília Editora, 1985, p. 90.

A Estrutura do Invisível

palavra e imagem em Manoel de Oliveira

Patrícia da Silva Cardoso*

No início do ensaio que escreve sobre Manoel de Oliveira, João Bénard da Costa lança a seguinte pergunta: "Manoel de Oliveira fez sempre a mesma obra?"[1] A resposta é o que dá corpo ao artigo, no qual se busca definir um elemento constante, sempre presente na produção do cineasta, a saber, o eterno feminino. Respondida tal pergunta mais do que afirmativa e satisfatoriamente no âmbito desse ensaio, desdobra-se dela uma outra, que fará as vezes de mote ao texto que aqui se inicia: como se articula essa presença constante?

Afinal, se é possível falar em uma única obra, sempre revisitada, para descrever a trajetória de Oliveira, é preciso levar em conta as obras e os autores a que tantas vezes o cineasta recorre para empreender suas revisitações. Para compor sua unidade – obtida em grande parte pelo exercício do papel de argumentista de todos os seus filmes –, Oliveira conta com a diversidade, de vozes e de registros, se considerarmos o diálogo

---

* Departamento de Letras da Universidade Federal do Paraná (UFPR), Curitiba, Brasil.
1 Pedra de Toque: O Dito Eterno Feminino na Obra de Manoel de Oliveira, *Camões – Revista de Letras e Culturas Lusófonas*, Lisboa, n. 12-13, p. 7, jan.-jun. 2001. Manoel de Oliveira.

que estabelece com o romance e o teatro, numa expressiva coleção que inclui José Régio, Camilo Castelo Branco e Agustina Bessa-Luís, também estes donos de obras únicas.

Essa unidade feita de diversidade indica que em uma voz podem estar contidas muitas vozes, muitas maneiras de se compreender o mundo, ou de fingir que o podemos compreender, para não esquecermos o mestre nesse jogo entre o próprio e os outros. Porque em Manoel de Oliveira trata-se justamente disto, montar e desmontar, quase que ininterruptamente – daí a ideia de uma mesma obra –, esse quebra-cabeças que é nossa tentativa de apreender o mundo que nos cerca, que entra pelos sete buracos da nossa cabeça, mas cujos sentidos nunca perdem a condição de enigma, de tal maneira que as imagens resultantes da montagem serão sempre provisórias.

Não é à toa, então, que entre tantas parcerias, ele próprio, Manoel, tenha-se juntado um bom número de vezes àquele outro que é Agustina, também ela excelente jogadora quando se trata de investigar e inventar o mundo. Une-os a mesma disposição para assumir o mundo como enigma, que jamais se apresenta dócil a quem o contemple levado pelo impulso de desvendamento. Tão obscuro é ele que exige dos jogadores um acercar-se munidos de instrumentos variados: a imagem é a arma do primeiro, a palavra a da segunda. A frequência com que se encontraram no campo da criação artística – salvo engano, e à falta de melhor termo, oito colaborações desde 1981 – dá a medida da dificuldade do desafio a que se lançam. Mas talvez seja no encontro que resultou nas obras *As Terras do Risco*, o romance de Agustina, e *O Convento*, o filme de Manoel de Oliveira, que poderemos observar o modo como as diversidades se articulam para construir uma unidade. A particularidade e a importância desse encontro devem-se ao fato de os dois projetos terem corrido em paralelo, depois de Agustina esboçar, a pedido de Oliveira, a ideia da trama. Como o romance demorasse a sair, o cineasta pediu à escritora que resumisse a história, no que se baseou para escrever o roteiro. Trata-se, então, de acompanhar duas variações sobre o tema. O primeiro passo é definir qual seja ele, o que nos leva a considerar se não seria o caso de dizer que se trata de dois temas variados, ou, ainda, de temas entrelaçados.

Um bom ponto de partida é este testemunho do cineasta:

> Pediram-me para fazer uma nota de intenções, apesar de eu não ter partido com nenhum objectivo específico para a realização de *O Convento*. No entanto, há uma coisa que posso dizer e que penso que completa a atmosfera geral deste filme. A Agustina Bessa-Luís contou-me, um dia, ao telefone, a história que lhe serviu de inspiração, acrescentando que no fim o casal deveria regressar a Paris e continuar a sua vida normal. Perguntei-me o que quereria ela dizer com "vida normal". O que é uma vida normal? E cheguei à seguinte conclusão: a vida é regulada por forças opostas, isto é, o Bem, ou seja Deus, e o Mal que se manifesta na forma do Diabo. Como não podemos viver as nossas vidas sem mal, a menos que estejamos dispostos a desistir dos nossos interesses mundanos, uma vida normal não deve ser mais do que aquela em que as duas forças opostas estão equilibradas, numa simbiose perfeita ou ideal[2].

É interessante que Oliveira não mencione o enredo propriamente dito e destaque algo que está além da trama, o embate entre bem e mal, a partir da qualificação feita por Agustina sobre a vida normal a que se entregariam os protagonistas depois de sua experiência, que o testemunho não explica qual seja, mas por suposição o leitor conclui que tenha uma carga de "anormalidade". Pode-se considerar esse modo de o cineasta apresentar sua "nota de intenções" como uma primeira leitura do que lhe havia oferecido a romancista e ao mesmo tempo imaginar, a partir dessa nota, que o tema do filme seja tal embate. Mas é preciso *corporificá-lo*, porque afinal há muitas maneiras de se encenar uma batalha dessa natureza. De acordo com o que vai registrado na sinopse que acompanha a lista de filmes de Manoel de Oliveira elaborada por José de Matos-Cruz, trata-se do seguinte:

> Um investigador americano, Michael Padovic, vai com a mulher francesa, Hélène, procurar, na velha biblioteca do convento da Arrábida, indícios para desenvolver a tese de que William Shakespeare era judeu espanhol (Jacques Perez), sefardita, cujo antepassado – um comerciante florentino, em Portugal – assinara o tratado

---

2 Texto retirado de <www.amordeperdicao.pt/.../filmes/convento_0b.jpg>. Acesso em: 26 jun. 2008.

de casamento de Isabel da Borgonha. Afinal, Michael e Hélène deparam-se com personagens bizarras, envolvendo uma experiência volúvel, de implicações diabólicas...[3]

Aqui já não é a luta entre bem e mal que aparece, mas sim aquilo que ficou de fora da "nota de intenções", que se pode identificar como o mesmo *corpo* de que se servirá Agustina para desenvolver sua história, que assim aparece referida pela autora, na 2ª orelha do volume *As Terras do Risco*:

É um romance que Goethe teria aberto, recomendando-o a Eckermann, mas sem o ler. O orgulho substitui as palavras por coisas. É assim que o Diabo aparece em cena.
É um livro elegante, insensível a tudo quanto é ênfase do mistério e tornando-o tanto quanto possível trivial como a dedução dum criminologista. Shakespeare, se não tivesse tanto sono depois de escrever sonetos para cavalheiros nobres, talvez caísse em confessar sua origem. Dizendo: "não sou um homem perfeito, mas creio que sou melhor do que tu pensas". Mas isto é dum conto de Conan Doyle. Perdoem o engano, são coisas que acontecem e devem acontecer para melhor uso da imaginação[4].

Se o que interessa a Oliveira no tema é o conteúdo metafísico que dele se desprende – e que efectivamente acaba por constituir, como veremos, o centro das atenções do cineasta em *O Convento* –, Agustina toma um caminho bem diverso, pois, como se evidencia nessas palavras de seu brevíssimo comentário ao livro, trata-se de obra voluntariamente alheia ao mistério, que entra na história como se de matéria para criminalista se tratasse, e não para o filósofo, como é reforçado pela menção a um possível desinteresse de Goethe pelo texto, de mistura com a citação de Conan Doyle. Resumindo, poder-se-ia dizer que *O Convento* está para Goethe assim como *As Terras do Risco* estão para Conan Doyle. Mas, como se viu pelos resumos até aqui citados, o melhor é buscar algumas outras fontes, pois a informação que oferece um resumo dá-nos apenas uma vista parcial.

---

3 José de Matos-Cruz, Manoel de Oliveira, Realizador, *Camões – Revista de Letras e Culturas Lusófonas*, p. 153.
4 Agustina Bessa-Luís, 2ª orelha, *As Terras do Risco*, Lisboa: Guimarães, 1994.

De todo modo, a partir desses breves registros esboça-se a grande diferença entre as duas obras: enquanto no romance a história do casal é montada em tom jocoso, zombeteiro mesmo, no filme a presença do mal é tão sufocante que não sobra espaço para a galhofa. Por hora, importa dizer que em *As Terras do Risco*, por influência do tom jocoso da narrativa, o leitor é lançado em um estado de expectativa distendida, graças à qual acha que faz muito ocupando-se em acompanhar a história detetivesca do "caso Shakespeare", um elemento bastante presente ao longo de toda a narrativa. Em *O Convento* o "caso" fica relegado a pano de fundo, o que o impede de constituir-se em atração que distraia o espectador. Resulta dessa mudança de tom e de foco a substituição da distensão pela tensão. Dito isso, cabe definir o modo de operar os instrumentos que esses dois criadores têm à sua disposição para saber o que, a partir de um tema comum, cada um mobiliza para obter resultados *aparentemente* tão diferentes como o que separa o medo da galhofa, o que não quer dizer que diante de um não se sinta a presença fantasmática do outro.

Saber como a palavra e a imagem são operadas por Agustina e Manoel de Oliveira implica em saber como eles compreendem a literatura e o cinema. Nas *Conversas no Porto*[*], entre vários assuntos abordados há aquele que volta e meia perturba o sono de qualquer criador: a relação entre a realidade e sua representação. Nesse ponto da conversa Oliveira observa que, mesmo em um documentário filmado, a realidade é apenas parcialmente apresentada, porque o que se vê na tela é condicionado por um ponto de vista. De fato, o ponto de vista é uma das preocupações do cineasta, considerando-se que, por sua natureza, em que se conjugam imagem e movimento, o cinema é das artes a que mais intensamente tem o poder de provocar no espectador a impressão de realidade. Para Manoel de Oliveira é importante não perder de vista o carácter ilusório do que se apresenta ao espectador, uma vez que

---

[*] *Conversazione a Porto: Manoel de Oliveira e Agustina Bessa-Luís* (Itália, 2005, 75 min.), documentário de Danile Segre, publicado em livro organizado por Aniello Angelo Avella, *Um Concerto em Tom de Conversa*, Belo Horizonte: Editora da UFMG, 2007 (N. da E.).

a realidade seria a soma de todos os pontos de vista. Mas isso é sempre impossível. Portanto, reduzir a um lado é reduzir à realidade daquele lado [...]. A literatura também não pode fazer isso. Ela descreve o que vê, mas passa pelos olhos, pelo cérebro e pelo sentimento de quem escreve. Quem escreve é a máquina fotográfica e portanto já deturpa e dá a sua visão[5].

A essas observações Agustina soma um dado relevante ao afirmar que não se considera uma ficcionista por servir-se da realidade sem, contudo, nela confiar, o que equivale a diminuir a distância que separaria realidade de representação, pela falta de palpabilidade da primeira. O que faz a escritora é assumir que, a rigor, só existem pontos de vista, sendo a realidade algo sempre provisório, como resultado que é desses infinitos olhares que os homens lançam ao mundo que os rodeia, em larga medida marcados pelo tempo e espaço que ocupam. Isso faz das duas obras, de que aqui se fala, exemplares perfeitos do poder do ponto de vista e da parcialidade de toda representação, com os quais contam seus autores para explicitar que toda interpretação exige de quem se lance à empresa uma grande dose de atenção, para que o ponto de vista, que é necessariamente um filtro entre o candidato a intérprete e seu objeto, não se converta em "pura realidade", comprometendo irreversivelmente o processo.

Na sequência da conversa chega a vez de falar da imagem que, de acordo com Oliveira, tudo impregna: "porque tudo é reduzido a imagem. A palavra é imagem, o som é imagem, o tato é imagem. [...] Ouve-se a música, a imagem não se ouve, mas está lá, porque é a estrutura do invisível. E o cinema é a estrutura do visível. É por isso que a imagem casa muito bem com a música"[6].

Como se nota por esse trecho, mais do que impregnar tudo, o que ocorre é que tudo se converte em imagem, encontrando-se na música, a estrutura do invisível, uma neutralidade que a põe a serviço das imagens que se criam através de outros mecanismos de percepção e de comunicação. Se não é difícil concordar com isto, é necessário observar que existem diferentes

---

5 A. Bessa-Luís; M. de Oliveira, *Um Concerto em Tom de Conversa*, p. 52.
6 Idem, p. 57.

movimentos nesse processo de conversão. A palavra de Agustina, como toda palavra, pode bem ser uma fábrica de imagens, mas precisa de um leitor que as crie e manipule em sua mente. Diferentemente da palavra quando explorada por Manoel, que já se apresenta como imagem ao espectador. E mesmo a imagem sem palavra, expediente que ele tanto utiliza, por efeito da impressão de realidade parece dizer-se ao espectador, criando a ilusão de que seja autoexplicativa, como se não fosse necessário interpretá-la.

Portanto, diferentes meios de expressão exigem um tratamento diferenciado do instrumental utilizado, principalmente quando se consideram os efeitos que se deseja obter junto ao público com uma determinada obra. A consciência de Manoel de Oliveira acerca da especificidade do cinematográfico é indicada num texto que tem o sugestivo título de *Pontos de Vista*:

Desde logo há uma diferença abismal entre um livro e um filme. O livro evoca de um modo abstracto as realidades que expõe, enquanto o cinema o faz de modo visual, sonoro e concreto, ainda que essa representação concreta não passe duma realidade fantasmagórica.

Por outro lado, o livro permite uma liberdade muito própria da literatura, onde o autor pode expandir-se por vários modos. Criando as personagens, falando delas com o leitor e pondo-as em acções, seja em tempo passado ou presente[7].

Grande parte do trabalho de Manoel de Oliveira baseia-se em tensionar a relação entre palavra e imagem, e mesmo entre as muitas imagens que compõem um filme, de maneira a tirar o espectador da confortável posição de receptor de imagens, exigindo dele uma participação activa na atribuição de um sentido para o que se lhe apresenta. Nessa opção do realizador pode-se ver outro ponto de ligação com a escrita de Agustina, que igualmente se recusa a facilitar a experiência de seu leitor, apoiando-se em narradores que Wayne Booth classificaria como muito pouco dignos de confiança. Novamente o que se tem é o ponto de vista usado como antídoto para interpretações superficiais. Se assim é, pode-se começar

---

7 M. de Oliveira, Pontos de Vista, em A. A. Avella (org.), op. cit., p. 102.

a desconfiar daquela divergência há pouco referida no tocante aos caminhos escolhidos pelos dois criadores. Diante da distensão com que Agustina acena em *As Terras do Risco*, seu leitor deve ficar alerta para não ter surpresas ao chegar no fim da leitura descobrindo-se o usuário de uma chave falsa.

Não se pode negar que essa posição de sobreaviso seja difícil de ser mantida. Há o chamariz da história detetivesca que, como se não bastasse o gênero a que se filia, envolve uma figura como Shakespeare, popular demais para passar despercebido. Depois, há a frivolidade dos protagonistas: Précieuse, a mulher madura, belíssima na juventude, que se vê substituída na atenção do marido pelo caso da origem do poeta inglês; o próprio marido, Martin, um professor que une de maneira um tanto quanto perniciosa a pesquisa acadêmica e a ambição da fama. A essa dupla juntam-se Piedade e Baltar, este um pobre diabo que se imagina na pele de um diabo a sério, e aquela uma jovem divorciada que parece não saber ao certo o que quer da vida. Como ingrediente picante-detetivesco, as ideias de Précieuse, primeiro para desviar a atenção do marido de sua pesquisa pela criação de um interesse amoroso, e depois para se desvencilhar desse mesmo interesse amoroso.

Nada de muito especial, nada de muito desafiador. Não, realmente por aí não se chega à tensão, que só se divisa quando se atenta para a presença insistente das reflexões acerca do entrelaçamento da natureza com a psique humana, contrastantes, dada sua profundidade, com a personalidade frívola e manhosa do narrador, cuja constância se resume no desdém com que trata o leitor. É o que se lê nesta passagem: "*–Le ridicule tue* – disse Précieuse. Não resisto de transcrever isto em francês; tem um peso vulgar, como o dum grafitti na parede"[8]. Tradicional marca de afetação, a exibição de uma suposta competência em língua estrangeira pela via da citação em francês é usada para ridicularizar os autores que fazem uso a sério do expediente, já que o narrador o qualifica de vulgar. Aí está sua manha. Manha que se intensifica, se considerarmos que por trás de tanta frivolidade há muita coisa séria, como o que vem reproduzido abaixo:

8   A. Bessa-Luís, op. cit., p. 197.

O sempiterno leitor, que nos pede constantes reforços para sua vida nem sempre combativa, uma vida que se foi tornando minuciosa à falta de grandes rasgos, o sempiterno leitor foi quem introduziu Edgar Mendes nesta história. Devíamos ficar confinados à serra da Arrábida ou, melhor ainda, ao convento onde não se passaram poucas coisas e bastante extraordinárias. [...]

Mas o sempiterno leitor não se compadece com personagens senão os que perseguem uma só ideia. Não quer acção, efeitos transitórios, paisagens variadas. E, sobretudo, não quer o que Jacques Peres chamou "funesto erro, motivo da melancolia"[9].

O interessante é que através de seu comportamento exibicionista, o narrador faz dessa aparente frivolidade uma importante arma no combate à frivolidade efetiva de seu leitor. Pelo que fica estampado no trecho acima, é este último que não se interessa por nada que o desafie, na ânsia de preservar "sua vida nem sempre combativa". Também dele é a responsabilidade por estar diante de uma narrativa cujo protagonista é alguém que persegue uma só ideia, como acontece com Martin. Em suma, o leitor não quer se preocupar, não quer se entristecer, não quer nada que o perturbe para além dos limites da narrativa. A perturbação, se houver, deve cessar quando se chegar ao final da história, ponto em que tudo se esclarece.

Não é preciso dizer que não será essa a opção do narrador. Basta atentar para a incorporação, sem mediações, que faz da grafia espanhola do nome Shakespeare, ponto de partida de Martin em sua investigação acadêmica. Esse simples expediente o transporta para o mesmo nível da narrativa em que se encontram os personagens, o que contribui para reforçar a natureza híbrida de sua condição, pois se trata de um narrador que conjuga a 1ª e a 3ª pessoas sem maiores cerimônias.

É, portanto, à revelia do leitor que se introduz nessas *Terras do Risco* o "funesto erro, motivo da melancolia". Como se disse há pouco, pela via da comparação, do contraste entre natureza e psique humana chega-se à melancolia que o narrador destina a ser, finda a leitura, a companhia de seu leitor, que, graças à sua frivolidade, eventualmente não se dá conta do triste fim que o aguarda. Afinal, é disso que se trata no livro,

9 Idem, p. 101.

ou ele não teria um capítulo de abertura intitulado "A Criação do Mundo", que começa justamente com o seguinte aforismo: "quem se impressiona muito com uma paisagem está a esconder seus desejos íntimos"[10].

Estabelece-se, de saída, a profunda e enigmática – por ser sempre a mesma e sempre transitória – relação do ser humano com o mundo natural do qual, graças ao pensamento, ele emergiu e contra o qual se insurge sem conseguir um sucesso duradouro. Nesse ponto o texto de Agustina encontra o filme de Oliveira, pois aquele embate entre bem e mal que atrai a atenção do cineasta na ideia original da romancista coloca-se exatamente nos termos de uma busca de superação do que qualifica o homem como animal, como parte não destacável da natureza. O mal é o que há de instintivo, de impulsivo no ser humano, aquilo que o leva a agir com o objetivo de satisfazer-se, sem refletir sobre as eventuais consequências para si próprio e para os outros, é o que se esconde naqueles "desejos íntimos" de que fala o narrador de *As Terras do Risco*. Assim, a contemplação extasiada de uma paisagem exuberante seria um modo de conter a turbulência dos instintos aprisionados, talvez mesmo a única maneira não agressiva de manter-se a ligação entre natureza e humanidade.

O interesse dos dois criadores sobre tema tão denso fica também registrado nas *Conversas no Porto*, arrematadas com o seguinte diálogo:

> Manuel de Oliveira: [...] O Homem vive uma vida artificial, porque ele não tem liberdade. A liberdade é dos animais selvagens que vivem pelos instintos: fogem quando têm medo, atacam quando é para atacar, para comer ou se defenderem e fazem o que querem fazer e quando o querem. Não há nenhum impedimento. Quando vivem em sociedade, os homens não deixam de ter os mesmos instintos que os animais, mas não os podem manifestar.
> Agustina Bessa-Luís: Felizmente!
> Manuel de Oliveira: Simplesmente, não podem usá-los em público. Em público têm que ter regras da sociedade.
> Agustina Bessa-Luís: Quando os usam em público, é para um público mundial, planetário, é na guerra. Na guerra usam publicamente todos esses instintos.

10 Idem, p. 7.

Manuel de Oliveira: A guerra é...

Agustina Bessa-Luís: É uma soma desses instintos que se libertam.

Manuel de Oliveira: Não, é a ruptura da condição humana, da condição humana em sociedade, da condição da sociedade. Para viver em sociedade, o Homem tem que determinar regras e leis para viver em conjunto. Vou pela rua e apetece-me fazer uma coisa que não devo fazer, isto é instintivo. Mas a razão vai buscar a ordem e a ética em que se vive e diz: "Não podes fazer isso aqui, porque é contra as normas". Então, ou a razão é mais forte e não faz, como geralmente acontece, ou o instinto é mais forte e vence a razão, e faz mesmo uma tolice no meio da rua. E é preso ou sei lá...

Agustina Bessa-Luís: Numa guerra, o Homem não deixa de agir como homem.

Manuel de Oliveira: Mas as regras quebram-se.

Agustina Bessa-Luís: Quebram-se voluntariamente, porque o Homem precisa da culpa. [...] para se sublimar e então ser um criador. Não há criação sem culpa[11].

A longa citação justifica-se porque através dela tem-se uma síntese precisa de como cada um vê a questão e, ao mesmo tempo, a dimensão de sua complexidade, pois trata-se de um problema para o qual não há solução definitiva, considerando-se que é possível controlar o instinto, mas não suprimi-lo. O texto evoca a tensão que subjaz à vida em sociedade, que só é possível se o ser humano pautar seu comportamento em princípios racionais, como a ética, e é experimentada como uma condição eternamente ameaçada pelos instintos, esses desejos íntimos que, sem sossego, escondem-se e têm na culpa um instrumento de controle, como o chicote usado pelo domador para enfrentar as feras. É esta a tensão de que se vão ocupar os criadores Agustina Bessa-Luís e Manoel de Oliveira, que, por não aceitarem a condição de meros domadores, postam-se diante da jaula dos leões no intuito de identificar o quanto da fera é parte do domador.

E, porque têm perfeita consciência da posição que ocupam, têm também a clareza para dizer, como faz o cineasta, que:

---

11 Em A. A. Avella, op. cit., p. 76-77.

Um grande romance, o grande romance, é qualquer coisa de muito complexo; é um "país", é um "mundo" ao lado do mundo. Joga tanto com o imaginário como com o histórico; com os hábitos como com a ética; com o social como com o individual e o psicológico; com os sentimentos como com a razão, no difícil equilíbrio entre o bem e o mal, ou fora dum e doutro, senão mesmo acima deles[12].

Também este é um trecho sintético, que, entretanto, não diz algo que é essencial para se compreender a relação simbiótica entre as criações de Agustina e Oliveira, mesmo considerando-se seus diferentes meios de expressão, no que diz respeito ao tratamento que reservam à dupla palavra-imagem: o que o cineasta identifica no romance é, de fato, atributo da ficção de um modo geral. O romance é um gênero que se assenta sobre esse modo de representação do mundo que é o mais livre dos discursos, porque suas leis são próprias e não precisa pagar qualquer tributo para aqueles discursos empenhados em explicá-lo objetivamente, caso das inúmeras modalidades do discurso científico. Por ter essa liberdade a ficção pode ocupar-se ao mesmo tempo do sentimento e da razão, uma mistura que tende a ser vista com desconfiança quando se trata de abordagens objetivas. A ficção nunca perde de vista que o desejo de conhecer todos os sistemas de funcionamento do mundo não é garantia de sucesso de nenhuma empreitada; que, portanto, quando o homem se lança a ela precisa considerar que *sempre muito* ficará de fora e o que hoje é certeza amanhã será dúvida. Por isso Oliveira fala em *equilíbrio* entre bem e mal e não em supremacia do primeiro termo sobre o segundo. Essa é a diferença entre a abordagem ficcional e as que estão no campo do saber científico: através da ciência buscamos um modo eficaz de *superar* a natureza. Só assim, descrevendo-a, sistematizando-a, acreditamos que teremos a garantia de uma definitiva sublimação dos instintos, o que nos faria ascender a uma condição em que o bem fosse hegemônico e o mal banido, para trás ficando o equilíbrio de que fala Manoel de Oliveira. Já ao discurso ficcional, porque voluntariamente fora do mundo, assumindo a realidade apenas como imagem, interessa remoer o porquê de a razão não ter ainda

---

12 M. de Oliveira, O Livro, em A. A. Avella (org.), op. cit., p. 106.

nos levado a dominar não a natureza exterior, mas aquela que habita, escondida e à espreita, cada um de nós.

Em *O Convento*, se o espectador se mantiver atento notará que a temática do embate Bem *versus* Mal a partir da relação entre natureza e psique apresenta-se literalmente como suporte da trama, pois que, isolando-se o som nas cenas de abertura e encerramento e comparando-as com o que se ouve no resto do filme, tem-se o som da natureza – dos pássaros na abertura e do mar no final – contrastado com o da trilha sonora, escolhida de maneira a ressaltar, dado seu caráter atonal, a turbulência mental, fruto daquela contenção dos instintos, que se mantém escondida enquanto os personagens levam vidas comuns, aparentemente sem sobressaltos. Note-se, ainda, que a primeira vez que a música é usada no filme coincide com o momento em que Baltazar, o empregado subordinado ao guardião Baltar (o único personagem sem ambiguidade, em quem a identidade do mal, no que ela tem do demoníaco cristão, é estereotípica), apresenta aos recém-chegados a parte mais antiga do convento, que ele denomina de "espaço sagrado": o momento em que o mal, ou o instinto, encarnado por Baltazar, encontra fisicamente o bem, representado pelo esforço de superação – pelo controle dos instintos à base de todo tipo de privação – dos antigos monges que ali habitaram, é o momento em que primeiro se ouve um tema musical dominado pelos sons agudos, torturantes. Nesse momento a tela é centralmente ocupada pela pedra branca que emoldura o interior negro da cela dos monges – a autoexplicativa simbologia do branco e preto –, com a natureza a envolver tudo. A imagem mostra que o espaço sagrado, que abriga o bem por ser onde se concentra aquela recusa a cair na tentação dos instintos, inscreve-se no espaço dominado pelo mal que é a natureza. Difícil imaginar-se uma reversão satisfatória para esse estado de coisas, principalmente quando se atenta para o fato de o convento, idealmente construído para ser o espaço do bem, ter como guardião o próprio demônio. O que guarda esse guardião?

O contraste entre bem e mal, sendo um contraste entre vida subjetiva e vida social, é reforçado por uma direção de atores que evita a naturalidade na atuação, o que ajuda a manter a atmosfera de tensão que domina todo o filme sem que se consiga identificar com clareza sua origem. Para cúmulo do estranhamento, pode-se falar em tensão difusa, porque difusamente constituída.

Seguindo o tema do embate, assim que os protagonistas chegam a seu destino, o convento da Arrábida, enquanto percorrem a pé o caminho que os leva do automóvel ao edifício onde se hospedarão, a perspectiva ressaltada para o espectador é a das imagens, em *close*, de uma série de estátuas mutiladas, o que se pode interpretar não apenas como um sinal de degradação e abandono do lugar, como resultado da ação do tempo, mas uma degradação provocada por mãos humanas, prova de que o instinto tem força para destruir a razão, que a natureza não tem o mínimo respeito pela cultura.

Significativo é também o comentário feito por Piedade – escalada por Baltar para fazer as vezes de secretária de Michael – sobre uma imagem de Maria Madalena que, abrigada no espaço fechado de uma capela, encontra-se igualmente em mau estado. Diz a moça, sem explicar por que, que gosta da imagem e dos estragos que há nela. O comentário, que representa a união de instinto e razão, é feito por alguém que ocupa o extremo oposto em relação a Baltar. Se a personalidade e o comportamento do guardião não conhecem a ambiguidade, é possível dizer que seja essa a matéria de que é feita Piedade. Como índice de sua possível bondade há a placidez com que parece encarar tudo, alheia à sua beleza, que entretanto é usada – consciente ou inconscientemente? – para seduzir Michael. Sedução que se faz pela imagem, pela presença da moça, mais do que por palavras, economicamente usadas em todo o filme.

Outra cena de destaque, ponto alto da tensão produzida pelo embate entre bem e mal, é aquela em que Baltar e Piedade encontram-se em meio à floresta, o lugar da perdição, simbólica e literalmente falando, para onde a ajudante de Michael é levada pelo guardião a pedido de Hélène. Ali ela dirá, sem maiores explicações, que sente saudade de Deus. Só sente isso quem dele estiver afastado por um único motivo, a prática do pecado. A ambiguidade da personagem ameaça dissolver-se em seguida, pois, olhando na direção da câmara, mas a contemplar qualquer coisa que a ultrapassa, Piedade sai correndo, embrenhando-se mais e mais na floresta. O espectador vê a reação desesperada de Baltar, que grita e sai atrás da moça, desaparecendo ambos na mata. Mais uma vez, trata-se de imagens que não vêm acompanhadas de explicações pacificadoras para quem assiste o filme, o que quer dizer que qualquer hipótese de interpretação destina-se a ser apenas isso, uma hipótese. Vamos a elas: nesta cena o bem venceu o mal? O bem, em algum ponto caído em tentação, redimiu-se (hipótese para a qual muito contribui o apreço de Piedade pela imagem de Maria Madalena, uma emblemática pecadora arrependida)? Ou é o caso de, ligando-se a floresta àquele Deus de quem Piedade se sente saudosa, imaginar que se trata de um desdobramento da simbologia com a qual Oliveira trabalha nessa obra? Nesse caso, Deus não estaria associado exclusivamente ao bem inequívoco, desprendido do mal porque desprendido de sua relação com ele, mas seria a dissolução de toda a oposição, a força original de onde tudo provém e para onde tudo volta, indistinto. Esse Deus seria a natureza em estado puro, daí o olhar fascinado de Piedade.

Tal hipótese nos leva a uma outra questão: o bem, assim como a beleza, é fruto da razão porque só ela permite-nos reconhecer o bom e o belo. Nenhum deles existe por si na natureza, e a capacidade de reconhecê-los é já resultado de estarmos fora do contexto em que é possível falar em equilíbrio, perfeito e perene, essa natureza que ignora a distinção. No filme, são pelo menos três as vezes em que se refere a luta entre uma mãe, a treva – o estado por excelência da indistinção –, e sua filha, a luz.

Fora desses campos – treva absoluta e natureza em estado puro –, o equilíbrio, a unidade só se consegue provisoriamente e a duras penas. Se considerarmos a relação de complementaridade entre Hélène e Piedade, temos um bom exemplo disso. De saída, essa unidade é percebida por Berta, a outra subordinada de Baltar (nesta relação de chefe e subordinados também se esboça uma unidade, basta que se observem os nomes próprios que remetem uns aos outros), quando, ao ler as cartas de tarô, na tentativa de conhecer mais acerca das duas mulheres, observa que são ambas do signo de gêmeos e, ao mesmo tempo, que há qualquer coisa ali que não permite que

O diabólico Baltar (Luís Miguel Cintra) e a sedutora Hélène (Catherine Deneuve) em O Convento *(1995)*.

sejam dissociadas uma da outra, como se fossem uma única pessoa. Transformando-se a palavra de Berta em imagem, em dado momento do filme Michael as vê na mesma posição, a ocupar o mesmo lugar num mesmo momento. Note-se que, diferentemente do que acontece quando se tem o equilíbrio da indistinção absoluta, aqui a indistinção é preocupante, um sinal de que há qualquer coisa de errado, sendo substituído o unívoco pelo equívoco.

Assim, Hélène e Piedade são duas metades de um todo que não se sustenta, daí o espectador não se sentir seguro para identificar nelas as agentes do bem *ou* do mal. A beleza esfíngica da primeira e a beleza plácida da segunda, que parecem envolvê-las numa aura de irrealidade, vêm reforçar o enigma de sua natureza. Mas, como diria Agustina, "julgar mulheres é vão emprego, porque delas tudo são memórias e não culpas"[13].

Se ampliarmos nossa perspectiva, notaremos que a sobreposição aqui descrita, que remete a essa forma particular de unidade entre os personagens do filme, também está presente

---

[13] A. Bessa-Luís, *Adivinhas de Pedro e Inês*, Lisboa: Guimarães, 1983.

na identificação desses personagens com outros, retirados da ficção ou da história. Assim, se em Hélène projeta-se a figura da Helena de Troia mítica, por sua vez desdobrada em personagem goetheana, Piedade, por sua dedicação à causa de Michael, é vista por ele como Penélope, enquanto o próprio Michael é duplamente Fausto e Jesus Cristo, ao ser tentado por um Baltazar que ora se apresenta como o Mefistófeles do *Fausto*, ora como o Lúcifer bíblico – especificamente o da antológica cena no deserto, reproduzida em *O Convento*. Essa série de desdobramentos e sobreposições remete para a longevidade de um problema com o qual o ser humano se debate sistematicamente, sem conseguir pacificar-se em definitivo.

Neste mundo equívoco que é o nosso tudo o que se associa ao bem – muitas vezes com que inocência! – revela-se expressão ou instrumento do mal, e acorre sempre que for chamado com os nomes de beleza, inteligência, espírito científico, dedicação a uma causa, desejo, curiosidade. Meteram-se na selva as personagens do filme levados por esses nomes, que nada mais são do que imagens que em si não querem dizer nada, não são boas ou más, e por isso tão facilmente induzem ao erro. A começar pela ideia de que a palavra, só ela, comunica e aclara. Não é o que se conclui da experiência de Hélène e Michael no convento da Arrábida. É verdade que o filme se abre com a legenda, em bom português, que alerta para o problema: "quem neste convento entrar, não ouvir, não ver, não falar". Alguém poderia objetar que, uma vez que a recomendação não foi dada a eles, mas ao espectador, os pobres não puderam precaver-se. É fato. Mas, por falar em legendas, por que o que se abre em português se conclui em francês?

No filme, a palavra parece sempre induzir ao erro, aprofundar a incomunicabilidade, que é o que têm em comum as personagens. A começar pela algaravia – presente em outros filmes de Manoel de Oliveira – que sobrepõe o português, o francês e o inglês com pitadas do alemão do *Fausto* de Goethe. Se voltarmos àquela cena em que Baltazar apresenta aos estrangeiros o espaço sagrado, ouviremos a sua informação primeiramente em português, "bem, aqui começa o espaço sagrado". Corrige-se esse servo do servo traduzindo-a para o inglês, língua em que ele acrescenta o seguinte sobre a vida dos monges: "they battled against the elements and they fought hunger with prayer, idiotas!" De costas para ele, um pouco alheios ao que diz, mas atentos o suficiente para perceberem a mudança de língua, estão os inocentes Hélène e Michael que sequer terão a hipótese de desconfiar – o que pode fazer o espectador, todavia – que aquele "idiotas" diz tanto respeito aos antigos habitantes quanto a estes, que ali estão de passagem.

Contudo, se a palavra pode semear a confusão e o desentendimento, sua ausência não tem efeitos muito melhores. Basta lembrar-se a cena noturna em que marido e mulher se desencontram propositadamente, marcada pelo ruído das portas de seus quartos, que se abrem e batem, pela réstia de luz que tenuemente corta a escuridão – novamente a imagem da grande batalha da luz com as trevas – e pela ausência de diálogo entre eles. Nada nasce em um ambiente árido como este, nem mesmo a traição, cujo agente se apresenta na figura de Baltar, sombra insinuante a percorrer o escuro corredor do convento.

A partir deste ponto já começo a correr o risco de ver-me confundida pela palavra, envolvida que estou por ela e pelas imagens-enigma desse convento. O melhor é concluir dizendo que se o cinema é a estrutura do visível, a arte de Manoel de Oliveira é a estrutura do invisível, porque sistematicamente nos presenteia com as imagens do mundo que conhecemos, ou fingimos conhecer, abrindo-nos as portas para os infinitos mundos, dentro e fora de cada um, sempre por conhecer, porque, afinal, "ninguém sabe que coisa quer, ninguém conhece que alma tem, nem o que é mal, nem o que é bem..."

A Estrutura do Visível

Paola Poma[*]

Perguntam-me por que faço cinema. Não sei: é como perguntar-me por que respiro.

MANOEL DE OLIVEIRA[1]

Se o tempo é a dimensão da dissolubilidade e, do ponto de vista humano, revela a nossa condição negativa porque somos seres em constante extinção – "cadáveres adiados que procriam" –, é interessante pensar que algumas questões da arte não se resolvem (dissolvem) no tempo. Permanecem.

Na sua *Poética*, Aristóteles diferenciou o historiador do poeta em termos de probabilidade, ou seja, o poeta é aquele que narra "coisas que podiam acontecer, possíveis do ponto de vista da verossimilhança ou da necessidade"[2], ao passo que ao historiador caberia a particularidade, o fato acontecido. Esse fato acontecido carrega em si uma verdade vivenciada, e é esta a condição que garante a sua realidade.

Mas a arte como representação da realidade ganha matizes insuspeitados. E é no âmbito dessa gradação que a ficção cinematográfica de Manoel de Oliveira se constrói como jogo tensivo de possibilidades do dizer.

---

[*] Departamento de Letras Clássicas e Vernáculas da Faculdade de Filosofia, Letras e Ciências Humanas da Universidade de São Paulo (FFLCH-USP), Brasil.
[1] Em Mariolina Diana, *Manoel de Oliveira*, Milano: Il Castoro, 2001, p. 5.
[2] Aristóteles, *A Poética Clássica*, introdução de Roberto de Oliveira Brandão e tradução de Jaime Bruna, 4. ed., São Paulo: Cultrix, 1990, p. 28.

Em *Conversas no Porto*, documentário dirigido por Anniello Angelo Avella, o espectador se rende à primeira discussão travada entre Manoel de Oliveira e Agustina Bessa-Luís sobre a dificuldade de distinguir o "cinema-verdade", mais conhecido como documentário, e a ficção. O pressuposto conhecido da não interferência do realizador é logo desacreditado diante da consciência de o sujeito/ator saber-se filmado. E mesmo que não o saiba, Manoel de Oliveira descrê da realidade:

> A realidade está no documentário filmado, porque não é o que o cineasta põe, é o que lá está. Mas essa realidade é parcial, porque representa um ponto de vista. Mas há o ponto de vista do outro lado, do lado esquerdo, do lado direito e mil outros que o circundam. A realidade seria a soma de todos os pontos de vista. Mas isso é sempre impossível[3].

Paralelamente, Agustina Bessa-Luís considera-se uma espécie de investigadora criminalista pronta para adentrar nos meandros da realidade sustentada pela história, seja de um determinado homem, de um país ou de uma época. Essa historicidade também prescinde da verdade, já que para a autora é uma "disciplina indisciplinada, absolutamente indisciplinada, porque aquilo que nos é transmitido pela História é completamente cheio de mentiras, falsidades e astúcias para não se conhecer o que realmente se passou"[4].

Logo, o problema se impõe. Os conceitos de realidade, história e representação, ainda que mantenham uma aproximação (em diferentes graus) com a verdade, acabam por fragilizá-la no momento em que se constrói o vínculo pela linguagem. A impossibilidade de uma verdade absoluta desautomatiza qualquer ordem estabelecida, propiciando uma liberdade maior para se pensar o homem.

Nesse movimento dialético em que nunca se alcança a verdade, tanto Agustina como Manoel de Oliveira fazem tentativas constantes de compreender o homem e, mais do que tudo, revelam a força de criar. Porém, a criação para o cineasta é um tipo de imitação menor da realidade, já que a originalidade é

---

3 A. Bessa-Luís; M. de Oliveira, *Um Concerto em Tom de Conversa*, p. 52.
4 Idem, p. 53.

propriedade daquele que é a origem de tudo: Deus. Segundo o cineasta, "Nós somos meras criaturas, incapazes de criar"[5].

Numa perspectiva essencialmente cristã, essa incapacidade humana de originalidade manifesta-se, em sua obra, de duas formas: a primeira imanente à própria condição humana; e a segunda (dentre os vários modos de se fazer cinema) vinculando-se ao texto literário como argumento para a elaboração de um filme. Seguindo esse raciocínio, pode-se pensar em um desdobramento daquilo que não é original.

Tal modo de criar encontra duas novas vias: uma direta, que são os livros de Agustina filmados por Oliveira; outra indireta, e aqui o desdobramento se expande, pois é o livro da escritora – *Vale Abraão* – baseado em outro livro – *Madame Bovary* de Gustave Flaubert.

Para efeito de ilustração dos modos de fazer cinema de Oliveira, vale retomar um pequeno trecho de uma entrevista por ele concedida a Leon Cakoff, no qual explica de que modo adaptou para o cinema *Le Soulier de satin*, de Paul Claudel (1868-1955):

> E, quando Lang aceitou a ideia, fui correndo buscar uns exemplares do romance, e a livraria Lello, do Porto, tinha apenas três. Exatamente o que me convinha. Comprei os três livros. Guardei um deles intacto e rasguei página a página dos outros dois, colando-as num bloco de folhas tamanho "A4": a frente numa folha e o verso em outra, até terminar. A família de Claudel dizia-me: "Aceitamos ceder os direitos de imagem, mas com uma condição: ver a decupagem". E eu respondi: "A decupagem já vocês têm em casa, é o livro do vosso pai, como tal". Porque eu segui o livro, e tudo quanto estava no livro passou a ser dito no filme, o que o levou a ficar com sete horas de duração[6].

Essa resposta não difere muito daquela dada a Agustina, em *Conversas no Porto*, ao preterir a memória no momento da transposição de um livro. O livro é o objeto de referência, portanto a questão que se coloca para o cineasta é a de transformá-lo em imagem.

---

5 Idem, p. 68.
6 Ver Álvaro Machado (org.), *Manoel de Oliveira*, São Paulo: Cosac Naify, 2005, p. 67.

Se a literatura expande o universo em imagens infinitas, o cinema, como a arte que mais se aproxima da vida humana, restringe o pensamento na imagem, no espaço e no tempo. E, sendo imagem em movimento, o que sobressai nos filmes do cineasta português, ainda que possa soar como uma redundância, é a estrutura do visível de cada uma das histórias contadas.

Entre os filmes mais recentes de Manoel de Oliveira estão *O Princípio da Incerteza* (2002) e *Espelho mágico* (2005), ambos adaptados respectivamente das obras *Joia de Família* e *A Alma dos Ricos*, de Agustina Bessa-Luís, que chamam atenção não só pela continuidade de sua estrutura narrativa, mas principalmente pela força das imagens femininas. Também o rigor na escolha dos atores, dos enquadramentos, dos espaços cenográficos potencializa a imagem em relação ao texto literário – daí, talvez, para o fiel leitor da escritora, ficar a sensação de uma economia textual que não prejudica em nada a história; ao contrário, a reconstrói pela precisão imagética e pela duração da cena filmada.

Em *O Princípio da Incerteza* a cena de abertura instaura a dimensão cristã da narrativa. Num plano inicialmente distanciado, a câmera vai de modo lento se aproximando e revelando a imagem de uma capela e de uma mulher cujo gesto, contido, retira e recoloca uma chave embaixo de um capacho, sugerindo (escondendo) assim um tipo de permissão para adentrar naquele ambiente sagrado.

O espaço é quase sempre interno – a casa de António, dos Roper, de Camila antes de se casar – denunciando, de modo agudo, a moral burguesa e religiosa. Através dos enquadramentos constantes de janelas e portas, é possível perceber o trânsito interno das personagens que não conseguem se desvencilhar das suas amarras institucionais e de seus vínculos supostamente afetivos.

É nesse ambiente claustrofóbico que a trama se constrói. Touro Azul, filho da criada Celsa, e António (criados, os dois, como irmãos) disputam por um determinado período o amor de Camila, que acaba se casando com António. Pode-se dizer que tudo se organiza para que o casamento (negociado por Celsa e pelos Roper) de António e Camila ocorra independen-

Leonor Silveira (Vanessa) e Leonor Baldaque (Camila) em O Princípio da Incerteza *(2002).*

temente da afetividade de ambos, seguindo o curso de uma ordem social imposta. E mesmo que Touro Azul reivindique a legitimidade do seu amor, Camila sabe que o prêmio dos pobres é o casamento, modo mais rápido de ascensão social. Por outro lado, Vanessa torna-se amante de António quando ainda era próxima de Touro Azul.

A angústia sentida pelo espectador durante toda a narrativa distende-se em breves momentos em que a imagem do exterior e a luz diurna acenam para uma possível liberdade. A primeira cena ocorre antes da negociação do casamento de António, quando este, olhando através da janela de sua casa, vê, do alto, a romaria em que os devotos, numa espécie de prenúncio feliz, cantam a seguinte canção: "Tenho pai, tenho mãe, tenho tudo, só me falta o amor de Maria". Felicidade que se opõe à obtusa escolha de António.

Outra cena que abdica das arestas do enquadramento, ou, se quisermos, do encarceramento, é a da piscina. Espaço do ócio, da riqueza e da liberdade, a piscina clarifica o que se esconde nas relações sociais. Numa prosa amena vê-se o diálogo amoroso entre Vanessa e António. Este (casado com Camila) insiste em um novo casamento com Vanessa, e é a recusa que a mantém numa condição autônoma. Ao negar os ditames sociais, afirma: "Vulnerável é estar dentro dos padrões do comportamento tido por normal".

A negação do casamento, somada aos gestos medidos e ao olhar impenetrável, magistralmente captados pela câmera de Oliveira, revelam uma mulher fria cuja sexualidade não se faz sentir pelo corpo. A devassidão de Vanessa não está na beleza do seu aspecto físico impregnado de uma invulnerabilidade aristocrática que afasta o outro; está nas suas palavras. Especificamente ao deslocar o lugar do desejo. O princípio da incerteza está em Vanessa, sendo desejável (condição histórica da mulher), desejar ou não um homem. O seu poder de escolha se dá na mesma medida da resignação de Camila, cuja sexualidade abafada se revela também como um ponto de invulnerabilidade. Uma pureza camuflada pela disciplina que se impõe: "Não sou boa, não faço mal a ninguém... é uma questão de disciplina".

Através dessas duas imagens femininas – a loira/Vanessa e a morena/Camila – Manoel de Oliveira desestabiliza o imaginário ocidental e o reelabora em *O Espelho Mágico*.

Leonor Silveira e Leonor Baldaque, num jogo de espelhos, invertem seus papéis. Aquela que era devassa (Silveira/Vanessa) em *O Princípio da Incerteza*, transforma-se num gênero de beata à espera da visita da Virgem Maria. Alfreda, mulher aristocrática cujo desejo é dar-se a conhecer à Virgem Maria (já que ambas teriam em comum a riqueza), busca apoio, para sanar a sua crescente depressão (causada pelo desejo não realizado), em uma tríade religiosa: um professor de teologia inglês, um padre e uma freira espanhola. Esse séquito é a contraparte da imagem em negativo que se constitui, visto que a possibilidade de aproximação entre as duas mulheres é inoperante diante da mácula e da incapacidade de Alfreda para conceber.

Aturdidos pelo definhamento de Alfreda, Touro Azul e seu amigo falsário, procurando salvá-la, planejam uma encenação da aparição da Virgem. Leonor Baldaque, a pudica Camila de *O Princípio da Incerteza*, representa agora a personagem Vicenta/Abril, mulher instigante e pronta a aceitar o "papel de virgem" em troca de dinheiro.

Se, por um lado, o cineasta fala através da literatura de Agustina, por outro o filme ultrapassa a falta de originalidade através

Leonor Silveira no papel de Alfreda em O Espelho Mágico *(2005).*

do jogo especular que propõe. A escolha das atrizes protagonistas de *O Princípio da Incerteza* para interpretar os papéis de Alfreda e Vicenta/Abril, bem como a presença dos fantasmas de Camila e Vanessa, que persistem rondando a memória de Touro Azul, implodem a imagem física e fictícia das personagens femininas de *O Espelho Mágico*. Como uma espécie de holografia, as várias faces das duas mulheres se interpõem e se recompõem numa outra ordem, não mais a da fixidez, qualidade intrínseca do cinema, mas tangenciando a ficção, a memória e a realidade simultaneamente. Todas as mulheres estão lá, arquetípicas, com o princípio da incerteza movendo os seus desejos.

O enquadramento preciso, a ausência de movimento, o tempo dilatado e a câmera fixa poderiam nos remeter a uma tradição cinematográfica, mas é aquilo que se vê nos filmes de Manoel de Oliveira – a estrutura do visível – que ilumina o que não é visto, com mais força. Aí está a sua originalidade.

Plano 5

Em Busca do Tempo Perdido

Viagem a que Mundos?!

Maria Lúcia Dal Farra[*]

> *À memória do meu querido amigo Haquira Osakabe,
> cuja viagem ao princípio do mundo interrompeu
> a escrita que sobre essa mesma viagem ele realizava.*

A via sinuosa que o diretor Manoel de Oliveira vai pavimentando aos olhos do espectador de *Viagem ao Princípio do Mundo* (1997) – cujo roteiro, diálogos e argumento são de sua lavra – constrói, cada um a seu tempo, dois movimentos: um para trás, outro para a frente – como se, para caminhar, fosse necessário registrar o que se deixa. Manobrista desse mapa contraditório, Manoel de Oliveira é ele próprio o encarregado ficcional de guiar o carro que transporta os quatro personagens desse filme, gente de diferentes idades e anseios, para uma viagem cujo retorno não é jamais cogitado.

Esse ator-motorista, de cuja biografia e experiências como diretor cinematográfico se extrai o entrecho do filme, uma vez dirigindo o veículo, se faz, todavia, conduzir (diante de nós) pelo seu alter-ego – estrangeiro, italiano, falante do francês num filme franco-português legendado em inglês e com créditos em português: Marcelo Mastroianni. De maneira que ingressamos, na película, numa profusão linguística que, mais tarde, transposta para outro patamar, será objeto de discussão travada no centro do enredo do filme, a ponto de constituir

[*] Departamento de Letras da Universidade Federal de Sergipe (UFSE), Aracaju, Brasil.

o seu núcleo mais nervoso. E é, aliás, a partir da mencionada cena fundamental de idiomas em conflito, ao redor de uma mesa comum, que o rumo impresso à câmera muda de foco. O que ficava para trás (a memória) impulsiona já agora o que há pela frente, e a direção a se atentar é a de quem segue para diante. A câmera abandona o seu olhar remissivo e invertido, à maneira do que se lembra e não se quer esquecer, e passa a olhar por onde se vai, a focalizar, portanto, a estrada que se percorre. Ou seja: o foco cinematográfico se despede do passado e penetra no futuro. Melhor ainda: munidos do lastro do passado, todos podem seguir o presente contínuo.

Mas se quisermos sintetizar ambos os movimentos, diríamos que essa duplicidade contraditória da câmera imprime ao filme a emblemática das duas faces de Jano: é olhando para trás que se segue para diante. E uma outra inversão também vai-se preparando para acontecer, desde aí.

O filme, que focalizava uma poética da velhice, centrada no seu próprio diretor (na altura com 89 anos), por meio de um personagem da sua geração representado por Mastroianni, homônimo do real Manoel de Oliveira –, acaba sendo dedicado (depois de encerrado e mercê do destino teleológico que alcançou) ao mesmo Mastroianni. Mas *in memoriam*.

O talentoso ator italiano, fiel ao papel que havia sido chamado a desempenhar, como se desse continuidade à temática do filme do amigo, com quem, como personagem e como contemporâneo, se identifica, vem a falecer depois das filmagens, autenticando com a sua vida a verossimilhança do roteiro. Assim, é ele, e não Oliveira, quem se oferece em sacrifício.

Dito de outra maneira: Oliveira parece ter entregado, por meio deste papel reservado ao ator, as vantagens, bem prestes ao cerimonial da partida, de um ritual de acerto de contas com as memórias, visto que se tratava, já então, de uma morte anunciada: Mastroianni descobrira a doença fatal quando se dispusera a filmar.

De maneira que a dedicatória-epitáfio de Manoel de Oliveira a Mastroianni recobre um longo testamento (seu e do amigo), na forma da própria *Viagem*, encetada, desde o princípio, aos confins dos tempos – fato que o tom cataclísmico da extraordinária música composta por Emmanuel Nuñes anuncia, desde o começo, na leitura stockhauseniana que faz do *Quarteto* de Messiaen. E, não por acaso, a epígrafe de Nietzsche, que emoldura a obra, refere o caos e a tentativa de dominá-lo – pelo menos em nós. E não por acaso, no encalço do Gênesis, se topa, inopinadamente, com o Apocalipse.

O movimento do filme consiste muito simplesmente num percurso de carro e nas paradas efetuadas pelo veículo que segue, do norte da Península para terras lusitanas, num único dia. Vindo do território espanhol e penetrando Portugal através das rodovias principais, o carro as vai abandonando, para tomar, por algumas horas, o atalho de um domínio perdido e esquecido, ao pé dos Pireneus, lugar onde o mundo parece ter regressado aos seus começos. É, pois, o desvio, e não a rota cardeal, que justifica, em primeira instância, o título do filme.

De fato. É como se esse transporte coletivo partisse da civilização atual para ir-se embrenhando pela Idade Média, pela era romana, vasculhando o tempo, cortando as ruínas e o agreste rural, para desembocar no degredo e na morte. Nesse percurso, também a claridade inicial com que a câmera capta a estrada e as paisagens passantes será pouco a pouco habitada pela sombra, pelo apardamento e pela quase inteira escuridão, como se as trevas e a obscuridade fossem pertenças dos tempos primordiais.

A *van* comporta em seu bojo, como uma barriga prenhe, a equipe que dará à luz o filme a ser realizado em terras portuguesas. Seu destino principal parece, portanto, o de alcançar as locações para as tomadas. Todavia, num outro rumo, um novo roteiro vai se cumprindo nessa película a que estamos assistindo, cujas locações móveis e erráticas se firmam nessa estrada meandrosa que, afinal, se bifurca para duas memórias diversas que vão, então, se fundir na figura de um ser quase mitológico – na versão lusitana de um Sísifo em sacrifício e de um Prometeu acorrentado: o dito Pedro Macau.

Compõe o grupo viajeiro, no banco dianteiro e tendo a van sob sua direção, o chofer interpretado por Manoel de Oliveira, de quem vamos ver apenas ao longe o vulto esbatido em cada paragem. Ele perfaz a sombra que acompanha o grupo, apenas vislumbrada por nós. Dele são unicamente as mãos, em *close*, o que veremos quando se faz necessário providenciar meios para que o jovem grupo enxergue nitidamente o que os olhos idosos do diretor tentam mostrar. Metáfora da batuta de regente dessa história que, por trás e na sombra fugidia, ele detém.

No banco mediano se encontram acomodados Duarte e Afonso, este último, ator francês de ascendência portuguesa, convidado como personagem principal do filme a ser rodado. A entrada por plagas lusitanas vai-lhe despertando a memória das narrativas de origem do pai, imigrante português em França, de maneira que, diante das lembranças e dos comentários de Manoel ao deparar-se com os lugares da sua infância, vai-se germinando dentro do veículo, para Afonso, a urgência em localizar a terra de origem dos seus antepassados e do seu único remanescente: a irmã do seu pai, a Tia, que ele anseia conhecer. Daí o desvio da estrada principal para a secundária, que os transporta para um mundo agrário inóspito e pobre, antiquíssimo, ancestral, fechado e guardado por cachorros raceados com lobos – o Lugar do Teso, distrito de Castro Laboreiro.

Este extravio da estrada principal abre o filme para a leitura de uma assimetria espantosa, tanto cultural como social, tanto econômica como geográfica. E também para um questionamento da aparente homogeneidade da sociedade portuguesa. Somos introduzidos, então, numa outra dimensão histórica e folclórica, a um passo do mitológico.

Na parte derradeira da van, se assentam Manoel e a atriz Judite que, com Afonso, compõe o casal da película a ser realizada em Portugal. Dona plena da sua beleza e juventude sedutora, ela mantém dentro e fora do carro uma intensa conversação com Manoel, a quem ora espicaça, ora rechaça os testemunhos de inevitável fragilidade senil, aos quais a bengala, sempre à mão, não desmente a condição de indiscutível divisa. E é tão transbordante a força de vida da jovem atriz que a energia febril com que encara o seu diretor a converte, pelo menos por alguns segundos, numa Judite bíblica (logo reconhecida por Duarte), capaz de maldades e de degolações...

Mas dentro do carro, interessa primeiro, à câmera, o diálogo e o rosto das pessoas que trocam ideia a respeito do assunto em pauta: a memória outonal, o tempo, a idade, a diferença entre a juventude do espírito e a degenerescência do corpo.

Manoel e Judite são os mantenedores privilegiados dessa conversa, e a câmera traça *closes* do rosto dele como se procedesse a uma autópsia, enquanto escrutina os traços fisionômicos dos seus ouvintes, para ler neles a reação às palavras alheias, numa atitude cênica de índole teatral – aprendizagem obtida numa era longínqua, a dos primórdios do cinema falado.

Enquanto isso, o tempo vai passando, metaforizado na paisagem ensolarada atravessada pela velocidade do veículo, retalhada, filtrada, coada pelo busto ou pelo rosto em contraluz das personagens que, atentas ao assunto, não se dão conta de que já estão sendo pelo próprio tempo afetadas. E, impiedosamente, os minutos vencidos são apontados em intermitências mercê da atenção da câmera que se debruça na traseira do veículo, mostrando apenas os obstáculos já transpostos, como se estivesse cega para o que vem. Mas que também traduz, com alguma misericórdia, o movimento da memória: o de vasculhar o que caminha atrás.

De percursos tortuosos e estacionamentos, a *Viagem* segue o seu curso. Mas a experiência do velho diretor interrompe o assunto da esfera interna do veículo para se deter naquilo que corre lá fora, e o reconhecimento dos lugares acaba por dar corpo ao tempo que, na conversa, parecia guardar um ar apenas abstrato. São estas paragens as da sua infância, aquelas das memoráveis viagens com o pai e os irmãos. De maneira que a recordação é como "uma lava de vulcão que desperta", como um "*Apocalypse Now!*"

O primeiro parqueamento do carro se dá nas proximidades de La Guardia, à beira do Minho profundo e escuro, de cuja margem Manoel pode divisar o antigo prédio do colégio de jesuítas da sua infância. Diante das lembranças assim tão avivadas, o pressentimento dos perigos dessas vagas de aparência tão calma constitui uma ameaça à memória, como se Manoel estivesse postado à beira de um outro rio: aquele do esquecimento.

De novo na estrada, o grupo transpõe, já na fronteira, a cidade medieval de Valença. Seus becos escuros, o calçamento de pedras, as fortificações da época dos romanos, as muralhas – tudo dá a impressão de uma travessia por dentro dos escuros túneis do tempo e, já agora, da memória, não só pessoal, mas nacional. É "um tempo que separa o nosso tempo que, com o tempo, se torna agora presente", sentencia Duarte.

A próxima parada se dá após a passagem por uma rota muito familiar às reminiscências de Manoel. E ocorre diante de uma bizarra escultura de madeira, imóvel, mas deslocada para outro canto da pista pela defasagem do tempo. De real mesmo, das alterações que os idos transcorridos de lá para cá infligiram sobre ela, apenas a perda de um dos braços e a retirada do barrete que encimava a cabeça de Pedro Macau – esse o nome do pobre homem torturado pelo peso de um alongadíssimo tronco de árvore sobre os ombros, que ele sustenta impávido e sozinho, ajoelhado sob uma única perna, equilibrando-se em cima do alto muro da casa à beira da estrada. E os versos populares que o identificam assim rimam:

> Eu sou Pedro Macau
> que às costas tenho um pau.
> Por aqui passa muito patego,
> uns de focinho branco,
> outros de focinho negro,
> e ninguém me tira deste degredo.

A imagem se presta a muitas apropriações. Manoel revê nela o pai agigantado pelo seu carinho e confiança de menino quando da travessia do rio da infância (certamente o barqueiro futuro da nova travessia a empreender), enquanto Afonso tenta aprender, em português e em francês, a estrofe que o define. Preso aos grilhões da vida, Pedro augura, desde aqui, a imagem futura do homem fadado a um destino de morte, do qual não pode fugir. E desse molde são todos os seus observadores, o que permite ao filme uma meditação profunda sobre a condição humana, que há de se espraiar com todas as ressonâncias. Pra já, "cada um que se arranje, porque a morte é certa" – atira para os espectadores a passante.

Mas o sobrenome que lhe dão, muito embora pareça recurso de licença poética (a rima com "pau", como cisma a mesma transeunte), também lembra a condição histórica do emigrante português que, nesse caso, o pai de Afonso encarna tão bem. A Macau de Pedro é, certamente, metáfora de todas as colônias portuguesas, de todas as terras de lusitano degredo. De maneira que quando, mais tarde, a Tia deplorar as guerras de África e as outras, os camponeses buscados na sua aldeia para nunca mais regressar – será ainda de Pedro Macau que se trata.

Diante desse tosco monumento nacional, versado, pelo grupo e pelos passantes, em português, em francês e no inglês da legenda, Pedro Macau simboliza o fado do lusitano emigrado, o seu fardo.

A próxima parada é agora diante das ruínas do Grande Hotel do Pezo, assustadoras para os olhos cansados e experimentados de Manoel. Tudo aqui é já outra coisa! Tudo é desolação! Como uma Sarajevo sem bombas – este é o presente! As janelas dos quartos onde pernoitou a sua infância, e o irmão a adolescência repleta de jovens charmosas e elegantes – estão agora desventradas pelas intempéries, escancaradas para sempre. Das sacadas explode uma luz que fere a vista, porque sem anteparos, sem paredes, só ossada do prédio destruído. A vegetação toma conta da construção despedaçada, a pintura se descasca em peles escorregando molemente das paredes, feita vermes; os jardins estão devastados, e o precioso hotel de fulgurante memória só guarda o seu esqueleto. A árvore marcada a canivete pelas crianças deslocou do lugar as suas fendas, submetida ao império do tempo. A fulgência do passado não passa agora de pura consternação.

E é então que Manoel vislumbra, num galho de árvore, uma única e colorida flor, e corre para apanhá-la. Mas, tal qual a sua juventude, a flor tornou-se inalcançável. Resta-lhe apenas murmurar queixosamente uma proustiana constatação: "Quem, quando doente, não se lembrará do tempo em que tinha saúde?!"

E a palavra "saudade" se torna, então, inevitável, e o verso do brasileiro Catulo da Paixão Cearense ganha importância nesse contexto de desmoronamentos: "saudade é a terra caída de um coração que sonhou…"

E o destino do desvio se encontra agora mais próximo: o Lugar do Teso, terra natal do pai de Afonso.

De classe social muito diversa que a de Manoel, o pai do ator foge da pobreza e da falta de trabalho que lhe reservava sua aldeia, aos quatorze anos, atravessando as montanhas. Todavia, em Espanha, torna-se presa tanto dos franquistas como dos republicanos, e é graças à intermediação da família sem recursos (que vende a única vaca para tirá-lo da prisão), que ele pode seguir para Toulouse, onde irá se estabelecer, criar o seu negócio, casar, ter filhos, vindo a falecer prematuramente num acidente de carro, aos quarenta anos.

No encalço dessas origens, o carro segue, então, por paragens inóspitas, repletas de pedregulhos, desprovidas de vegetação, obrigado a desviar-se de uma pequena e secular ponte de pedra – arco flutuando sobre o tempo. A imobilidade das casas, da paisagem, a ausência de pessoas e o silêncio só são quebrados pelos insistentes e agressivos latidos dos enormes cães mestiços de lobos, que guardam a estrada despovoada e a entrada para uma dimensão inesperada, para um deserto interior: para um inferno.

Na casa onde penetram, o que se vê em volta da mesa são duas mulheres de preto – em luto. Não apenas por causa da perda de um parente, mas, sobretudo, porque a vida é madrasta, e essa é a maneira de expressá-la. Em torno da mesa e através do alongado conflito de línguas – rito de passagem, prova linguística da babel da emigração portuguesa –, a conversa mediada por incansáveis traduções e sete queixas a propósito da ignorância da língua nativa leva, afinal, a Tia ao reconhecimento de Afonso e de seu nome – comum, aliás, a toda a nação lusitana, como há de esclarecer seu marido, que invoca, para tal, a Vieira e a Camões.

O ritual de reconhecimento familiar, que abdica da comunhão da língua para recobri-la com a partilha do alimento e do sangue, encerra-se com a oferenda do pão que bem-aventura a partida de Afonso.

E a contradição do título conferido ao filme se elucida agora. A aldeia, abandonada pelos jovens, é habitada unicamente pelos velhos que, um dia, hão de perecer. Quem cultivará essa terra quando eles se forem? O desaparecimento desses derradeiros implica o fim de uma civilização, o apagamento de

Marcello Mastroianni no seu último papel, o de Manoel, o realizador de cinema em Viagem ao Princípio do Mundo *(1997).*

uma história – a morte. "Tornamos ao princípio do mundo!", arremata a Tia. Onde o princípio não passa de eufemismo de extinção: de apagamento do mundo, de fim dos tempos.

Intocados por toda sorte de modernismos, estes poucos que aqui ficaram retêm apenas as pegadas do que houve e expõem o drama das antigas comunidades, as mais afastadas, a tragédia dos territórios esquecidos há séculos e esvaziados pela migração em massa.

E a semeada tópica da morte – que se enraizava no Lethes em que se arma o Minho, nos túneis tenebrosos de Valença, no degredo de Pedro Macau, nas ruínas do Grande Hotel de Pezo, nos diversos Cérberos que montam guarda às portas desse Lugar – se enrama por tudo já agora, de modo que apenas resta, a Afonso, a visita a seus mortos.

Mas ao contrário do encontro em que se revela a falência deste mundo, transcorrido no breu de um cômodo em que apenas os rostos se alumiam enquanto falam, vasculhados pela câmera que lhes oferece a esmola de uma sombra de luz –, no cemitério da aldeia, junto ao túmulo de seus ancestrais, a claridade invade a todos. Túmulos brancos, repletos de flores, céu desanuviado e claro, sinais de amor e de ternura no *close* das mãos apertadas da Tia e do Sobrinho. Afonso, que porta nos braços o pão ofertado como sinal de aceitação do seu clã, promete regressar, enquanto Manoel passeia entre os túmulos investigando a sua própria sorte.

E é hora de partir. O caminho pausadamente percorrido antes é agora atravessado com a rapidez de quem já sabe, já conhece os sinais: as ruínas do hotel, Pedro Macau. E a câmera muda, então, de posição, postando-se na dianteira, filmando o futuro.

O corte mostra Afonso, diante do espelho, se investindo de seu personagem. Trajado com roupas típicas do Porto, o ator é maquiado e caracterizado com um vasto bigode. Parafraseando Pedro Macau, Afonso repousa o chapéu sobre o ombro, como se pesado tronco fosse, e olhando-se a si mesmo no espelho, recita os versos.

Pelo que é aplaudido pelo restante do grupo que, às escondidas, o estava apreciando. Manoel, então, que viera buscá-lo para a filmagem, convida-o a trazer consigo o personagem amigo, ao que ele redargui: "– Também você é outro Pedro Macau, e ninguém o tira desse degredo!"

O tempo necessário para que o espectador reflita sobre a verdade mortal que a frase deita sobre Mastroianni ou sobre Manoel de Oliveira é, entretanto, ferido por um letreiro em português, que adverte que tudo não passa de figura sobre um caso real. Pois que o filme que acabamos de assistir é "baseado num caso verídico do ator Yves Afonso quando, em 1987, participou de uma co-produção luso-francesa, rodada em Portugal".

E o filme se encerra confessando, assim, que esteve exibindo, ao mesmo tempo, para nós, uma outra *Viagem*: aquela aos princípios da cinematografia.

O Porto
de Manoel de Oliveira

Jorge Valentim*

*Ao amigo Albano Martins, poeta e homem
das artes, cidadão do Porto e do mundo.*

*A paisagem mais bela é aquela em que
fomos criados e faz parte da nossa substância.*
RAUL BRANDÃO, Vale de Josafat[1]

Não é gratuito o meu gesto de iniciar com Raul Brandão esta breve contribuição sobre a trajetória de um dos maiores artistas do cinema atual. Homem e artista do Porto, como o autor de *Húmus*, Manoel de Oliveira deixou registrada, tanto nas suas realizações cinematográficas quanto nas suas publicações, essa sua paixão pela cidade nortenha e pela paisagem a ela vinculada.

Basta lembrar, por exemplo, os seus filmes *Douro, Faina Fluvial* (1931), *O Pintor e a Cidade* (1956), *Vila Verdinho – Uma Aldeia Transmontana* (1964) e *Porto da Minha Infância* (2001), onde as paisagens da cidade do Porto e das suas proximidades se tornam quase os protagonistas da lente manoelina. Também nas suas conversas com Agustina Bessa-Luís o cineasta português declara publicamente sua sintonia com as cenas fluviais do norte de Portugal. Em "Rios da Terra, rios da nossa aldeia", ele chega a afirmar: "Amar o mar é amar a alma de todos esses e muitos outros rios que deságuam nos oceanos

---

* Departamento de Letras da Universidade Federal de São Carlos (UFSCar), Brasil.
1 *Memórias III (Vale de Josafat)*, Lisboa: Relógio d'Água, 2000.

as alegrias e mágoas dos povos que banham. [...] 'O rio da minha aldeia', o Porto, é o Douro"[2].

Quando Manoel de Oliveira nasceu, em 1908, já a cidade era cenário nas páginas plásticas de Raul Brandão que, naquela altura, já havia escrito e publicado obras como *Impressões e Paisagens*, *Os Pobres* e *A Farsa*, onde as mais variadas personagens da vida social portuense brotavam de maneira ora expressionista, ora demasiadamente realista. Não quero, contudo, com esta breve aproximação, investir numa análise comparativa entre o escritor e o cineasta, por mais sedutora que tal tarefa se constitua.

No entanto, as aproximações entre o olhar criador de Manoel de Oliveira e as criações visionárias dos mais específicos e distintos discursos literários são inegáveis e, diria mesmo, irrefutáveis. Ligações, aliás, que começam pelos laços familiares, já que o padrinho do cineasta fora casado com uma sobrinha de Ramalho Ortigão, e aportam nas suas leituras e nos autores de sua escolha pessoal o *Húmus*, de Raul Brandão, *O Tio Goriot*, de Balzac, *O Mandarim*, *O Primo Basílio* e *Os Maias*, de Eça de Queiroz, *Os Gatos*, de Fialho de Almeida, além, é claro, de Camilo Castelo Branco, José Régio, Dostoiévski e Agustina Bessa-Luís[3].

Com todos eles, Manoel de Oliveira constrói a sua família literária e, além do contato com aquela "escrita de qualidade, com ideias excelentes"[4], o cineasta português parece aprender a lição dos contatos e dos diálogos estabelecidos através da intertextualidade. Chamo a atenção para o fato de que o seu processo intertextual não se reduz especificamente a releituras ou adaptações de obras literárias (como nos casos de *Benilde ou a Virgem-Mãe*, *Amor de Perdição* e *Vale Abraão*, por exemplo), antes expande-se para a própria dimensão da sétima arte, de outros filmes e de outros cineastas. Dessa forma, Manoel de Oliveira cria uma espécie de árvore genealógica intertextual, ousando trazer para a sua câmera novidades e

---

2 Agustina Bessa-Luís; Manoel de Oliveira, *Um Concerto em Tom de Conversa*, org. e introd. Aniello Angelo Avella, Belo Horizonte: Editora da UFMG, 2007, p. 88.

3 Cf. Antoine de Baecque; Jacques Parsi, *Conversas com Manoel de Oliveira*, tradução de Henrique Cunha, Porto: Campo das Letras, 1999, p. 68-69.

4 Idem, p. 69.

inovações por vezes desestabilizadoras da própria linguagem cinematográfica.

Nesse sentido, *Porto da Minha Infância*, de 2001, pode ser lido como um exemplo singular e sintomático desses traços criadores da película manoelina. Um dado interessante é o de que o olhar para o passado, para as suas origens, já havia ocorrido vinte anos antes da produção desse filme. Antoine de Baecque e Jacques Parsi, numa entrevista de 1994 com Manoel de Oliveira, dão-nos a notícia de que, em 1981, o cineasta português havia rodado *Visita ou Memórias e Confissões* – um filme sobre a sua própria casa –, sem, no entanto, divulgá-lo ou promovê-lo publicamente, por motivos particulares.

Reticências à parte, e respeitada a vontade do artista português, o fato é que, na entrevista, Manoel de Oliveira tece algumas considerações importantes e, ao que me parece, pertinentes sobre o seu modo de criação. Ao comparar a arquitetura e o cinema, ele reitera o fator do dinamismo na sétima arte e aponta as suas peculiaridades espaciais, afins às de uma casa: a compartimentação pela planificação e a composição arquitetônica nas sequências e no tecer das cenas seriam duas delas. A partir daí, a relação entre sujeito e objeto se estabelece por um forte vínculo de identidade, já que, segundo o pensamento de Oliveira, "uma casa é uma relação íntima, pessoal onde se encontram as raízes"[5] dos seus habitantes.

Não é gratuito, portanto, o fato de que, em *Porto da Minha Infância*, a casa natal, em ruínas, metáfora de um passado que só pode ser recuperado pelos vestígios da memória, apareça, em algumas sequências, congelada em fotografia, e não filmada no dinamismo da câmera. Talvez, por conta disto, a casa ganhe um vínculo identitário ainda maior, posto que a sua representação só se pode dar no âmbito da fixação, de algo que não pode ser totalmente resgatado pelo olhar movente, mas que nem por isso deixa de ser reintegrado à trajetória do sujeito narrante. Segundo Manoel de Oliveira, não é possível "gravar outras cousas como as dum passado, a não ser que sejam figuradas como presente"[6]. Ou seja, a casa, como metáfora do passado, está ali, fixamente figurada, esperando apenas

---
5 Idem, p. 18.
6 A. Bessa-Luís: Manoel de Oliveira, op. cit., p. 102.

o olhar desejante do sujeito reintegrador em um determinado presente.

Ora, já aqui a ousadia de Manoel de Oliveira pode ser pressentida, posto que, ao sugerir a possibilidade de um filme documentário, o cineasta coloca a sua voz em *off*, conduzindo os seus ouvintes (ou, quem sabe, leitores?) às cenas de uma cidade cheia de compartimentos e cômodos, numa espécie de narrativa memorialística, de ficção cinematográfica, de documento particular e coletivo de uma casa, de uma cidade, de um corpo, enfim.

Se, a partir do título, a sugestão de documentário fica no ar, é preciso lembrar as considerações do próprio cineasta, no sentido de que um documentário puro só pode acontecer numa circunstância: "o que é filmado ignora que está sendo filmado. Se não ignorar, já não é documentário. Portanto é muito difícil"[7]. Ora, é claro que o objeto filmado, a cidade do Porto, por si só não teria condições de afirmar a sua autoconsciência da filmagem. No entanto, como objeto particularizado, ele ganha identidade a partir das fortes recordações do sujeito narrante. O Porto recuperado é não só o da infância do cineasta, mas o da vida social portuguesa, o das intensas transformações políticas dos séculos XIX e XX e o dos escritores que por ele passaram e o retrataram em suas obras. São eles que desfilam numa das cenas finais do filme, através das suas obras, muitas delas ambientadas no mesmo Porto recriado por Manoel de Oliveira. Assim, numa belíssima metáfora indicadora do processo de recriação ficcional da cidade nortenha pelo olhar cinematográfico, algumas obras passam a desfilar sob a ótica da câmera, sugerindo ali um espaço outro de leitura da cidade: o de uma biblioteca, onde, aos títulos de Garrett (*O Arco de Sant'Ana*), de Soares de Passos (*Poesias*), de Camilo Castelo Branco (*Amor de Perdição*), de Arnaldo da Gama (*Um Motim há Cem Anos*), de Júlio Dinis (*Uma Família Inglesa*), de Ramalho Ortigão (*As Praias de Portugal*), de Raul Brandão (*Os Pobres*), de Sampaio Bruno (*Portuenses Ilustres* e *As Ideias de Deus*) e de António Nobre (*Só*), somaria o seu próprio, o do Porto da sua infância, fruto não só da sua imaginação (re)criadora, mas

---

7 Idem, p.52.

também das suas leituras e, consequentemente, das ressonâncias intertextuais suscitadas a partir delas.

Assim sendo, o objeto representado passa necessariamente pelo olhar seletivo e recriador de um sujeito, habitante e coletor das suas principais paisagens, e apresenta-se salutarmente descrito "pelos olhos, pelo cérebro e pelo sentimento de quem escreve"[8]. Daí, aquela expectativa de documentário puro é frustrada beneficamente em nome de um logro maior, posto que as imagens recuperadas se encontram contaminadas pela visão e pela voz de um condutor autobiográfico, que não abre mão de descortinar e revelar as ruas, os monumentos, os elementos típicos, os locais desaparecidos e as tomadas cinematográficas antigas (suas e de outros cineastas) com os seus mais puros sentimentos.

Ao afirmarmos que o cinema de Manoel de Oliveira aposta num diálogo intertextual com as mais variadas dimensões artísticas, o fazemos no sentido de perceber as interlocuções estabelecidas durante os seus cem anos de intensa e produtiva atividade cinematográfica. Em *Porto da Minha Infância*, encontramos alguns casos emblemáticos, como, por exemplo, os murmúrios de uma sala de espetáculo, minutos antes do concerto, numa nítida sugestão de início de espetáculo, e, mais especificamente, a aparição de um maestro, remetendo-nos à imagem de Leopold Stokowski regendo a Philadelphia Orchestra no filme *Fantasia* (1940), de Walt Disney. Neste, ao som da *Tocata e Fuga em Ré Menor*, de Bach, *flashes* e raios coloridos vão aparecendo na tela, sugerindo uma espécie de criação cosmogônica pela magia do cinema.

Ao contrário do filme de Walt Disney, o maestro de *Porto da Minha Infância* conduz uma orquestra de câmera, regendo a *Nachtmusic I* do compositor português Emmanuel Nunes. Música de caráter tenso, a peça escolhida como trilha sonora deste início parece anunciar um universo desconhecido a ser desvendado. Ora, se logo após essa manifestação sonora do invisível, como bem afirmou Manoel de Oliveira[9], surge a imagem da casa em ruínas, como não vislumbrar nesse efeito sequencial aquela técnica de consonância de recursos quase

---

8 Idem, ibidem.
9 Cf. idem, p. 57.

antagônicos, da "estrutura do invisível"[10], contida na música, com a "estrutura do visível"[11], pertencente ao universo do cinema? Na verdade, nesta feliz sucessão de colagem epidérmica, Manoel de Oliveira reafirma o seu pensamento de que "a imagem casa muito bem com a música", e esta, por sua vez, é colocada "no lugar certo"[12].

Dessa forma, dialogando com aquele efeito multicolorido da película de Disney, onde o cosmos ganha formas, cores e curvas a partir da conjugação e conjunção de *flashes* em movimentos dinâmicos, o mar e a casa surgem na tela, prenunciando as impressões da infância de Manoel de Oliveira. E, assim, a tensão inicial gerada pela música instrumental de Nunes cede espaço à nostalgia do poema de Guerra Junqueiro, "Regresso ao Lar", cantado por Maria Isabel de Oliveira:

> Ai, há quantos anos que eu parti chorando
> deste meu saudoso, carinhoso lar!...
> Foi há vinte?... Há trinta?... Nem eu sei já quando!...
> Minha velha ama, que me estás fitando,
> canta-me cantigas para me eu lembrar!...
>
> Dei a volta ao mundo, dei a volta à Vida...
> Só achei enganos, decepções, pesar...
> Oh, a ingénua alma tão desiludida!...
> Minha velha ama, com a voz dorida.
> canta-me cantigas de me adormentar!...
>
> Trago de amargura o coração desfeito...
> Vê que fundas mágoas no embaciado olhar!
> Nunca eu saíra do meu ninho estreito!...
> Minha velha ama, que me deste o peito,
> canta-me cantigas para me embalar!...
>
> Pôs-me Deus outrora no frouxel do ninho
> pedrarias de astros, gemas de luar...
> Tudo me roubaram, vê, pelo caminho!...
> Minha velha ama, sou um pobrezinho...
> Canta-me cantigas de fazer chorar!...

---

10 Idem, ibidem.
11 Idem, ibidem.
12 Idem, ibidem.

> Como antigamente, no regaço amado
> (Venho morto, morto!...), deixa-me deitar!
> Ai o teu menino como está mudado!
> Minha velha ama, como está mudado!
> Canta-lhe cantigas de dormir, sonhar!...
>
> Canta-me cantigas manso, muito manso...
> tristes, muito tristes, como à noite o mar...
> Canta-me cantigas para ver se alcanço
> que a minha alma durma, tenha paz, descanso,
> quando a morte, em breve, ma vier buscar![13]

Há, no aproveitamento dos versos de Guerra Junqueiro, uma espécie de duplo efeito, obtido pela poesia e pela sua *performance* melódica, posto que se a mensagem dos versos contribui para construir uma paisagem eivada de lembranças nostálgicas no filme de Manoel de Oliveira, não menos o faz a execução vocal feminina, carregada de um tom afetivo, sugerindo inclusive a presença de fortes laços memorialísticos entre o olhar cinematográfico e o objeto filmado. Como o sujeito lírico de "Regresso ao Lar", que parte chorando e perde a própria noção do tempo passado no distanciamento do seu lugar de origem, o cineasta português parece também perceber alguns reflexos autobiográficos na imagem desse menino que se reconhece mudado pelo tempo, mas, nem por isso, sem laços que o prendam e o liguem ao seu espaço de pertença: o seu "saudoso, carinhoso lar!" E, este pode ser entendido numa dupla dimensão, a da casa paterna e a da cidade natal, para onde direciona o seu olhar cinematográfico e de onde, volta e meia, dirige-o de forma pontual, tal como fizera em *Douro, Faina Fluvial* e *O Pintor e a Cidade*.

Se a cultura e a história portuguesa interessam ao cineasta, no sentido de colocá-lo e fixá-lo na tela como cidadão português, é preciso vislumbrar a sua inclusão nessa paisagem social, histórica e cultural também como uma reafirmação da sua posição de intelectual e cidadão do mundo. Numa trajetória de cem anos de vida, muitas foram, certamente, as metamorfoses ideológicas e políticas contempladas e sentidas pelo

---

13 Abílio Manoel Guerra Junqueiro, *Os Simples (Poesias Líricas)*, Porto: Lello & Irmão, 1950, p. 117-119.

cineasta, daí que a visão pessoal e intransferível da sua cidade natal apareça, por mais de uma vez, contaminada por uma visão coletiva de mundo, sem perder, no entanto, o que de mais autêntico e original possui no seu discurso cinematográfico.

Daí o cuidado e a meticulosidade em mapear tanto os microespaços do passado, que se perderam ao longo do tempo, como a Confeitaria Oliveira, agora transformada em loja de roupas – numa crítica, talvez, às próprias transformações ideológicas da sociedade portuguesa e mundial, onde o prazer do sabor cede lugar ao império do comércio –, quanto as antigas tradições, como as casas de pedra e os ofícios dos pedreiros, ou mesmo o passeio depois do jantar na Avenida das Tílias, onde as senhoras mostravam os seus vestidos.

Porto da Minha Infância pode ser visto (e lido) como uma autêntica narrativa de viagens, indo ao encontro do que de mais autêntico e identificador há na tradição lusitana. Trata-se de uma viagem pelo espaço-tempo, uma viagem pela memória recriadora do cineasta, mas também uma viagem pela história portuguesa e mundial, com os seus monumentos (como o de dom Pedro iv), suas ruas com datas comemorativas (as ruas 9 de julho e 31 de janeiro, remetendo, respectivamente, ao desembarque de dom Pedro iv e suas tropas, em 1832, e ao movimento portuense, primeira tentativa de implantação da República em Portugal) e seus eventos de proporções hercúleas (a travessia do Atlântico, em 1922, de Sacadura Cabral e Gago Coutinho). Viagem pela vida social e cultural portuense, com as suas casas noturnas, os seus teatros e cinemas, desde o *High-life*, espaço inaugural do cinema em Portugal, até o cinema Batalha. Viagem também pelos costumes e pelos olhares intelectuais do século xx português. E é claro que, aqui, a particularidade do olhar individualizador entra em cena, com a presença dos seus convivas do mundo da arte e das letras – Boaventura, Porfírio, Rodrigues de Freitas, Augusto Gomes, Alvarez, o arquiteto Januário Godinho, António Silva, Agostinho da Silva, Augusto Nobre, Adolfo Casais Monteiro (recuperado pela récita integral do poema "Europa") e, como não poderia faltar, Agustina Bessa-Luís, que aparece lendo uma crônica em que relata as mudanças nos estatutos comportamentais femininos e nos costumes sociais do Porto.

A partir da captação dessas imagens, somos remetidos a um tempo pelo olhar adolescente e sempre rejuvenescedor do sujeito narrante, que percebe as mudanças pelo vidro da janela e as oferece não como destroços fantasmagóricos, mas como imagens carregadas de poder e de sugestão. Nesse sentido, a cena da escalada a um prédio, no centro da cidade, é recuperada pela película em preto e branco, enquanto o rapaz observador (representando o jovem Manoel de Oliveira) aparece em cores, sugerindo, portanto, que o espaço recuperado não precisa necessariamente vir carregado com as mesmas cores do tempo de outrora, antes pode ser captado pelo espaço e pelo tempo dos observadores, sem deixar de lado as suas cores mais peculiares e renovadoras. Tal efeito é genialmente construído por Manoel de Oliveira ao proporcionar um encontro de gerações que contemplam as metamorfoses da cidade do Porto. Dessa forma, Paz dos Reis, o responsável pelo primeiro filme português, tendo como protagonistas as costureiras, é trazido à cena, filmando a saída dos trabalhadores das obras do Porto, em 2001, quando a cidade fora capital europeia da cultura.

É, portanto, no meio do turbilhão da cidade, do efervescer das transformações espaçotemporais, que Manoel de Oliveira deixa o seu tributo à sétima arte portuguesa. Aliás, é ao cinema que o artista tem dedicado a sua vida e o seu labor, logo, no próprio filme, não poderia deixar de registrar o seu parecer. Num dos momentos mais poéticos, sob a bênção do Rio Douro e da ponte dom Luís, afirma: "De paixão em paixão, me fiz o cineasta que hoje sou e serei até ao fim. [...] Graças ao cinema, podemos ver e rever esses retalhos, recordar coisas que só em nós viveram, só a memória de cada um pode fazer. E fazê-lo não será a melhor maneira de nos dar a conhecer?"

Feliz expressão, a do cineasta, ao colocar todos esses fragmentos de viagens, de tempos e de espaços sob o signo do "recordar coisas". Gosto de pensar, nesse viés de leitura, que as imagens de *Porto da Minha Infância* constituem-se verdadeiramente em recordações, *res cordis*, coisas que pertencem ao coração, que são do seu domínio e não podem existir fora do seu universo. Assim, Manoel de Oliveira aposta no seu "dar a conhecer (-se)".

Manoel de Oliveira interpretando o gatuno em Porto da Minha Infância *(2001)*.

Na cena final do filme, em que um farol circula e ilumina o negrume ao fundo, o espectador/leitor fica com pelo menos uma impressão inquietante: a da remissão aos versos de Guerra Junqueiro. Se, como apontamos anteriormente, o texto poético vislumbra alguns relances autobiográficos, a luz constante e circular do farol parece apontar um norte ainda intérmino, frustrando beneficamente qualquer ligação desse testemunho poético cinematográfico de Manoel de Oliveira com os versos de Junqueiro ("Canta-me cantigas para ver se alcanço / que a minha alma durma, tenha paz, descanso, / quando a morte, em breve, ma vier buscar!").

Não tencionando entrar no mérito da questão, se o cineasta português teria ou não pensado em deixar registrado, num testamento poético-cinematográfico, as suas origens e o seu espaço de pertença, fato é que este filme de 2001 é um tributo à vida, ao que ela tem de mais genuíno, pueril e terno: as recordações, a memória individual e coletiva e a poeticidade do próprio existir, sem os quais o homem não pode dar-se a conhecer.

Manoel de Oliveira parece, assim, sem saber (será mesmo?), dialogar com outro poeta do Porto, Albano Martins,

Maria de Medeiros como Miss Diabo em Porto da Minha Infância *(2001).*

que trago aqui para concluir a minha singela contribuição de leitura. Como nos versos do autor de *Em Tempo e Memória*, o *Porto da Minha Infância* bem pode ser visto/lido como aquela singular "morada, a única / definitiva residência / dos gestos perdidos / no espaço da memória"[14]. E é nessa ampla morada, a da sua casa, a da sua cidade e a do seu filme, que podemos contemplar, também na companhia literária de Raul Brandão, uma das mais belas paisagens recriadas pelo olhar do cineasta, posto que nela encontramos o próprio sujeito narrante, a sua irremediável essência – até porque, como bem nos lembra Manoel de Oliveira, "o importante é ser autêntico e verdadeiro na obra que se faz"[15].

Talvez, seja isto mesmo o que fica de mais importante de *Porto da Minha Infância*: a sua autenticidade narrativa e a sua verdadeira dimensão sensitiva e afetiva.

---

14 Albano Martins, *Vocação do Silêncio: Poesia (1950-1985)*, Lisboa: Imprensa Nacional – Casa da Moeda, 1990, p. 154.
15 A. Bessa-Luís; M. de Oliveira, op. cit., p. 54.

Da Certeza Enganosa
ao Enigma Certeiro

Luís Bueno*

COLOMBO E PORTUGAL

Por ocasião do quinto centenário da viagem de descoberta de Colombo à América, Manuel Viegas Guerreiro fez uma série de conferências, que foi publicada em livro em 1994. Logo na abertura desse volume, lê-se a seguinte pergunta: "Pouco se sabe de Colombo em Portugal. Como entender isso, já que, em boa parte, seu afortunado sucesso nos pertence?"[1] Refere-se o autor a um desinteresse dos historiadores portugueses pela figura do Almirante, uma espécie de antipatia que atingiria também um outro português que navegou sob a bandeira de Espanha, Fernão de Magalhães. Mas haveria um ponto de exceção nesse desinteresse:

> A atenção maior que, em nosso tempo, lhe tem sido prestada é a de querer provar que ele é português. Nisso se empenhou numeroso grupo de investigadores de diferente valia, de 1927 a

---

* Departamento de Letras da Universidade Federal do Paraná (UFPR), Curitiba, Brasil.
1 Manuel Viegas Guerreiro, *Colombo e Portugal*, Lisboa: Cosmos, 1994, p. 13.

1956. Trabalho pesado, difícil, frustrante, que se esgotou em bem-intencionadas mas infundadas conjecturas.

Após prolongado silêncio, eis que, mais de três anos [sic, certamente o autor quis dizer décadas] depois (1987), nos surge, com grande rumor publicitário, o volumoso livro *O Português Cristóvão Colombo, Agente Secreto do Rei D. João II*, da autoria de Mascarenhas Barreto. Renascia, assim, das cinzas a fênix de um nacionalismo incontido e incontrolado, com livre acesso a todas as escolas e instituições de cultura. Levou tempo a contradição autorizada de tão imaginosa quanto falsa construção, mas chegou, finalmente, e a tempo de derreter, definitivamente, penso eu, as asas da mal sucedida e ressurgida ave: Colombo não é português[2].

É impossível dizer, mas interessante imaginar, o que diria o professor Guerreiro, morto em 1997, se visse o quanto essa ave tem insistido em alçar voo nesses quinze anos que separam as comemorações de 1992 e o lançamento de *Cristóvão Colombo – O Enigma*, filme recente de Manoel de Oliveira.

O livro de Mascarenhas Barreto foi apenas o primeiro de uma nova série de publicações. Em 2005 apareceu, inspirado por ele mesmo, o mais espetacular e bem-sucedido dos livros sobre o tema do Colombo português: o *best-seller* de José Rodrigues do Santos, *O Codex 632*[3]. É sempre difícil saber o segredo do sucesso de um livro e ainda mais num caso como o deste, escrito por um homem que aparece todas as noites nas telas de TV apresentando o jornal noturno da RTP. Mas é claro que essa celebridade do autor não é capaz de explicar tudo. O romance cria uma derivação portuguesa do professor-herói, uma espécie de neto de Indiana Jones e filho de Robert Langdon do super *best-seller O Código Da Vinci*, e o vincula a um mistério ao mesmo tempo português e universal, que é esse da nacionalidade controversa de Colombo. Com isso, surge para o leitor, com muitos atrativos, aos quais não falta, inclusive, o recorte da vida pessoal do herói, suas desventuras matrimoniais e as dificuldades com a filha com síndrome de Down, talvez a personagem mais interessante do romance.

No ano seguinte, publicam-se dois livros sobre o tema. Um é o livro que serviu de base ao filme de Manoel de Oliveira

2 Idem, p. 14-15.
3 Ver José Rodrigues dos Santos, *O Codex 632*, Lisboa: Gradiva, 2005.

e o outro, que trazia um prefácio do próprio José Rodrigues dos Santos, é um estudo bastante volumoso e ambicioso, *O Mistério Colombo Revelado*[4], que procura retomar e ampliar as teses de outros pesquisadores, trazendo à baila, por exemplo, uma carta de dom João II a Colombo, interpretada como prova de que Colombo esteve mesmo na Espanha sob as ordens do monarca português. Ou, ainda, questionando a autenticidade do testamento de Colombo feito em 1498.

É claro que é muito diferente tratar de um tema como esse hoje e há sessenta anos. Aquele "nacionalismo incontido e incontrolado" ainda pode ter algum rendimento numa obra de ficção, a exemplo do que acontece em *O Códex 632*, quando a prova documental irrefutável da nacionalidade portuguesa é destruída por uma poderosa instituição ítalo-americana que não pode admitir que essa glória genovesa deixe de ser universalmente admitida. Mas é difícil sustentar-se em estudos históricos que se pretendam sérios. Afinal, como sugere o mesmo professor Manuel Viegas Guerreiro, a descoberta da América, tendo Colombo nascido onde quer que seja, é uma descoberta portuguesa, na medida em que ele recebeu, comprovadamente, sua educação e seu treinamento para a empreitada em Portugal. O nacionalismo, desde que minimamente contido e controlado, pode satisfazer-se plenamente com essa glória.

No caso de Portugal hoje, um nacionalismo exagerado parece caber menos ainda do que em qualquer outro lugar. José Gil, no texto com que encerra seu polêmico *Portugal Hoje – O Medo de Existir*, explica que, se em seu livro "não se falou 'no que há de bom' em Portugal, foi apenas porque se deu relevo ao que impede a expressão de nossas forças enquanto indivíduos e enquanto colectividade"[5]. Ora, nessa perspectiva, não faz nenhum sentido reivindicar a nacionalidade de Colombo.

No campo da discussão dos descobrimentos, vale a pena mencionar o livro de Jorge Nascimento Rodrigues e Tessaleno Devezas, *Portugal – O Pioneiro da Globalização*. À primeira vista, o título sugere uma visão pautada por aquele naciona-

---

4 Manuel da Silva Rosa; Eric James Steele, *O Mistério Colombo Revelado*, Lisboa: Ésquilo, 2006.
5 *Portugal Hoje – O Medo de Existir*, 4 ed., Lisboa: Relógio d'Água, 2007, p. 128. (Primeira edição de 2004.)

lismo, uma espécie de reafirmação categórica da marca portuguesa na modernidade e mais nada. No entanto, não é isso que se vê ali. Um de seus autores é um engenheiro, que pretende discutir os descobrimentos baseado em ferramentas matemáticas. Mas a conclusão a que o livro chega não difere substancialmente da atitude de José Gil:

> Um balanço provisório permitira concluir que, salvo no que respeita ao período dos Descobrimentos e aos respectivos testemunhos sobre um conhecimento mais aprofundado do mundo [...], a cultura portuguesa só muito raramente influenciou a cultura ou culturas europeias. [...]
> As coisas poderão talvez mudar com a aceleração das comunicações e os novos instrumentos que põem todas as criações e todos os produtos culturais ao alcance de toda a gente. Além do século XVI, o século da cultura portuguesa actualizada e mais generalizada é, sem dúvida, o século XX. E sendo Portugal um país tradicionalmente muito pobre, se se puser a questão daquilo que realmente pode trazer à Europa [...] provavelmente ter-se-á de contar com essa dimensão cultural contemporânea como fazendo parte, na História e na actualidade, da Europa da cultura e do futuro.
> Como membro de pleno direito da Europa, Portugal deve empenhar-se nessa reflexão e tomar parte nessa responsabilidade[6].

Como se vê, o pioneirismo no processo de globalização apontado pelo livro não se constitui nem como saudade nem como glorificação gratuita da nacionalidade, mas como responsabilidade posta em termos de aproximação com a Europa. Nada do nacionalismo, portanto.

O LIVRO *CRISTÓVÃO COLON ERA PORTUGUÊS*

Não é à toa que, na referência que fazem ao papel de Colombo, num painel que tem exatamente por título "O Enigma de Colombo", os autores de *Portugal – O Pioneiro da Globalização* farão breve menção ao problema da nacionalidade portuguesa, remetendo o leitor não ao trabalho que interessou

---

6 *Portugal – O Pioneiro da Globalização*, Famalicão: Centro Atlântico, 2007, p. 328.

Manoel de Oliveira, mas sim a *O Mistério Colombo Revelado*, certamente mais de acordo com o espírito atualizado dos seus autores.

A escolha do cineasta português pode parecer surpreendente a muita gente. Veja-se, por exemplo, o que dizia uma leitora num *site* da internet, em abril de 2007, ainda antes de o filme estrear:

> Agora estou confusa porque já li que o filme era sobre o livro de Manuel da Silva Rosa *O Mistério Colombo Revelado* que é deveras um livro digno de filme. Mas aqui vejo que é sobre o livro de Manuel Luciano da Silva que não tem mérito nenhum de investigação científica. Parece que o Manoel de Oliveira escolheu o livro errado para o seu filme.
>
> Manuel da Silva Rosa está de parabéns por mostrar provas de tantas falsidades sobre a história de D. João II e Colombo mas é triste de ver que teve que vir um luso-americano para nos ensinar quanto grande foi D. João II e que ainda os historiadores cá enterram a cabeça na areia[7].

Para essa leitora do *Portugal Diário*, que se identifica apenas como Silvina, embora os dois livros sejam escritos por historiadores amadores – e, curiosamente, dois Manuéis, ambos imigrantes portugueses nos Estados Unidos – aquele que interessou a Manoel de Oliveira é o menos interessante dos dois.

E nem é tão difícil assim entender de onde veio esse julgamento. O livro que inspirou o filme é uma obra confusa. Observações de todos os tipos se sucedem. O foco de interesse inicial é Colombo mesmo. Abre o livro uma longa discussão sobre sua assinatura e sobre seu nome, com a discussão de todos os aspectos possíveis da palavra *colon*, que chega aos detalhes médicos. Mas logo em seguida o espírito que se quer enciclopedista do autor principal se espraia sobre todos os assuntos que lhe vêm à mente. Do aquecimento global aos preços de visitas a atrações turísticas em Portugal e nos Estados Unidos, tudo parece interessar a Manuel Luciano da Silva.

Porque, de fato, o que interessa a ele é ele mesmo. A verdadeira identidade de Colombo é uma de suas grandes obsessões.

---

7 Disponível em: <http://diario.iol.pt/noticia.html?id=792186&div_id=4071&ler_comentario=1>. Acesso em: 26 jun. 2008.

A outra é o sentido de uma grande pedra com inscrições encontrada na Nova Inglaterra, a pedra de Dighton, com a qual ele parece identificar-se especialmente:

> Nós imigrantes, que vivemos na Nova Inglaterra, o Epicentro da Pedra de Dighton, temos também rolado muito, apanhado inúmeros trambolhões e por isso não somos uns homens quaisquer! Pelo contrário, com a nossa experiência dura e glacial de imigrantes, sem receio absolutamente nenhum, podemos afirmar forte e valentemente: SOMOS MUITO MAIS HOMENS![8]

É essa identidade que se constrói por meio de suas obsessões que interessará a Manoel de Oliveira.

O AMADOR E O PROFISSIONAL

A primeira coisa que chama a atenção em *Cristóvão Colombo – O Enigma* é aquilo que se poderia chamar de aparência de amadorismo da narrativa. Logo depois da abertura do filme, em que uma voz em *off* emula, em espanhol, Colombo explicando sua assinatura, surge a voz, também em *off*, de um homem, que depois saberemos tratar-se do próprio personagem central, afirmando a nacionalidade portuguesa do descobridor da América e explicando que os documentos são lidos às vezes de forma contraditória por diferentes estudiosos. Na tela, exibem-se imagens da assinatura de Colombo, um falo esculpido em alto relevo, em pedra, ligado ao sentido fálico da palavra *colon* – imagens que também aparecem no livro – e, por fim, uma gravura alegórica de uma caravela atravessando os mares. Não deixa de ser significativo que esta última figura venha de outra fonte que não o livro de Manuel Luciano da Silva, da mesma maneira que a reflexão sobre as diferentes possibilidades de interpretação dos documentos é um acréscimo em relação ao livro. Embora, no final, esse texto refira-se a uma vitória da verdade em nossos tempos[9], o que esse

---

8 Manuel Luciano da Silva; Sílvia Jorge da Silva, *Cristóvão Colon (Colombo) era Português*, Lisboa: Quidnovi, 2006, p. 216.
9 O trecho aqui referido é o seguinte: "Diz Afonso de Ornelas ter chegado à conclusão de que muitas vezes os mesmos documentos têm servido a uns autores

acréscimo traz é um desvio em relação ao espírito do livro que apenas confirma a distância que há entre os dois títulos, um de caráter afirmativo, *Cristóvão Colon (Colombo) era Português*, onde o "Colombo" entre parênteses não é mais que uma concessão ao público habituado ao nome afinal errado do Almirante, e o nada afirmativo *Cristóvão Colombo – O Enigma*, uma espécie de demonstração bastante forte das diferenças de visão que norteiam o livro e o filme[10].

Tecnicamente, nessa abertura, o filme lança mão de procedimentos típicos do documentário: as imagens estáticas, a voz em *off* dizendo um texto que não compõe uma narrativa. Apesar de curta, essa pequena introdução deixa uma marca profunda no filme, que será confirmada em outros níveis posteriormente.

Fechada essa sequência inicial, exibe-se um letreiro, em que se lê: "Emigrar – 1946". Em princípio, o espectador sente-se ainda no universo do documentário, mas logo perceberá que a função do letreiro não é a de trazer uma informação que acrescentará algo às discussões de caráter histórico feitas até ali. O que esse letreiro faz é situar a ação narrativa propriamente dita. Veem-se dois jovens, de malas nas mãos, na baixa de Lisboa. Detêm-se diante da estátua de dom João I na Praça da Figueira e travam um diálogo que durará alguns minutos e os acompanhará até a Praça do Comércio, e, daí, ao Cais, onde embarcarão para os Estados Unidos. E o que caracteriza esse diálogo é que, embora o espectador tenha diante de si a ação de personagens, o que eles dizem vem vazado num didatismo gritante. Um irmão explica ao outro quem foi dom

---

para provar exatamente o contrário da interpretação que lhe dão outros. A preocupação de reivindicar para cada nação a pátria de Cristóvão Colon tem levado a encobrir elementos e torcer a verdade de forma a fazer desaparecer qualquer probabilidade de haver nascido em nação diferente. Hoje felizmente já a história é tratada de outra forma, pois há quem ponha a verdade acima de tudo".

10 Em pelo menos duas entrevistas Manoel de Oliveira referiu-se ao título. Ao *Jornal de Letras* (5-18 dez. 2007, p. 9), declarou: "Eu gosto muito da História e cerco-me sempre de historiadores [...]. Por isto, este Cristóvão Colombo tem uma palavra: *O Enigma*". Já nas páginas da revista editada em Matosinhos, *Perspectiva*, de janeiro de 2008, perguntado se seu filme contribuiria "para mostrar ao mundo que Colon era português", afirmou: "Não sei, eu pus-lhe mesmo o nome de 'Enigma'. O Dr. Luciano da Silva não atacou ninguém nem nenhuma teoria e concordou comigo em que o título do filme fosse 'Enigma'".

João I, e suas relações com o futuro tempo dos descobrimentos. Ou o sentido das esculturas que ornamentam o arco monumental que liga a Rua Augusta à Praça do Comércio. Ou a lenda do desembarque de Ulisses em Lisboa. Ou mesmo o motivo da viagem que farão, já conhecido de ambos. É nesse procedimento que se manifestará aquele amadorismo mencionado há pouco, nessas falas artificiais, endereçadas muito mais ao espectador, para informá-lo do que se passa – mais ou menos a mesma função da voz em *off* num documentário –, do que parte de um diálogo propriamente dito.

Esse amadorismo se manifestará em vários momentos ao longo do filme. Um diálogo inacreditável se travará, mais adiante, entre Manuel e Sílvia, os protagonistas do filme. Recém-casados, eles viajam em lua-de-mel, atravessando o Alentejo em direção ao Algarve, e dizem, por exemplo, um ao outro de que região de Portugal são – na verdade, não é um ao outro que falam, é a nós espectadores que informam.

É assim que, à sua maneira, o filme demonstra-se fiel ao livro. A "traição inicial", de colocar como enigma algo que é a afirmação mais forte de todo o livro, é substituída por outro elemento, que está mesmo na base dessa e das demais afirmações peremptórias que marcam o livro: a crença na eficácia do amador nas pesquisas históricas, desde, é claro, que esse amador não seja um ignorante e se arme das ferramentas da ciência. Vejamos o que diz um trecho do próprio livro:

> Para escrever o meu livro *A Electricidade do Amor* levei 22 anos a fazer, calmamente, pesquisas médicas sobre a sexualidade humana. A edição americana foi publicada em 1984 e a portuguesa em 1985. Ambas as edições estão esgotadas. Portanto, quando iniciei esta pesquisa dos significados da palavra Colon estava já bem informado sobre as suas variadas definições. Além disso usei sempre os mesmos métodos científicos que exerci todos os dias, durante décadas, na prática da Medicina Interna e apliquei-os nas minhas pesquisas históricas. Com esse método vim a descobrir coisas que escaparam aos historiadores profissionais!...[11]

Multiplicam-se pelo livro observações como esta em que os autores se definem como detetives em busca da verdade,

---

[11] M. L. da Silva; S. J. da Silva, op. cit., p. 33.

com uma eficiência que os estudiosos enclausurados em seus gabinetes e satisfeitos com informações de segunda mão jamais poderão alcançar. Todavia, é claro que não se trata de puro amadorismo, mas sim de um amadorismo cientificamente orientado, que reivindica um rigor que supera o dos profissionais tanto por seu caráter científico quanto por sua disposição de verificação direta em qualquer canto do mundo.

No filme, essa conduta é atribuída ao personagem Manuel, que, às vésperas de ir a Portugal para se casar, faz uma palestra nos Estados Unidos em que explicita esse caráter de ciência médica que assumem suas pesquisas históricas. Fica evidente, portanto, que interessou a Manoel de Oliveira esse aspecto do livro que lhe serviu de base para o filme.

Dessa maneira, aquele amadorismo, manifestado no artificialismo dos diálogos, e ainda em outros elementos, como a própria escolha do elenco, todo ele familiar, parece indicar que o diretor escolheu esse tom a partir de uma compreensão profunda do livro de Manuel Luciano e Sílvia. Mais do que isso, esse empenho pessoal não isento de arrogância (que desaparece no filme), mas ainda assim empenho pessoal forte, surge como o elemento central da composição do filme.

Mesmo porque o amadorismo cessa por aí. Em franco contraste com esse texto "amador" está a narrativa das imagens, que vai além do extremo oposto do amadorismo. Basta ver as mesmas primeiras cenas, as do diálogo entre os irmãos. Além de belíssimas, são uma verdadeira homenagem a Lisboa na qual se revela uma espécie de intemporalidade da capital portuguesa – e, por extensão, de Portugal. Os enquadramentos geniais mostram os personagens de baixo para cima ou de cima para baixo e exibem uma cidade sem automóveis ou qualquer outra marca do presente, tudo presidido por um céu ensolarado, de um azul profundo, esse sim independente dos homens e da História. Quando é preciso mostrar o Cais das Colunas, em reforma há anos e, esse sim, totalmente diferente do que era nos anos de 1940, exibe-se, à maneira dos documentários, uma imagem antiga em preto e branco, numa espécie de nova intervenção, muito orgânica e significativa, da técnica do documentário em plena narrativa.

UMA FORMA: O FILME DOCUMENTÁRIO

Para entender melhor isso que foi descrito há pouco como uma mistura de amadorismo e domínio de técnica, é útil recorrer a outro filme de Manoel de Oliveira: *Porto da Minha Infância* (2001). Logo nos letreiros iniciais, o espectador é informado de que aquilo a que ele assistirá não é um filme nem um documentário, é um "filme documentário". E como se constituirá essa mescla de gêneros?

A abertura desse filme é soberba. Inicialmente, surge, imenso, no centro da tela, um maestro – filmado de costas, de baixo para cima, como se observado por alguém que estivesse muito próximo ao palco, e iluminado indiretamente, também de baixo para cima. É como se a música surgisse não da orquestra, mas das mãos do maestro. A impressão que se cria é a da concretização, em imagem, do processo de rememoração, com os fatos surgindo, com seus diversos atores, filtrados por quem lembra. A música cessa e entra em seu lugar o mar revolto, chocando contra rochas, em imagem e som. Certamente um complemento à imagem anterior, que nos mostrasse a outra face da evocação, seu lado incontrolável e em permanente movimento. Essas imagens e esses sons constituem uma introdução, com os letreiros sendo exibidos sobre esse mar revolto.

Finda a introdução, chegamos ao corpo da obra. Um grande casarão, do qual só restaram em pé as paredes – de forma que sobre a imagem concreta da ruína, com um pequeno esforço de imaginação, seja possível projetar o edifício em sua plenitude – é mostrado. Uma voz em *off*, do próprio diretor, informa que aquela é a casa em que nascera. A essa informação se juntam outras, de caráter propriamente descritivo, como a referência às árvores que enfeitavam a entrada da casa, ou de caráter reflexivo, como as considerações melancólicas sobre o fim de tudo.

Essa voz em *off* se alterna com uma outra, feminina, a voz de Maria Isabel de Oliveira, a mulher de Manoel de Oliveira, cantando uma cantiga que fala de saudade, de alguém que deixou a casa há muitos anos, deu a volta ao mundo, à vida, e só encontrou desilusões, achando consolo somente nas cantigas de sua velha ama.

Além da casa, apenas dois outros elementos serão vistos. A partir de uma simples informação, a de que da janela do andar superior o menino de então mirava a cidade do Porto lá embaixo, o olhar do espectador é desviado para a cidade, o Porto do presente, não o da infância. Depois, o mar, em vista noturna, mais uma vez batendo em pedras.

A transição entre essa parte do filme e a seguinte é especialmente suave. A voz em *off*, que falava de sua infância, incorpora o que diz a cantiga e passa, ele próprio, a cantar, já que a ama não há mais senão na memória, único lugar onde tudo o que é acabado ou arruinado ainda pode existir. A canção que ele canta, no entanto, não é uma ancestral cantiga popular, é o trecho de uma ópera. É exatamente nesse ponto que o documentário vira filme, sem deixar de ser documentário. Um velho teatro do Porto é mostrado, mas não com seu programa atual. O que vemos é o menino que habitou aquela casa agora em ruína, em plena infância, assistindo a uma ópera. O passado aqui é encenado como num filme que nada tivesse de documentário. E tudo se embaralha ainda mais – documentário, ficção, memória – quando dentro dessa encenação há outra: toda uma cena do espetáculo visto pelo menino. E quem faz um dos papéis nessa encenação dentro da encenação? O dono da voz em *off* do início do filme, ou seja, o próprio diretor, cuja infância é evocada desde o título.

Esse embaralhamento permanece durante o filme todo. À evocação do passado, feita como nos documentários, misturam-se encenações desse passado e o constante contraste com o estado presente dos lugares lembrados. O café predileto da meninice desse memorialista-personagem, o mais chique do Porto, mas, sobretudo, o que tinha os melhores doces do Porto, é descrito naquele passado. Uma imagem atual do prédio que o abrigou é mostrada com o simples comentário da voz em *off*: "hoje é isto".

Essa fusão de elementos, ainda que numa outra proporção, parece ser o que orienta também *Cristóvão Colombo – O Enigma*, e é nesse procedimento que se insere aquela mistura de amadorismo e apuro técnico – mas aqui, é como se o documentário invadisse os territórios da ação e orientasse o que dizem os personagens. Sem mencionar o verdadeiro cruza-

Cartaz do filme Cristóvão Colombo – O Enigma *(2007)*.

mento de memórias que se cria quando o espectador vê diante de si o casal Manoel e Maria Isabel de Oliveira interpretando o casal Manuel Luciano e Sílvia Jorge da Silva, sublinhado pelo fato de o jovem Manuel ser interpretado por Ricardo Trêpa, neto do Manoel e também o jovem Manoel do *Porto da minha Infância*. Constantes imbricamentos, como se vê.

O parentesco entre os dois filmes é evidente, e leva a enquadrar *Cristóvão Colombo – O Enigma* como um "filme documentário" – e é por isso mesmo que as obsessões do protagonista orientarão a narrativa de suas memórias.

A espinha dorsal do novo filme é mesmo a história, primeiro, de um homem e, depois, de um casal. De uma forma ou de outra, gente que viaja. Em 1946, de Portugal para os Estados Unidos, para que aquele homem e seu irmão se juntem ao pai que emigrou. Depois, em 1960, de volta a Portugal, para que o mesmo homem se case e, com a mulher, conheça o seu próprio país. Por fim, em 2007, num passeio pelos Estados Unidos e daí para a Madeira, numa visita à casa de Colombo em Porto Santo.

UMA CÂMERA FIXA NO CHÃO, UM HOMEM ANDANDO PELO MUNDO

E, a respeito de viagens, vale evocar uma entrevista concedida por Manoel de Oliveira quando do lançamento de *Amor de Perdição*, em 1979. Nela, o realizador localiza em seu filme de 1975, *Benilde ou a Virgem-Mãe*, o ponto fundamental de inflexão em sua obra. A partir da realização desse filme ele se dá conta de que "o cinema só pode fixar" e que "o cinema não pode ir além do teatro, só pode ir sobre o teatro"[12]. Uma das consequências dessa descoberta é que, a partir dali, na obra do diretor passa a haver um uso constante da câmera fixa.

Antes de ver o uso desse procedimento em *Cristóvão Colombo – O Enigma*, é interessante ver, ainda que de passagem e apenas para criar um pano de fundo, o que acontece num outro filme que, se não chega a ser um "filme documentário", está também impregnado pelo memorialismo, numa história que transforma a viagem de um personagem – um ator francês cujo pai é português –, à procura das suas raízes, na busca de dois personagens, já que o velho diretor português que o acompanha também percorre espaços onde viveu momentos-chave de sua meninice, como o colégio em que estudou ou o hotel em que costumava passar férias. O filme, claro, é *Viagem ao Princípio do Mundo*.

Como se trata aqui de uma longa viagem de automóvel, a câmera, fixa no carro que anda, mostra-nos o chão já percorrido, voltada que está para a traseira do carro. Como certas crianças que, condenadas a viajar no desinteressante banco de trás, viram-se para trás e olham as faixas da rodovia passando na direção oposta àquela em que o carro segue. É como se, para atingir o princípio do mundo – seja no plano pessoal, porque é o lugar em que estão as raízes familiares dos dois personagens, seja no plano coletivo, quase da espécie humana toda, já que esse espaço é aquele em que ainda cabem os valores da tribo, um lugar perdido onde todos os homens ainda se chamam Afonso, filhos que são do pai da pátria, mesmo que ali

---

12 Apud João Bénard da Costa, Pedra de Toque: O Dito Eterno Feminino na Obra de Manoel de Oliveira, *Camões – Revista de Letras e Culturas Lusófonas*, Lisboa, n. 12-13, p. 8, jan.-jun. 2001. Manoel de Oliveira.

cheguem as notícias sobre Sarajevo – fosse necessário deixar explicitamente para trás o mundo, palmilhar literalmente cada passo da estrada. O homem se move em direção ao começo de tudo e o seu olhar é para o mundo que deixa e para o qual, forçosamente, terá de voltar, porque o tempo não volta.

O carro só é visto de fora, num rápido movimento da direita para a esquerda, na viagem de volta, depois de atingido e incorporado (ou reincorporado) aquele mundo primeiro.

Numa narrativa como a de *Cristóvão Colombo – O Enigma*, povoada por lugares cheios de significação pessoal e histórica, e de gente que viaja o tempo todo, Manoel de Oliveira faz um uso exemplar desse recurso. A câmera permanece fixa em todo o filme, só se movimentando em alguns poucos momentos. O primeiro deles se localiza logo no início do "filme", depois do início do "documentário", quando os irmãos contemplam a estátua de dom João I na Praça da Figueira e no caminho pela Rua Augusta rumo à Praça do Comércio. São poucos segundos apenas. No primeiro momento em que os irmãos aparecem, a câmera os focaliza de frente e acompanha o seu andar. O curioso é que eles não olham para a câmera, mas para algo que está à esquerda e acima deles. Um rápido corte nos revela o que eles miram: exatamente a estátua equestre, filmada da mesma perspectiva dos personagens, como se a câmera acompanhasse o movimento do olhar dos dois rapazes. O impacto desse movimento é imediato na percepção do espectador, que sente como se cavalo e cavaleiro ganhassem vida, movendo-se com elegância. O mesmo se dá com as fachadas dos edifícios da Rua Augusta, mostrados como vistos por alguém que caminhasse com os olhos voltados para cima e para a esquerda. E é nessa posição que entrarão os dois rapazes no enquadramento seguinte, obtido, aí sim, com a câmera fixa. É como se esta se movesse para poder, paradoxalmente, fixar algo – o olhar dos personagens.

A câmera só sairá de sua fixidez em outras duas ocasiões: quando Manuel e Sílvia viajam de carro, em lua de mel, pelo Alentejo e quando o avião em que os mesmos personagens viajam, 47 anos depois, chega ao Porto Santo. Mesmo assim, são movimentos discretíssimos, de poucos segundos. No primeiro caso, tirando partido da visão da planície alentejana, o carro aparece no enquadramento estático e vazio pelo canto esquerdo da tela. Quando chega ao meio da tela, a câmera passa a acompanhá-lo até fixar-se novamente e o carro sumir, pequenino, no canto direito.

No caso do avião, há dois movimentos, se é que um deles pode ser assim caracterizado. É que a câmera está fixa, mas dentro do próprio avião, mostrando ao espectador imagens aéreas da ilha. Depois do pouso, o movimento é ainda mais sutil. A aeronave taxia, entrando também pelo lado esquerdo da tela, fazendo uma curva à direita de modo a ficar de frente para o espectador, depois faz outra curva, agora à esquerda, segue em frente, saindo do enquadramento e depois, surpreendentemente entrando à direita da tela. Durante um minuto e dez segundos a câmera fica parada, o avião e o jipe que o conduz no aeroporto são as únicas coisas que se movem. Quando a câmera enfim se movimenta o faz por apenas cinco segundos.

O efeito aqui, como era em *Viagem ao Princípio do Mundo*, é claramente o de ampliação do movimento de quem anda. É como se o movimento limitado no tempo se ampliasse e esse casal tomasse plena posse de um território que é seu – porque pertence ao seu país e às suas obsessões pessoais.

A essência do homem é a viagem. Fixos são os lugares, por onde os homens viajam, que só se movem pelos olhos dos homens que viajam ou por um olhar de longe que amplia o movimento da própria viagem do homem. É assim que os personagens se movimentam de um lado a outro do quadro, muitas vezes saindo dele. E o curto movimento de câmera apenas sublinha esse movimento dos homens, ampliando-o e conferindo-lhe sentido de conquista do espaço e de si.

Eis o caso de uma técnica narrativa que amplia o sentido do que se narra. Numa história de viajantes – ancestrais porque portugueses e atuais porque emigrantes e pesquisadores – a viagem é reencenada a todo instante, nesse movimento de chegada e partida constante, em cada enquadramento e, às vezes, em longas tomadas.

ALGUNS ACRÉSCIMOS
(DUAS CONVERSAS, UM ANJO)
E A GRANDE PERDA

Em *Cristóvão Colon (Colombo) era Português*, Manuel Luciano da Silva narra sua chegada a Nova York, com seu irmão, à noite, sob uma densa neblina que impedia que se visse até mesmo a Estátua da Liberdade. Esse episódio é reencenado no filme, em uma sequência que nos revela uma metrópole muito diferente daquela que estamos habituados a ver no cinema. Mas, antes da chegada, há a longa viagem de navio, que no livro é apenas referida, mas no filme surge como elemento fundamental. Na escuridão, os dois irmãos conversam entre si. Em princípio, trata-se de uma daquelas conversas em que os personagens falam mais para o espectador do que um para o outro, explicando que o pai havia determinado aquela viagem, mesmo contra a vontade de Manuel, pois a família andava separada e era preciso reuni-la novamente – só faltaria a mãe, que seguiria logo depois. A câmera, mais uma vez fixa, enquadra apenas os dois rapazes. Se não fosse por um braço que aparece no canto direito da tela, diríamos que eles estão sozinhos dentro de uma cabine.

Mas não estão, e Manuel volta-se para alguém que não vemos e pergunta-lhe: "E o senhor, também vai ter com sua família?" Quem responde afirmativamente à pergunta é um senhor de certa idade, açoriano. Agora, o enquadramento fixa-se e o diálogo que o velho trava com Manuel se revela apenas pela voz, que sabemos de quem é mas sem a focalização da figura que fala. Primeiramente sublinha-se a diferença entre os jovens e os velhos:

Velho: A vida é complicada, **complicada** como as mulheres.
Manuel: Calculo, calculo.
Velho: Quando tinha a sua idade também calculava. Mas na minha
   idade já se não calcula.
Manuel: Então.
Velho: Sofre-se.

Esse homem fala das perdas e dos ganhos. Mais uma vez, é o sentido da viagem que está em questão. Se para o jovem, naquele instante, tudo parece redundar em perda (e aí nos remetemos ao livro, onde o dia da partida para os Estados Unidos é descrito como o mais triste da vida), para o velho há outras perdas a considerar. Mas há, afinal, um grande ganho a se buscar: a convivência com aqueles que amamos, resumida na curta frase, dita pelo velho, que encerra a cena: "Temos de nos aconchegar". Mas será mesmo um ganho? Dita no tom melancólico em que é dita, seguida depois de um longo silêncio, fica sempre no ar a dúvida: temos de nos aconchegar porque se trata de uma necessidade nossa ou porque não há outra escolha? O que exatamente quer dizer aquele "temos"?

Nos Estados Unidos, sessenta anos depois desse diálogo, acontece um outro, mais uma vez ausente do livro. Manuel e Sílvia estão também num barco, dirigindo-se ao Dighton Rock State Park, depois de visitarem o monumento a Colombo em Manhattan. Alguma tensão preside à cena, que começa com aquele estranho tipo de conversa tão presente nesse filme, com Manuel dizendo a Sílvia que eles se casaram em 1960, a que ela responde, é claro, que já sabe. E emenda:

Sílvia: Por isto mesmo é que eu queria uma conversazinha contigo. Não sei como principiar. Eu amo-te, Manuel, mas o amor é sempre muito complicado. E exigente. Por vezes mesmo impulsivo. Não digas nada, eu sei que gostas de mim. Mas sei também, até porque mo tens dito, que o amor…
Manuel: Ah! Sílvia…
Sílvia: Eu sei o que vais dizer. Sei que me amas. A questão está em saber distinguir entre estas formas ou feições do amar. Eu sou como tu formada, e como tu também gosto, gosto muito do meu trabalho. Isto ajuda-me a suportar, ou antes, a compreender.
Manuel: Compreender o quê?
Sílvia: Compreender a tua paixão por esses dois amores, a medicina e a investigação. Já acabei de te dizer que o trabalho me tem ajudado.
Manuel: E a mim também. (*Olham-se, pegam na mão um do outro*) Oh! Minha querida, minha querida. (*Ele a beija*)

Como se vê, nada é seguro. Mesmo aos oitenta anos, depois da solidez de "quarenta e tal anos" de casados, como diz a própria Sílvia, o jogo de perde e ganha não cessa, as incertezas rondam toda conquista humana. O enigma do amor –

poderíamos dizer o enigma do aconchego – é da mesma natureza do enigma de Colombo, composto de aparências, certezas falsas, pistas cujo sentido ninguém sabe ao certo a que conduzirá. Há algo que não é dito, uma insatisfação que desponta e não chega a ser plenamente verbalizada[13]. Mas, no final, apesar de tudo, o aconchego parece possível, a ponto de um crítico ter visto aí, além do embaralhamento entre Manoel e Manuel, Isabel e Sílvia, apenas uma declaração de amor: "tudo o que vemos, tudo o que ouvimos a estes dois amantes nonagenários é uma mútua declaração de amor. 'Amas-me?' – pergunta ela. Ele responde com o olhar, com um 'Oh...' e com um beijo, que desafiam a eternidade, esse contraponto de todas as perdas"[14].

Sim, há mesmo um contraponto a todas as perdas. Talvez não seja a eternidade, mas sim a figura que, do fundo da cena, ausente e ao mesmo tempo presente, assiste ao diálogo. É uma figura alegórica que acompanha todo o filme. Naqueles primeiros cinco minutos do filme, aos quais sempre voltamos, como se a nossa viagem não saísse desse ponto de partida, não é apenas a apurada técnica de filmagem e montagem que contrasta com o amadorismo dos diálogos. Há outro elemento perturbador daquele espírito por assim dizer objetivo e científico, que pontua a trajetória desse homem de mentalidade tão lógica: exatamente aquela figura, vestida de verde e vermelho, que sai de trás da estátua de dom João I e, sem ser notada, mira os irmãos em conversa, como mirará o casal em conversa. Com um sorriso nos lábios, essa figura alegórica, cuja existência não pode se dar no mesmo plano palpável em que estão os personagens, a estátua e a cidade, só pode ser vista e entendida como uma espécie de símbolo da nação. É nessa qualidade que, depois de embarcados os irmãos, ela volta a se mostrar, também embarcada, quando o navio parte em direção à América. Portugal permanece naqueles que o deixam,

---

13 Não há como deixar de pensar em como, no livro, a autoria atribuída a Sílvia Jorge da Silva aparenta não ser mais que uma concessão. Há um "eu" ali, de um médico e investigador amador, que assume a todo o momento a verdadeira autoria. A Sílvia do filme manifesta um desejo de existência que vai muito além da posição que ocupa a Sílvia do livro.
14 José Manuel Amaral Rodrigues da Silva, A Melancolia da Perda, *Jornal de Letras*, Lisboa, 5-18 dez. 2007 (ano XXVII, n. 970), p. 11.

pronto a ir a qualquer parte. Como terá ido com Colombo, genovês ou alentejano.

Mas entre esses dois momentos, saberemos que se trata, na verdade, de um anjo. O anjo da igreja matriz da cidade alentejana de Cuba, alegada terra natal de Colombo. Manuel e Sílvia, naquela sua viagem de lua-de-mel, ouvem do padre a explicação de que num nicho vazio abrigava-se

> o anjo custódio do reino, anjo protetor do rei de Portugal. Deus destina anjos como protetores de pessoas, de povos. Precisamente o que aconteceu aqui em Cuba é que dependia também do ducado de Beja. Por decreto do rei D. Manuel I, todas as igrejas do ducado de Beja tinham essa devoção. [...] Outra particularidade é que ambos [o anjo e São Miguel Arcanjo] estão vestidos de vermelho e de verde. Aquando da República, esta imagem foi destruída no adro da igreja, aquando das perseguições.

É esse anjo, o anjo protetor do reino, que segue os passos dos portugueses pelo mundo afora. Mesmo fisicamente destruído, como tudo o que existe fatalmente estará – ou precisamente porque fisicamente destruído – pode ser uma presença constante em toda parte e a qualquer tempo. Algo que se perdeu e não pode ser recuperado – e por isso mesmo não pode ser perdido jamais, fixo que está na memória.

Não é coincidência que a mesma "história de um poeta brasileiro", Catulo da Paixão Cearense, seja evocada tanto pelo velho realizador Manoel de *Viagem ao Princípio do Mundo*, quando diante do hotel agora em ruínas em que viveu momentos intensos e irrepetíveis, quanto pelo velho realizador Manoel em entrevista sobre um novo filme, precisamente este *Cristóvão Colombo – O Enigma*. Uma história de amor traído que se encerra com a frase segundo a qual "saudade é a terra caída num coração que sonhou"[15]. É um sepultamento. Mas, se é verdade que só pode haver sepultamento se houver morte, também é verdade que só o pode haver, antes de tudo, se tiver havido vida. E vida plena, cheia não de certezas, mas de sonhos que podem desaparecer num abrir de olhos.

---

15 Idem, p. 9.

A CERTEZA DA CONFUSÃO, A CONFUSÃO DA CERTEZA

O livro de Manuel Luciano e Sílvia Jorge da Silva se encerra no concreto da Associação dr. Manuel Luciano da Silva, que guarda para a posteridade tanto a biblioteca do seu fundador e patrono como o que ficou da casa de sua infância, convertida em museu, não em ruínas, como a daquele outro Manoel.

O filme de Manoel de Oliveira se fecha com a incerteza do mar. Da janela da casa de Colombo em Porto Santo, vemos um barco, que, de novo, cruza o enquadramento todo e desaparece, ao som de uma voz – a voz de Sílvia-Isabel – cantando uma cantiga sobre a saudade. O que fica de concreto é só mesmo o mar. Mas seria o mar, visto por um português, algo realmente concreto?

Com todos esses recursos (inclusive o fecho), que tendem à incompletude, ao fim e ao cabo Manuel de Oliveira dá um ordenamento e um acabamento exemplares ao estranho livro de Manuel Luciano e Sílvia Jorge da Silva.

As certezas absolutas que o livro propõe – Colombo era português, a forma de fazer pesquisa histórica corretamente é esta, as inscrições da Pedra de Dighton querem dizer isto, exatamente isto, e todas as outras teorias são absurdas etc. – convertem-e na mobilidade obtida paradoxalmente pela fixidez.

O olhar do Manuel do livro procura pôr ordem naquilo que tem sido um caos constante. É um homem que se vê vencedor – afirma ter plantado árvores, tido filhos e escrito livros – e que, aos oitenta anos, no presumível final de sua vida, procura dar um sentido estável a essa vida e à vida coletiva do país que foi obrigado a abandonar, congelado numa frase como "Portugal não descobriu dois terços do mundo, descobriu o mundo todo", certeza que facilita o balanço positivo.

O olhar do Manuel do filme, a exemplo do Manoel de *Viagem ao Princípio do Mundo* e de *Porto da Minha Infância*, vê tudo pela ótica da perda, uma ideia insidiosa que penetra em cada momento novo, e que só pode ser sentida individualmente para então poder ter uma existência coletiva. Como a saudade.

O que dava sentido ao livro eram as certezas, que permitiam que de uma ideia se saltasse a outra, num ziguezague mental só possível porque subordinado a um pensamento unívoco.

O que dá sentido ao filme é a ausência desse pensamento, é a experiência pessoal com suas frustrações e perdas, a contaminar todas as certezas, mesmo as mais garantidas. Não há nada aqui, apenas um grande enigma, o mesmo enigma que a obra de Manoel de Oliveira vem duplicando, de filme a filme, como se desenhasse não no concreto do papel, mas na impalpabilidade da luz. E não seria exatamente essa a essência do cinema?

Este livro foi impresso em São Paulo,
nas oficinas da Gráfica Orgrafic, em junho de 2010,
para a Editora Perspectiva S.A.